社团氛围对大学生领导力的影响研究

汪艳霞 著

清華大學出版社
北京

图书在版编目 (CIP) 数据
社团氛围对大学生领导力的影响研究 / 汪艳霞著. --北京 : 清华大学出版社, 2025. 6. -- ISBN 978-7-302-69587-5
Ⅰ. G645.5
中国国家版本馆CIP数据核字第20251YY039号

责任编辑：杨爱臣
封面设计：肖东立
责任校对：王荣静
责任印制：刘　菲

出版发行：清华大学出版社
网　　址：https://www.tup.com.cn, https://www.wqxuetang.com
地　　址：北京清华大学学研大厦A座　　邮　　编：100084
社 总 机：010-83470000　　邮　　购：010-62786544
投稿与读者服务：010-62776969, c-service@tup.tsinghua.edu.cn
质量反馈：010-62772015, zhiliang@tup.tsinghua.edu.cn
印 装 者：天津鑫丰华印务有限公司
经　　销：全国新华书店
开　　本：165mm×240mm　　印　　张：18.75　　字　　数：242千字
版　　次：2025年7月第1版　　印　　次：2025年7月第1次印刷
定　　价：88.00元

产品编号：109993-01

前　言

大学生社团作为高校立德树人和提升大学生综合素质和能力的重要载体，承担着开阔大学生视野、促进大学生个性发展的角色使命。学生社团在大学生学习生活中发挥着提升学术研究水平、丰富文化生活、拓展社交活动、提升综合能力的功能，而作为大学生综合素质和能力重要构成和表征之一的领导力，其发展状况也势必会受到大学生社团的作用和影响。大学生领导力，是大学生在参与社团活动的过程中，通过充分整合自身及周边资源，逐步培育并发展起来的一种综合性素质与能力体系，其能够有力促进大学生的自我成长，并且在社团的团队构建以及组织的长远发展进程中，发挥着不可或缺的关键效能。因此，探讨社团氛围对大学生领导力的影响具有重要的理论和实践意义。

大学生领导力的培养和提升需要在特定的场域中进行。社团指导教师、社团负责人和社团成员在相互交流和交往中，如果形成一种友爱、创新和公平的稳定认知和体验，这种认知和体验会对参加社团的大学生在认知、情感和具体行为等方面产生不同程度的影响，会对大学生是否能够留在社团发展自我发挥着至关重要的作用。鉴于此，对社团氛围如何影响大学生领导力的现状进行考察和挖掘，尝试揭示社团氛围和大学生领导力之间的直接关系和中介关系，可在一定程度上为营造良好高校学生社团氛围并提升大学生领导力提供重要参考和依据，为高校社团管理和大学生领导力培养提供理论依据和实践指导，也将为高校社团管理和大学生领导力培养提供新的思路和策略。

首先，本书归纳总结了社团氛围与大学生领导力的相关研究，同时对自我效能感和社团投入等进行相关研究。社团氛围从友好型氛围、创新型氛围和公平型氛围三个维度进行分析，大学生领导力从自我认知与管理、社会实践与交往、人格魅力三个维度进行分析，构建研究模型并提出研究假设。研究选取X省6个地区的11所高校的5 000名社团大学生为研究对象，采用量化和质性相结合的研究方法，参照社会认知理论、领导力理论和青年社会性发展理论等，对大学生领导力现状进行分析，验证不同类型的社团氛围对大学生领导力的影响作用以及大学生自我效能感和社团投入在社团氛围和大学生领导力之间发挥的作用路径。而后通过质性研究进一步验证高校社团氛围对大学生领导力产生的影响，并在此基础上提出基于良好社团氛围建构下的大学生领导力提升策略。

量化研究中在借鉴具有较高信度和效度的调查工具的同时，根据实际访谈结果修订大学生领导力问卷。对11所高校参加社团的大学生采取目的性整群抽样方式，抽样分为两个阶段：第一个阶段共获取579份有效数据，用作各问卷的信效度检验；第二个阶段共获取4 205份有效数据，综合运用SPSS21.0、Amos17.0等软件的探索性因素分析、相关分析、验证性因素分析、方差分析、回归分析等统计技术验证相关研究假设，验证社团氛围及其各维度与大学生领导力及其各维度之间的关系；同时验证自我效能感和社团投入在社团氛围和大学生领导力之间的中介关系。通过研究发现：目前X省6个地区的11所高校中，参加学生社团的大学生领导力均处于“中上”水平，其中社会实践与交往维度的水平相对较低；男生的大学生领导力要高于女生、大一年级参加社团的大学生对自身领导力的感知最强、参加艺术类社团的大学生领导力最高、家庭居住地在大城市的社团大学生领导力最高、参加创新创业类社团的大学生领导力最高；参加社团年限达3年以上的大学生领导力水平最高、每周参加社团达 4 小时以上的大学生领导力最高。社团氛围不仅直接影响社团成员的大学生领导力，而且通过社团成员的自我效能感和社团投入的中介作用间接影响社团成员的大学生领导力。其中，友好型社团氛围有利于培养大学生的人格魅力，友好型氛围非常适合社团初期的团队建设；创新型社团氛围更有利于大学生领导力的培养和提升，尤其对大学生人格魅力的培养和提升尤为显著，是社团可持续发展的核心。公平型社团氛围对大学生人格魅力的培养和提升同样显著，是社团可持续发展的持续力。大学生的自我效能感和社团投入在公平型社团氛围中对大学生领导力起到的中介作用最佳。

其次，选取 A 高校创新精英社团的指导教师、社团负责人和社团成员开展半结构化访谈和深度访谈，并对访谈文本资料进行多人互校编码。随后，在资料数据处理的基础上分析和揭示社团氛围对大学生领导力产生作用的具体情况及其作用机理。研究结果表明：第一，大学生领导力是大学生的综合素质和能力，在六大类型的社团中，参加创新创业类社团的大学生领导力最高，大学生加入社团的时间和参与社团活动的时长对领导力水平具有显著影响，这种影响的结果与前述量化分析结果相互吻合；第二，大学生社团普遍存在友好型、创新型和公平型社团氛围，尤其是友好型氛围和创新型氛围更为突出，三种社团氛围都对大学生的人格魅力产生非常大的影响，其中友好型氛围影响最大，其次是创新型氛围，最后是公平型氛围；第三，在参加社团大学生的自我效能感和社团投入方面，友好型和创新型氛围可以直接影响参加社团大学生的自我效能感和社团投入，其中介作用发挥不明显；第四，良好的社团氛围对大学生领导力有正向影响作用，参加社团的大学生自我效能感和社团投入在社团氛围和大学生领导力之间发挥着部分中介作用，在公平型氛围中发挥中介作用最为显著。

最后，在实证研究基础上，分别从为高校、社团指导教师、社团负责人和参加社团的大学生四个层面进一步探讨了如何基于良好社团氛围提升大学生领导力的实践策略。一是高校以公平规范的社团管理体系促进大学生综合素质提升；二是社团指导教师积极协助营造学生自主发展的民主友好型社团氛围；三是社团负责人引领“共同愿景”下的激励评价创新型氛围；四是社团成员确立“自我与社团”全面可持续发展的实践观。

本书的研究发现仅说明 X 省 6 个地区 11 所高校参加社团的大学生领导力情况。该研究发现是否适用于其他地区高校，有待学界进一步探讨。本书在撰写过程中，参考和借鉴了很多教育学、心理学和管理学相关的书籍和其他资料，在此向有关专家和学者致以诚挚谢意。由于时间和精力有限，书中难免出现错误或遗漏之处，恳请广大读者批评指正。

目　录

第一章

绪论

“教育是一种培养人的活动，大学自然也是以此为目的。”[①] 高校教育是一种培养人的活动，其目的是“激发和引导他们的自我发展之路。”[②] 党的十八大以来，习近平总书记围绕青年成长成才和全面发展做了很多重要论述，并强调：要培养社会发展、知识积累、文化传承、国家存续、制度运行所要求的人，[③] 要教育引导学生培养综合能力，……要重视和加强第二课堂建设。[④] 高校作为培养青年的主力军，肩负着培养人才的历史使命和责任担当。高校学生社团作为第二课堂的重要载体，在促进青年大学生的全面发展中发挥着重要作用。

第一节　研究目的和意义

一、研究目的

（一）大学生综合素质和能力提升亟须优化社团氛围

大学生领导力是大学生综合素质和能力的集中体现，是大学生全面发展的强大动力，更是大学生就业创业的核心竞争力之一。正如已有研

---

① 康德 . 论教育学 [M]. 上海 : 上海人民出版社 , 2005: 8.

② 怀特海 . 教育的目的 [M]. 庄莲平 , 王立中 , 译 . 上海 : 文汇出版社 , 2012: 13.

③ 习近平 . 在北京大学师生座谈会上的讲话 [N]. 人民日报 , 2018-05-03(01).

④ 习近平 . 在全国教育大会上的讲话 [N]. 人民日报 , 2018-09-10(01).

究表明，大学生不仅需要专业知识和技能，更需要具备团队合作能力、沟通能力、批判性思维能力、创造性解决问题的能力等柔性技能，而这些柔性技能乃大学生领导力的体现。[①] 高校学生社团正是以满足大学生“兴趣”为前提的、以开发大学生领导力为目标的有效载体，是全面培养大学生领导力的最佳场域。在大学期间，参加社会实践、志愿服务和社会兼职是大学生领导力培养的一个重要平台和载体，[②] 大学生社团既包括思想引领、学术科技、创新创业，还包括文化体育、志愿公益和自律互助，是培养大学生综合素质和能力的一个重要平台。大学生参加学生社团可以满足大学生对知识、兴趣和人际交往的需求，在满足需求的过程中实现大学生的个性化发展，为实现“培养什么样的人”打下坚实基础。

实际上，在2017年，中共中央、国务院印发实施《中长期青年发展规划（2016—2025年）》（以下简称《规划》）中就明确指出：必须清醒认识到，青年发展事业与社会主义现代化建设的新要求、经济社会发展的新形势、广大青年的新期待相比，还存在不少亟待解决的突出问题。主要是：青年思想教育的时代性、实效性有待增强，用共产主义和中国特色社会主义引领青年，用中国梦和社会主义核心价值观凝聚共识、汇聚力量的任务尤为紧迫；青年体质健康水平亟待提高，部分青年心理健康问题日益凸显；青年社会教育和实践教育需要加强，提高教育质量的任务仍十分艰巨；青年就业的结构性矛盾比较突出，影响就业公平的障碍有待进一步破除；青年创业创新的热情有待进一步激发，鼓励青年创业创新的政策和社会环境需要不断优化；人口结构的新特点新变化使得青年一代的工作和生活压力不断增大，在婚恋、社会保障等方

① 陶思亮．美国高校大学生领导力教育的历史考察 [J]. 当代青年研究，2011(12): 37-40.

② 陶思亮，许瑜函，林磊．社会参与对大学生领导力发展的调查分析 [J]. 思想理论教育，2015(8): 105-108.

面需要获得更多关心和帮助；统筹协调青年发展工作的体制机制还不完善，各方面共同推进青年发展的合力有待进一步形成。[①]高校大学生作为新时代青年的主体，同样也面临着相同的问题。大学生如何通过参加学生社团提升其综合素质和能力，大学生社团如何在活动中加强对大学生的社会教育和实践教育，如何促使大学生在参加社团活动中增强其创新创业等相关实践能力，如何营造有利于大学生综合素质和能力提升的环境成为目前高校学生社团育人亟须解决的一大难题。

基于以上问题，国家层面已明确学生社团在以文化人和实践育人中发挥的重要作用。

2016年，习近平总书记指出："要更加注重以文化人以文育人，广泛开展文明校园创建，开展形式多样、健康向上、格调高雅的校园文化活动，广泛开展各类社会实践。"[②]高校学生社团作为校园文化活动的重要组成部分，在培养大学生全面发展中发挥着特有功用。通过学生社团发挥作用，培养大批有理想、有本领、有担当的高素质专门人才，"激发学生学习兴趣和潜能，激励学生爱国、励志、求真、力行，增强学生的社会责任感、创新精神和实践能力。广泛开展社会调查、生产劳动、志愿服务、科技发明、勤工助学等社会实践活动，增强学生表达沟通、团队合作、组织协调、实践操作、敢闯会创的能力。"[③]这从政策层面进一步指出了学生社团可以通过举办各类校园文化活动来培养和提升大学生素质和能力中发挥的特殊功能。

诚如《规划》在青年教育发展措施方面明确指出的：坚持立德树人，

---

① 中共中央国务院．中长期青年发展规划（2016—2025年）[N]. 人民日报，2017-04-14(01-02).

② 习近平．全国高校思想政治工作会议上的讲话[N]. 人民日报，2016-12-09.

③ 中华人民共和国教育部．教育部关于加快建设高水平本科教育全面提高人才培养能力的意见[EB/OL].（2018-10-08）[2021-06-13]. http://www.moe.gov.cn/srcsite/A08/s7056/201810/t20181017_351887.html.

深化教育改革，把增强学生社会责任感、法治意识、创新精神、实践能力作为重点任务贯彻到学校教育全过程。改善课堂教学，调动青年学生自主学习的积极性，完善知识结构，培养创新兴趣和科学素养。科学设计开展实践育人活动，通过探索实施高校共青团“第二课堂成绩单”制度等途径，帮助学生开阔视野、了解社会、提升综合素质。丰富学生创新实践平台，深入开展“挑战杯”竞赛和中国青少年科技创新奖评选，支持培育学生科技创新社团，营造校园科技创新氛围，为学生开展科技创新探索提供必要条件。① 因此，促使大学生在参加学生社团的过程中加强其社会教育和实践教育，促使其综合素质和能力的培养提升，通过良好社团氛围的营造不失为一次有效尝试。正如国务院办公厅《关于进一步支持大学生创新创业指导意见》指出：要优化创新创业环境，增强大学生的创新精神、创业意识和创新创业能力等。② 如上政策均表明，大学生综合素质和能力的提升与其所处的环境密切相关。因此，本书尝试从大学生社团氛围入手，探讨其对大学生领导力的影响。

（二）高校实现人才培养目标需要重视大学生社团

高校作为培养人才的主要场域，其目标是培养全面发展的社会需要人才，而高校学生社团则是实现高校人才培养目标的重要途径之一。《规划》中指出：促进青年更好成长、更快发展，是国家的基础性、战略性工程。有学者指出：大学应该在面向社会实际、强调学科交叉、重视能力培养、加强实践环节、培养团队精神、训练系统思考和创新能力等。③ 学生社团作为高校中的重要学生组织，对于学生各项能力的发展

① 中共中央国务院．中长期青年发展规划（2016—2025 年）[N]. 人民日报，2017-04-14(01-02).

② 国务院办公厅．关于进一步支持大学生创新创业的指导意见 [N]. 人民日报，2021-10-13(3).

③ 眭依凡．大学的使命与责任 [M]. 北京：教育科学出版社，2007: 181.

与提升都具有重要作用。因此，从大学生社团层面探讨其在人才培养当中使命发挥及其能力担当是十分必要的。尤其在中国高等教育重视综合能力提高的背景之下，研究“大学生社团与人才培养”之间的关系、价值、影响因素等问题都具有一定的现实意义。如此一来，促使大学生通过参加学生社团从而提升其综合素质和能力，更进一步地，促使高校人才培养和育人质量提高及大学生就业质量提升，是当下大学生社团发展的主要议题，也是其面临的重要挑战。

高校不仅要培养出类拔萃的专业技术人才，更要培养担当民族复兴大任的“领军”型帅才，大学生领导力的培养是对大学生社会角色担当的塑造。[①] 高校学生社团以满足大学生“兴趣”为前提，通过各式各样的校园文化活动来开发、培养大学生领导力。换言之，大学生社团活动已成为高校校园文化和隐性育人课程的重要组成部分，[②] 在推动校园文化建设、优化学生成长环境、提高大学生综合素质等方面发挥了重要作用。高质量的社团活动是开展社会主义核心价值观教育的有效载体，[③] 是实现高校立德树人的主要渠道。社团活动作为大学生全面发展的重要载体，是实现高校人才培养目标不可或缺的途径，对于塑造大学生的社会角色，尤其在大学生领导力的培养和提升中发挥着至关重要的作用。

大学生社团开展丰富多彩的贴近学生、贴近生活和贴近实际的社团活动，拓展了大学生的成长空间，它已成为大学生实现自我教育、自我管理和自我成长的关键实践平台，更是大学生丰富专业学习、展现个人才华的主要场域。据 2019 年共青团中央和中国青少年研究中心的调查

---

① 刘三宝，李恺．以社会主义核心价值观培育大学生领导力 [J]. 中国高等教育，2021(Z1): 45-46.

② 杨飞龙．高校学生社团隐性育人功能刍议 [J]. 东北师大学报：哲学社会出版，2011(5): 181-184.

③ 石中英．社团活动与社会主义核心价值观教育 [J]. 中国教育学刊，2014(06): 22-25.

数据显示，目前大学生社团总数已有 78 000 个，平均每所高校有 30 个学生社团。大学生社团已成为大学生扩展知识和能力培养的重要环节。大学生社团既能很好地弥补课堂教学的不足，又能影响大学生的成长发展。大学生通过参加社团活动可以促使其将理论学习与实践实际相结合，拓宽视野、陶冶情操、愉悦身心、提高综合能力，进而培养其锐意进取的精神风貌。由此可见，大学生社团在实现高校人才培养目标的过程中发挥着不可替代的重要作用。

（三）个人的教育体验和高校学生社团工作的经历触动

关注社团氛围对大学生领导力的影响研究，与本人的教育体验和高校学生社团工作经历有关。本人的成长和发展离不开参加社团的经历，加之本人在 X 省 S 高校从事社团指导和管理工作，对大学生社团和社团活动在促进大学生全面发展中发挥的作用进行了持续的思考与关注。本人在读本科和硕士研究生期间均参加了学生社团，最初参加社团是兴趣使然，随着后期参加社团活动和优秀同辈群体的影响，本人的认知和行为由最初的“重在参与”转化为“主动探索”，这使得本人的素质和能力都得到有效提升。通过回顾自身参加社团的经历，洞察到最初选择加入社团的主要原因是社团成员之间的相互关心、相互帮助和相互信任的良好氛围，并且在参加社团开展的各项活动中获得了能力的提升和品德的修养，为之后的就业选择和职业准备奠定基础，最终也帮助本人实现自身职业目标和对理想的追求。

如上所述，正是由于本人拥有一定的社团实践经历，在就业的过程中选择从事高校社团工作，并担任社团指导教师。在此期间发现了如下现象和规律：大部分优秀的社团都具备相同的特征，比如，专业能力强、指导力强的指导教师、良好的社团氛围、有能力且责任心强的社团负责人、愿意为满足自身爱好需求付出努力的社团成员等。针对此种情景，本人不禁追问：社团氛围是否会影响参加社团大学生的自我发展？如果有影响，是怎样的社团氛围促使影响产生的？又对参加社团的大学生的哪些方面产生作用？

基于此，本人选择了“高校社团氛围对大学生领导力的影响研究”作为本书题目，探究社团氛围影响大学生领导力的机理构成，呈现大学生领导力发展现状，验证社团氛围对大学生领导力影响的直接关系，以及参加社团大学生的自我效能感和社团投入是如何作为中介变量在社团氛围和大学生领导力之间发挥作用的。并选择优质学生社团个案进行实地观察和访谈，进一步揭示高校社团氛围如何对大学生领导力产生影响的内在机理，最后在实证研究的基础上，探讨如何基于良好社团氛围提升大学生领导力的实践策略。

二、研究意义

鉴于大学生社团在大学生全面发展中发挥的重要作用，本书依据近年来X省高校学生社团在大学生领导力培养中发挥的作用原理，在深入分析参加高校学生社团的大学生其领导力整体水平的基础上，探讨社团氛围、大学生领导力、大学生自我效能感和社团投入之间的关系，并提出提升大学生领导力的有效策略，为X省高校大学生社团的发展和完善及其在“如何培养人”方面提供理论指导和实践参考。

（一）理论意义

第一，完善大学生领导力的维度内容，在一定程度上丰富了大学生领导力研究论域，为后期相关研究提供一定的理论资源。通过分析和梳理目前大学生社团和大学生领导力培养现状，借鉴国内外大学生社团和大学生领导力培养的先进经验，同时扎根X省高校，在访谈的基础上对大学生领导力的内容进行完善。尤其在社会实践与交往维度上增加了可持续发展能力、文案策划能力、服务能力、政治领悟能力、专业能力和对客观世界的认知能力等，以此丰富大学生领导力的研究维度。本书从社会认知理论的视角，将社团氛围作为影响大学生领导力的重要因素之一，对后期大学生领导力的相关研究提供实践参考。

第二，在一定程度上丰富了大学生领导力的研究方法。本书采用量化与质性相结合的研究方法，对既往相关研究在方法上的单一性、局限性进行补充完善。本书一方面对社团氛围影响大学生领导力的路径进行验证，立足大学生领导力的影响因素，运用问卷调查法、层级回归分析、结构方程模型验证等统计学分析方法，检验相关因素变量之间的关系。另一方面运用质性研究法，选择 X 省 A 高校的优质社团个案进行质性研究，进一步阐释社团氛围对大学生领导力影响的内在机理，将量化研究与质性研究相结合，使研究结果互为关照、相互印证。

第三，深化高校学生社团建设的相关研究，为后期学生社团研究提供一定的理论思考。本书通过多种统计方法分析 X 省高校中不同社团类型、参加社团大学生加入社团时间和每周参加社团活动时间等影响因素，依据 Bock 等人对组织氛围的界定，将社团氛围划分为友好型、创新型和公平型三类，分析探讨不同类型社团氛围的主要特征，进而挖掘其对大学生领导力的影响作用。本书根据真实现况并结合理论基础与数据检验，将高校社团氛围进行了类型的划分，具有一定的创新性，也为后续高校社团研究提供另一个思考方向。此外，本书将高校学生社团与大学生领导力相结合，进行反思与验证，建构出以良好的高校社团氛围为抓手的大学生领导力提升路径，可为大学生提升领导力提供新视角，同时为高校学生社团在大学生的成长成才中发挥的功用、价值等探讨提供新的方向。

（二）实践意义

第一，揭示参加高校学生社团大学生的领导力现状，丰富大学生领导力影响因素、完善大学生领导力相关研究结果。通过梳理文献发现，在国内学术界从参加高校学生社团来探讨大学生领导力这一话题的研究还未成体系。已有研究多数是以大学生身份或学生干部身份切入分析，较少有从群众性组织的角度即高校学生社团的角度去研究大学生领导力。本书从社团氛围的视角，探讨其对大学生领导力的影响，运用量化和质性相结合的方法，聚焦我国本土高校社团实践情境，客观呈现X省11所高校参加学生社团的大学生领导力现状，分析其大学生领导力存在的问题。

第二，为高校学生社团的发展和管理提供实践参考。本书通过量化与质性相结合的研究方法，探求如何通过良好的社团氛围影响大学生领导力的培养和提升。通过相关研究方法得出结论，进而阐述如何有针对性地提升参加社团大学生领导力的策略，为高校社团管理者、社团指导教师、社团负责人和参加社团活动的大学生提供参考，为如何建设好、管理好、服务好参加学生社团的大学生提供具体实践操作，为推动高校学生社团的发展和管理的实施提供具体的实践参考。

第三，为高校学生社团在培养和提升大学生领导力方面提供有效策略。本书在了解大学生领导力现状、分析并验证社团氛围与大学生领导力之间的直接关系和中介关系，在特定高校社团氛围实践情境中进行观察等基础上，分析相关数据并得出结论：良好的社团氛围对大学生领导力提升具有正向促进作用。因此，本书针对现实情境提出的实践策略具有一定的现实意义，尤其是对高校管理层、社团指导教师、社团负责人和社团成员如何利用自身优势营造良好的社团氛围提供可操作性建议和意见。也既是说，本书可为大学生领导力的培养和提升提供理论指导和实践参考。

第二节　国内外研究现状及述评

一、关于大学生领导力的研究综述

（一）关于领导力的研究

国内外学者对领导力的界定主要有：领导力是能力[①]、是影响力[②]、是一个过程[③]、是一种合力[④]、是一种力量[⑤]、是关于如何领导的学问[⑥]等。从本质上来说，领导力是一种复合型能力，它由自我认知与管理、人际关系处理、思维与决策等诸多能力构成。[⑦]领导力是一个最终与促进变革有关的过程，本质上是基于价值、有目的的过程，卓越的领导力会升华人们的存在价值。领导力关注促进变革，所有人都是潜在的领导者，领导力是一个群体过程，[⑧]是影响一个有组织的群体实现共同目标的过程。[⑨]

领导力是一种激励大家向着共同愿景一起努力奋斗的艺术。[⑩]梳理

---

① 李永瑞．领导力与团队管理 [M]. 北京：清华大学出版社，2011. 9: 27.

② [美] 科恩·德鲁克．论领导力：现代管理学之父的新教诲 [M]. 黄京霞，等译．北京：机械工业出版社，2011. 6: 210.

③ 李永瑞．领导力与团队管理 [M]. 北京：清华大学出版社，2011. 9: 27.

④ 瞿鸿燊．领导的力量 [M]. 北京：企业管理出版社，2001: 26.

⑤ 陈尤文．社会变革与领导力变革 [M]. 北京：人民出版社，2012. 8: 6.

⑥ 李永瑞．领导力与团队管理 [M]. 北京：清华大学出版社，2011. 9: 27.

⑦ 周丹．"双创"背景下大学生领导力培养研究 [D]. 西安：西安理工大学硕士学位论文，2019: 9.

⑧ 丹尼尔·T. L. 提升大学生服务领导素质 - 香港案例 [M]. 石宝中，译．香港：香港中文出版社，2015: 68.

⑨ Janke, K. K., Nelson, M. H., Bzowyckyj, A. S., Fuentes, D. G., Rosenberg, E. & DiCenzo, R. Deliberate Integration of Student Leadership Development in Doctor of Pharmacy Programs[J]. *American Journal Of Pharmaceutical Education, 2016, 80(1), 80-85.*

⑩ 邹媛．大学生领导力多场域开发研究 [D]. 西南大学博士学位论文，2015: 20.

文献发现，国内外学者对领导力概念的界定主要立足于团队行为学、管理学、领导学等领域。随着领导理论的演进，领导力概念被不断赋予各种内涵。如“特质论”认为领导力与领导者自身素质和品质有关；“权变论”认为领导力受环境的变化影响；“交易型领导论”注重领导者的行为和态度；“变革型领导理论”注重领导者和追随者的互动等。这些理论主要基于领导者的角色定位来界定其领导力的构成。

由上可知，领导力是由一些具体能力和要素集合而形成的一个“力系”，这一定义已被国内外学者所认可。它是个体在社会中发展自我的基本能力的集合，是个体在适应社会的过程中以其自身的学识、能力、实践和交往、人格等资源来影响、激励他人去实现目标的合力。提请注意的是，本书的“领导力”主要指向可以通过后天的培养得以养成的能力，其养成的模式为“认知—实践—人格”，领导力是在人际关系的互动中培养和提升的，个体通过与他人的有效合作来促成改变和目标实现。①

（二）关于大学生领导力的研究

20 世纪 80 年代以来，国内外学者们对大学生领导力的概念界定众说纷纭，主要归纳为以下几种类型。

其一，大学生的个体领导力均可通过培养获得。Zeleny 认为，大学生的领导力是可以通过后天培养的，可以通过教育和实践活动获得。②领导力是任何学生都可以学习和理解他人的能力。可以说大学生领导力均可通过学习和培养获得，对个体优秀品质的形成有重要影响。SIUE 认为，大学生通过充分利用自身和周围资源得以掌握的一定能力称之为

① 邹媛 . 大学生领导力多场域开发研究 [D]. 西南大学博士学位论文 , 2015: 20.

② Leslie Day Zeleny. Experiments in Leadership Training[J]. The Journal of Educational Sociology, 1992, 14(1), 36-40.

大学生领导力，其最终目的是实现自我和团队的目标。①

其二，大学生领导力是综合素养与能力的共同体现。譬如翁文艳认为，青年学生领导力是指青年学生在有效执行领导角色或非领导角色的过程中需要具备的各种综合素质和能力，包括社会责任感、创造性思维、有效沟通、解决问题的能力等。② 王芳认为，大学生领导力由智力、人格、价值观以及与领导情境相关的一系列人际技能、解决问题能力和默会知识等多种特质组合而成。③ 奚洁人认为，大学生领导力培养十分重要，大学生领导力就是理想、远见、责任感、知识、技能、特质、品德、能力、影响力等因素所构成的综合素养。④

其三，大学生领导力是一种能力体系。其中许国动认为，大学生领导力是通过实施有效活动，使个体获得选择发展经历机会的可行能力，使大学生通过理论学习和素质养成转化为能够影响或引领正式或非正式群体和团队，以实现个体、群体或团队共同目标的能力或能力体系。这一定义说明大学生领导力的形成是在功能性活动中不断发展的，个体主动建构、过程体验、项目参与有助于大学生领导力的培养。⑤

大学生领导力的可视化研究。本书运用 Web of Science 检索 College Student Leadership、College student leadership development，搜索结果共 2 451 条，导出与本书相关的文献 454 篇，运用知网搜索关键字大学生领导力，搜索结果为 40 条，导出与本书相关的文献 37 篇，对共计 491

① SIUE. Student Leadership development program in Southern Illinois University[EB/OL]. http//www. siue. edu/KIMMEI/SLDP/program_overview.Html2006-07-24.

② 翁文艳，赵世明 . 国外青年学生领导力培养的研究与实践 [J]. 领导科学 , 2011(11): 7-9.

③ 王芳 . 学生领导力发展的内涵及其策略 [J]. 教育发展研究 , 2012, 32(Z2): 111-115.

④ 奚洁人 . 中国大学生领导力教育的战略思考 [J]. 当代青年研究 , 2012(05): 23-28.

⑤ 许国动 . 当代大学生领导力模型与实现路径的理论分析 [J]. 北京邮电大学学报（社会科学版）, 2011, 13(06): 110-116.

篇 Web of Science 和知网索引文献进行分析，对大学生领导力进行发文国家频次、发文机构、共被引文献聚类知识图谱、关键词共现知识图谱进行分析。

分析发现，对大学生领导力研究最多的国家依次是美国、中国、韩国、英国、泰国和日本。对大学生领导力发文机构最多的是美国明尼苏达大学、美国密歇根州立大学、美国马里兰大学东岸分校、美国俄勒冈州立大学、美国瑞吉斯大学等；在大学生领导力文献中，从大学生领导力结果的视角研究大学生领导力的文献最多，被引用文献较多的作者有 Tabachnick B G（2007）、Komives S R（2006）、Pless N M（2011）、Harrison S D（2010）；从领导的角度研究大学生领导力的位居第二，其中文献被引用较多的是 Hope E C（2016）、DUGAN J P（2017）；从社会的角度研究大学生领导力的位居第三，其中文献被引用较多的是 Johnson M（2015）、Mayhew M J（2016）；从大一新生的压力意识角度研究大学生领导力的位居第四，其中文献被引用较多的是 Northouse P G（2010）、Salisbury M H（2012）。

围绕 College Student Leadership、College student leadership development 两个关键词进行分析，得到国外对大学生领导力和大学生领导力发展的关键词共现知识图谱，见图 1-1。

根据图 1-1 的研究结果，对大学生领导力研究的关键词进行梳理，发现大学生领导力的研究内容大部分与高等教育有关。研究发现（见表 1-1），对于影响大学生领导力因素的研究较多，可将大学生领导力的影响因素划分为内因和外因两大维度。具体而言，内因因素的关键词有大学生的成就、经历、共同参与、效能、学习投入、动机、行为、知识、兴趣、态度、信任、创新、精神价值等因素；外因因素的关键词有学校组织、团体、组织文化、学校氛围等。值得注意的是，在大学生领导力研究的高频关键词当中，自我效能、学习投入两个关键词出现的频率较高，这说明大学生领导力与自我效能、效能和学习投入之间有紧密的联系，自我效能和学习投入对大学生领导力的影响程度较高，而成就、经历、动机等都属于自我效能感的范畴，共同参与属于学习投入的范畴。从一定程度上来说，自我效能感和学习投入对大学生领导力的培养和提升影响最大，关系最密切，这为本书提供了理论研究的参考价值，为本书选取自我效能感和学习投入作为中介提供了学术理论依据。学校氛围作为影响大学生领导力的外因因素，研究的频次虽少，但其作为影响大学生领导力的因素之一，是被学术界所认可的。

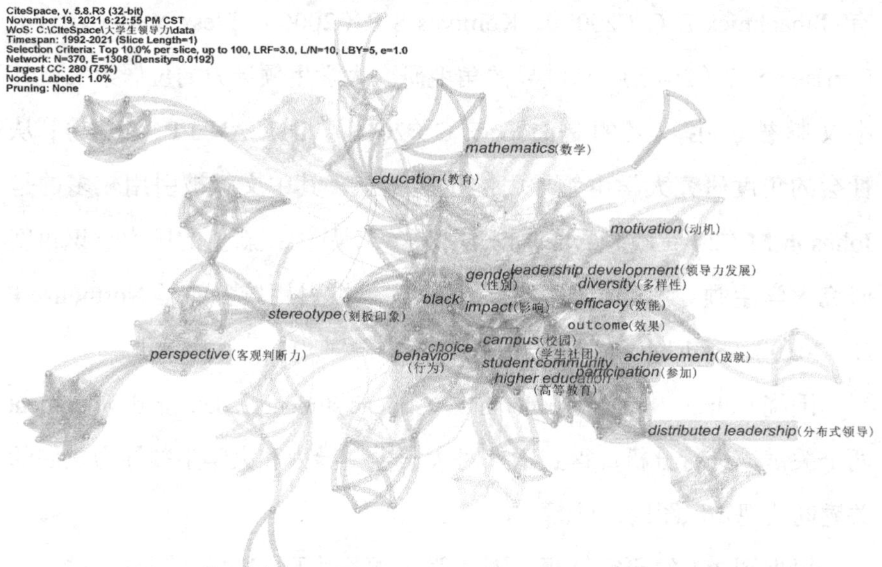

图 1-1　大学生领导力研究的关键词共现知识图谱

表 1–1　大学生领导力研究的高频关键词

序号	关　键　词	频次
1	student（学生）	36
2	leadership development（领导力发展）	30
3	achievement（成就）	27
4	experience（经历）	26

续表

序号	关 键 词	频次
5	perspective（客观判断力）	24
6	community（共同参与）	22
7	efficacy（效能）	21
8	student engagement（学习投入）	18
9	motivation（动机）	16
10	behavior（行为）	16
11	student development（学生发展）	15
12	involvement（涉入、参与）	15
13	social cognitive career theory（社会认知职业理论）	15
14	membership（会员、社员）	15
15	improvement（提升）	14
16	knowledge（知识）	13
17	professional development（专业发展）	12
18	self-efficacy belief（自我效能信念）	12
19	self-efficacy theory（自我效能感理论）	11
20	interest（兴趣）	11
21	collaborative（协作）	10
22	cognitive development（认知发展）	9
23	school organizational factor（学校组织因素）	9
24	attitude（态度）	8
25	organization（组织、团体）	8
26	organizational culture（组织文化）	8
27	school climate（学校氛围）	7
28	professional（专业的）	7
29	belief（信念、价值观）	7
30	innovation（创新）	6
31	trust（信任）	6
32	support and evaluation（支持和评价）	2
33	spiritual development（精神发展）	2

（三）关于大学生领导力现状的相关研究

国外、国内学者对大学生领导现状的研究主要集中在大学生领导力教育、培养与开发、结构维度、培养模型构建、影响因素、价值观教育和提升策略等方面。

大学生领导力教育相关研究。国外学者均认为对大学生领导力的教育是必要的。高校大学生作为新一代领导力量，应当对其进行领导力教育。另外，有人认为领导力教育有助于引领社会变革，培养大学生的社会责任感。譬如在高校中具有较高影响力的大学生领导力教育模型——领导力开发的社会变革模型（SCM）认为，领导是“那些能为他人、社区和社会的改善带来积极变革的人。”[①] 还有的学者认为，大学生领导力教育有利于学生综合素质开发，提升其职业竞争能力。随着时代变化，工作环境的多元化，大学生的团队合作能力、问题解决能力、批判性思维能力、变革管理能力等显得尤为重要，大学生领导力培养成为高等教育的重要使命。

国内学者均认为大学生领导力教育的目的是培养全面发展的社会需要人才，是注重培养大学生综合素质和能力，同时课程要理论结合实践。如奚洁人认为，大学生领导力教育的目的是培养面向未来、德智体美劳全面发展的和社会需要的高质量人才，主要应从专业领域和岗位适应力上培养和提升大学生领导力。[②] 翁文艳从高校文化实践和社团活动的角度入手，认为大学生领导力教育要形成理论学习与实践活动相融合、传统文化与社会主义核心价值观教育相融合的新途径。[③] 刘三宝、

① Ricketts, J. C., and Rudd, R. D. A Comprehensive Leadership Education Model To Train, Teach, and Develop Leadership in Youth[J]. Journal of Career & Technical Education, 2002, 19(1): 7-17.

② 奚洁人．中国大学生领导力教育的战略思考 [J]. 当代青年研究，2012(05): 23-28.

③ 翁文艳．论中国特色的大学生领导力课程构建 [J]. 中国浦东干部学院学报，2014(5): 63.

李恺认为，大学生领导力教育是一种能力培养，不仅要培养拔尖的专业技术人才，更要培养担当民族复兴大任的“领军”型人才。① 张俊认为，促进大学生就业的重点是培养和提升大学生领导力，大学生领导力提升了，大学生的就业问题就解决了。② 赵睿认为，大学生领导力的培养要注重对大学生社交能力、沟通能力和团队合作能力的培养，其目标是“培养具有优秀职业素养的人才”，使大学生具有职业素质、社会责任感、变革创新意识。③

大学生领导力培养的相关研究。学者们一致认为大学生领导力是一种可以被开发的能力。如 Burns 强调重视追随者的作用，认为所有个体都可以获得领导力。Gardner 认为，要成为领导力，需要具备更多的技能和管理技能，而这些能力都可以通过学习获得。对于多数人而言，其自身才能都没有被开发，他们可以通过教育来培养个体天生就具有的但需要开发的能力，比如领导力。④Astin 等人在《再论领导力》（Leadership Reconsidered）中为高等教育提出了目前使用最广泛的学生领导力培养模式——社会变革模式（SCM）。Fullan 认为，领导者并非与生俱来，他们是被培养出来的。⑤ Susan Komives 提出了聚焦于领导力学习和开发的领导者身份认同发展模式。Shankman 和 Allen 开发了情感智能领导力模式，该模式由他者、自我和情境三种认识构成，共 21 种能力。

国内学者认为大学生领导力的培养和开发要从高校教育所肩负的

---

① 刘三宝，李恺．以社会主义核心价值观培育大学生领导力 [J]. 中国高等教育，2021: 51-52.

② 张智强．高校开展大学生领导力教育分析和思考 [J]. 高等教育研究，2011(9): 6.

③ 赵睿．我国大学生领导教育的内涵及实践途径 [J]. 湖北社会科学，2013(09): 168-171.

④ Gardner, J. W. On Leadership[M]. New York: Free Press. 1990.

⑤ Fullan, M. Leading in a Culture of Change[M]. San Francisco: CA: John Wiler & Sons. 2001.

使命入手，培养要根据大学生需求在实践团队中进行，要提供好相关保障和跟踪服务。如姚永志、吴杨从高校教育使命角度入手，认为培养和造就大批优秀的领导人才是高校教育的重要使命，是高校教育的内在需求。① 宋怡认为，领导力的培养要嵌入到团队实践中。这种实践模式有助于参与者学习专业知识，提高各种综合能力。② 胡礼祥、董世洪认为，大学生领导力需要在社团实践中去培养和拓展，促使大学生在实践中去主动思考、积极探索、和谐互动。③ 严太华等人认为，大学生领导力是大学生优良素养和能力的综合体现，培养课程需要理论与实践相结合，坚持面点结合与分层培养，能力与人格并重的可持续发展原则，其培养体系包括“培养途径、条件保障和后续跟踪机制”三大内涵。④

大学生领导力培养模型的相关研究。大学生领导力的潜能开发需要培养，大学生领导力课程要做到注重理论研究和社会实践相结合。如Kouzes 和 Posner 开发了领导力挑战模式，该模式的目的是有针对性地帮助每一位大学生开发领导力的潜能。美国教育标准委员会专门制定了高校大学生领导力项目模式，规范的领导力项目模式一般包含学生、结构、策略三个维度，该模式被当作指南来设计和审查高校中开设的各种领导力项目，该模式非常注重理论研究和社会实践相结合。美国学者佩奇·哈勃认为，正规的领导力培养项目是指“为了培养大学生的领导

---

① 姚永志，吴杨．高等教育的重要使命：培养和造就大批领导人才 [J]. 黑龙江高教研究，2005(12): 125-127.

② 宋怡．基于团队训练的大学生领导力教育的实践与探索 [J]. 中国电力教育，2010(16): 15-16.

③ 胡礼祥，董世洪．大学生领导力拓展与训练 [M]. 杭州：浙江大学出版社，2011(11): 34.

④ 严太华，赖炳根，蒲清平，高微．大学生领导力培养体系构建的原则与实施途径 [J]. 学校党建与思想教育，2013(19): 53-54.

力知识、提升其能力而精心策划出来的集合体。”[①] 质言之，个体领导力的培养需要通过参加正规的领导力活动才能得到，而很多正规领导力培养项目需要开设专业与实践相结合的课程方可达到培养目标。

由上可知，大学生领导力的培养教育要将课程学习与实践相结合，要从大学生的认知、实践和价值等层面来建构大学生领导力教育内容。如胡礼祥、董世洪认为，可以从认知、价值和实践三个维度构建了大学生领导力教育模型，大学生领导力教育可以通过课程学习、团队实践和社会参与三个方面来建构其实践途径模型。[②] 陶思亮采用混合的研究方法，认为大学生领导力教育是由领导力认知、领导力价值和领导力实践三个维度组成的，构建了大学生领导力教育的“认知—价值—实践”模型，大学生领导力教育可以通过课程学习、组织参与和社会参与三个方面来建构其实践途径模型。[③]

国内学者对大学生领导力培养现状及对策进行了相关研究，认为目前大学生领导力培养还存在相关问题，要积极改进。如唐勤等人对国内某高校女大学生领导力培养现状进行考察，对女大学生领导力的提升提出相应对策。[④] 陈文等人对国内工科院校大学生领导力的培养理念等进行分析，提出了相关具有针对性的培养保障措施。[⑤] 任胜涛对大学生领导力培育过程中存在的相关问题展开探讨，认为大学生领导力要从加强

① [美]苏珊·R·库米维斯，等．学生领导力发展手册[M]. 2版．张智强，等译．北京：北京大学出版社，2015: 216.

② 胡礼祥，董世洪．大学生领导力拓展与训练[M]. 杭州：浙江大学出版社，2011(11): 34.

③ 陶思亮．中国大学生领导力发展与教育模型研究[D]. 华东师范大学博士学位论文，2014.

④ 唐勤，徐倩．我国女大学生领导力培养现状及启示[J]. 学校党建与思想教育，2013(27): 69-70.

⑤ 陈文，李江涛，杜长州，王思华．工科院校大学生领导力发展现状分析[J]. 学校党建与思想教育，2017(18): 50-51.

大学生实践环节、更新考核制度、完善激励措施、利用社会资源、构建良好的文化环境等环节进行培育。[①] 邹媛认为，高校要更新人才培养观念，满足大学生多样化需求，将大学生领导力教育融入校园文化中，如借助学生组织、学生干部等载体来实现大学生领导力的培养。[②]

大学生领导力维度的相关研究。国外学者对大学生领导力维度的划分是基于领导力理论的不断发展，有三维度和五维度的划分。如库泽斯与波斯纳根据大学生群体的本质属性改编了学生领导力实践调查表（Student Leadership Practices Inventory，SLPI），认为大学生领导力是由共启愿景、以身作则、使众人行、挑战过程和激励人心等五个维度组成。[③]

国内学者主要依据大学生领导力是综合素质和能力，培养要将理论与实践相结合及领导行为来划分其维度。如牛兴荣在国外学者信效度良好的问卷基础上修订了在校大学生领导行为期望问卷，包括代表性、预见力、协调冲突、启发下属、容忍不确定性、积极授权、说服能力、关心下属、角色假设、维护团结、结果导向、监督导向等 12 个维度。[④] 胡礼祥、董世洪将大学生领导力划分为领导力认知、领导力价值和领导力实践三个维度。[⑤] 文丽、吕伟等人构建了社会实践、学习能力、问题解决能力和情绪智力四个维度的大学生领导力模型。[⑥] 张超构建了任务处

---

① 任胜涛 . 关于大学生领导力培育的思考 [J]. 教育探索 , 2015(04): 93-95.

② 邹媛 . 大学生领导力多场域开发研究 [D]. 西南大学博士学位论文 , 2015.

③ Posner, B. Z. (2002). A leadership development instrument for college students. *Journal of College Student Development, 53(3), 231-237.*

④ 牛兴荣 . 中国在校大学生领导行为期望研究 [D]. 上海外国语大学硕士学位论文 , 2009: 26.

⑤ 胡礼祥 , 董世洪 . 大学生领导力拓展与训练 [M]. 杭州 : 浙江大学出版社 , 2011(11): 34.

⑥ 文丽 , 吕伟 , 王雅娟 . 大学生领导力素质实证研究 [J]. 重庆科技学院学报（社会科学版）, 2011(05): 172-176.

理、关系处理和动机态度三个维度的大学生领导力结构模型。[①]李夏妍将大学生领导力划分为构建愿景、人格影响、人际交往、战略决策和工作实践五个维度。[②]

大学生领导力影响因素的相关研究。国外学者将影响大学生领导力的因素研究主要集中在个体的认知能力、个体的个性和动机等方面。Bass 对领导力与认知力间的关系进行研究，发现具有较高认知能力的个体更容易成为团队领导者并表现出更强的胜任力。[③]此外，卢俊认为，个性特征是影响领导力的关键因素，能够预测领导力的相关指标。个体动机在权力需求、成就需求以及责任需求等方面影响领导力的发展。[④]

国内学者对影响大学生领导力因素的研究大都集中在大学生个体特征、家庭和社会三个方面。如赵国祥认为，大学生领导力需要团队的领导者以身作则，共启愿景，砥砺前行，在前行的过程中激励团队成员完成目标，促使团队成员在完成共同目标的过程中更大程度地发挥自我价值，正确的价值观要贯穿始终。[⑤]张超认为，个性特征、动机、认知能力三个影响因素对领导力产生影响。[⑥]家庭因素也可以影响大学生领导力，如罗爱丽认为，家庭功能与大学生领导力显著相关，包括大学生技

① 张超. 大学生领导力：结构及相关影响因素的路径分析 [D]. 华东师范大学硕士学位论文, 2012: 36-37.

② 李夏妍. 大学生领导力的五维结构及其测量 [J]. 领导科学论坛, 2015(03): 19-20.

③ Bass, B. M. Bass and Stogdill's handbook of leadership：theory, research, and managerial applications[M]. New York: Free Press, 1990: 7-13.

④ 卢俊. 大学生领导力结构及测评研究 [D]. 北京交通大学硕士学位论文, 2015: 26.

⑤ 赵国祥. 领导理论研究的现状与展望 [J]. 河南大学学报（社会科学版）, 2009(03): 133-138.

⑥ 张超. 大学生领导力：结构及相关影响因素的路径分析 [D]. 华东师范大学硕士学位论文, 2012: 36-37.

术领导、大学生人际领导和大学生理性领导。[①] 徐晓林等人认为，影响大学生领导力的重要因素有大学生社会参与和社会实践，对培养大学生的沟通能力和大学生特长的发挥起着至关重要的作用。[②]

此外，国内外学者将学生组织作为大学生领导力培养场域以及大学生领导力教育与价值观教育之间的关系进行研究。很多的国外学者认为学生组织是培养大学生领导力的关键场域。如 Ayers 等人认为，学生组织通过培养大学生领导力、实践能力和参与社区服务的能力，在塑造大学生的整体素质和能力方面发挥着重要作用。[③]Bush 等人认为，大学生参与学生组织可以促进专业技能和社交技能的发展，提供建立关系和网络的机会。具体来说，参与学生组织的大学生可以提高其奉献、问责、荣誉、诚信、组织技能和关系技能。大学生成功的关键是参加有目的、有针对性的教育活动，应该为大学生提供参与学术课程内外的有意义的教育活动的机会，满足大学生需求的多样化，才能促进学生的全面发展。每个学生组织都有自己独特的使命和价值观，其目的是就共同的价值观达成协商一致意见，为组织的发展贡献自身能力。[④]

国内学者将大学生领导力教育与价值观教育相结合进行研究。如翁文艳、赵世民认为，价值观、人格、智力、社交能力和解决问题能力等要素共同组成大学生领导力，要根据大学生的特质需求有针对性地设计

---

① 罗爱林 . 大学生领导能力及其影响因素实证研究 [D]. 西南交通大学硕士学位论文 , 2010: 38-40.

② 徐晓林 , 吴开松 , 石海燕 . 大学生领导素质教育与培养研究——对武汉高校大学生的调查与分析 [J]. 湖北民族学院学报（哲学社会科学版）, 2004(03): 74-78.

③ Ayers, G. T. Considerations for Determining Perceived Benefits and Challenges of Student Organizations at Pharmacy School Satellite Campuses[J]American Journal of Pharmaceutical Education, 2017, 11(2), 67-71.

④ Bush, A. A., Buhlinger, K. M., & McLaughlin, J. E. Identifying shared values for school-affiliated student organizations[J]. *American Journal of Pharmaceutical Education, 2017, 81(3), 45-53.*

大学生领导力教育项目，规范大学生领导力课程，同时营造良好的校园文化氛围。①翁文艳认为，大学生领导力教育是以社会主义核心价值观教育为核心的教育，大学生参与社区服务实践可以培养其社会责任感，并影响他人，要从相关理论、大学生的理想、时代精神和社会道德等层面出发来构建我国大学生领导力培养的教育内容。两种教育的共同内容是培养学生社会责任感。②

通过对国内外大学生领导力的研究进行梳理发现，国外研究者大都认为：大学生领导力内容包括价值观、责任、合作、自我认知、关系认知、言行一致、承诺、道德性等。国内研究者大都认为：大学生领导力包括价值观、沟通力、创新能力、团队合作能力等其他综合能力和意识，是大学生应该具备的素养和能力的综合。通过对大学生领导力相关模式分析发现，在大学生领导力维度划分上，认知层面可归纳为：自我意识、团队意识、目标意识、他人意识和道德意识等；实践层面可归纳为：挑战现状、人际交往、众人跟随、激励人心、决策制定等。

通过梳理国内学者对大学生领导力维度的划分情况，可大概归纳为三大维度：其一是认知维度，包括自我认识力、自我改造力、自我提升力、自我反思力、自我管理等；其二是实践维度，包括沟通能力、人际交往能力、团队合作能力、执行力、创新力、变革力、关怀力、影响力等；其三是人格维度，包括价值观、动机态度、共情力、承诺等。大学生领导力维度划分的共性均是从认知、实践和道德三个层面出发的。值得注意的是，国外学者强调大学生领导力是一种公民素质，是勇于承担社会责任的一种品质。而国内学者认为大学生领导力是大学生素质和能力的综合体。因此，本书将大学生领导力的维度划分为自我认知与管理、社会实

---

① 翁文艳，赵世明．国外青年学生领导力培养的研究与实践 [J]. 领导科学，2011(11): 7-9.

② 房欲飞．美国高校大学生领导教育研究 [D]. 华东师范大学博士学位论文，2008.

践与交往和人格魅力，认为大学生领导力是大学生的综合素质和能力。

二、关于社团及氛围的研究综述

社团氛围的概念源于组织氛围，组织氛围的概念起源于对氛围的理解。因此，在探讨社团氛围之前，需要对组织氛围、氛围和大学生社团这一群众性团体组织进行文献梳理。

（一）关于组织氛围的相关研究

组织氛围概念界定的相关研究。氛围一词最早是由托尔曼提出的，他认为个体可以通过学习获得对周围环境的认知，他将氛围概括为个体对环境的感觉。学者 Litwin 和 Stringer 认为，氛围是个体对工作环境和生活环境的一系列感知，这种感知影响着个体的行为和动机，这种感知可以被测量。[①] 学者 Anderson 和 West 将氛围定义为个人认知和分享感知两个层次，其中个人认知层次是指个体对周围环境的理解和认知；分享感知层次是指把多个个体对周围事物的理解分享，是共同感知。组织行为学学者 Kozowski 和 Farr 认为，氛围是个体与组织情景交互作用中的产物，它是组织运行中的特有属性。

组织氛围（Organizational Climate）是对组织气氛研究的深化。学术界自 20 世纪 50 年代开始使用组织氛围，主要用于研究环境对个体行为的影响。如 Jones 等人认为，组织氛围是“一定时期内组织中的成员相互交流交往的稳定的环境特征，是组织内员工对关于自身福利的、工作环境的心理影响的共同感知”。[②] 基于此，Schneider 认为，组织氛围要

---

① Litwin, G. H., and Stringer Jr, R. A., Motivation and organizational climate[M]. Boston : Harvard University Press. 1968.

② Jones, A. P., and James, L. R. Psychological Climate: Dimensions and Relationships of Individual and Aggregated Work Environment Perceptions[J]. Organizational Behavior and Human Performance, 1979, 23(2): 201 -250.

有个体的主观感知因素，还要注重组织的客观环境因素。也即是说，组织氛围的形成不是单一地由环境或个体决定的，而是环境与个体以及个体与个体之间交流与分享的结果。[①]组织氛围是在一定情境下，能够被组织中的成员直接或间接感知到的一种具有稳定而又独特的感知，这种感知可以影响个体的行为，可以被测量。如 Forehand 等人认为，组织氛围可以描述组织的特征，同时还对组织内个体成员的行为产生影响。[②] Glick 认为，组织氛围能够有效描述环境与个体行为之间的关系，同时也可以测量环境对个人行为产生的影响。[③] Nicholson 认为，组织氛围是组织中所有成员共同的情感、态度和行为的一种总体趋势。[④] Lewin 等人认为，组织氛围是组织所具有的特质，该特质可以被组织成员所感知并能被测量。[⑤] Bock 等人认为，组织氛围是指某一特定时间点下的背景情形以及与之相联系的组织中所有成员的思想、感受和行为。[⑥]

国内学者对组织氛围概念的界定大都源于国外。其中许士军认为，组织氛围是指存在于员工和组织之间的心理环境。[⑦]谢荷锋在 Schneider 的研究基础上，认为组织氛围是“员工对公平、支持、创新、人际关系

---

① Schneider, B. Organizational Climate and Culture[M]. Pfeiffer, 1990: 59.

② Forehand, G. A., Von Haller G. Environmental variation in studies of organizational behavior. Psychological Bulletin, 1964, 62(6): 361.

③ Glick, W. H. Conceptualizing and measuring organizational and psychological climate: pitfalls in multilevel research. Academy of Management Review, 1985, 10(3): 601-616.

④ Nicholson, N., Johns, G. The absence culture and psychological contract-who’s in control of absence? Academy of Management Review, 1985, 10(3): 397-407.

⑤ Lewin, K. Resolving social conflicts and field theory in social science [M]. American Psychological Association, 1997.

⑥ Bock, G. W., Zmud, R. W., Kim, Y. G., et al. Behavioral intention formation in knowledge sharing: examining the roles of extrinsic motivators, social- psychological forces, and organizational climate[J]. MIS quarterly, 2005, 29(1): 87-111.

⑦ 许士军 . 工作满足 , 个人特征与组织气候——文献探讨及实证研究 [J]. 国立政治大学学报 , 1977(05): 13-56.

以及身份认同等特性方面的感知”。[①] 顾远东在 Lewin 等人的研究基础上，认为组织氛围是“组织成员直接或间接能够感知到的一种组织特质，是组织环境中可以测量的因素”。[②]

尽管国内外学者对组织氛围的定义多样化，但对组织氛围的概念依旧没有形成统一的观点。研究者们大多都认为，组织氛围是组织的内部属性，是组织中个体和环境交互的结果，个体只有在特定的组织中才能够被感知，这种感知会影响个体产生不同的行为。梳理国内外学术界对组织氛围的界定大致可分为两个方面：一是从客观主义视角，认为组织氛围是组织内部的一种特定环境，这种环境具有相对持久性，是组织中的所有成员对整体工作环境的认知集合，该属性可以被测量；二是从主观定义视角，认为组织氛围是指个人对组织环境或情景因素的知觉体验，侧重从个体的主观角度分析情景因素对个体行为的影响。

组织氛围的研究层次主要分为个体、团队和组织。个体氛围主要指个体心理氛围，是个体对环境的心理认知，它是可以描述的、是多维度的、它会影响个体的态度和行为，可以说，环境对个体态度和行为的影响是通过个体的认知来完成的。因此，个体氛围是不同的。团队氛围是指团队成员对团队工作环境的感知和共享。组织氛围是指组织中的成员对组织环境的感知和共享。团队氛围和组织氛围都是可描述性的，团队氛围和组织氛围能够影响团队和组织中每个成员的态度和行为，是个体与环境、个体与团队和组织中其他个体之间相互作用的结果。

组织氛围维度划分的相关研究。国外学者对组织氛围的维度进行了多视角的划分。其中，Campbell 等人将组织氛围划分为组织成员的自

---

① 谢荷锋，马庆国．组织氛围对员工非正式知识分享的影响 [J]. 科学学研究，2007, 25(2): 306-311.

② 顾远东，彭纪生．组织创新氛围对员工创新行为的影响：创新自我效能感的中介作用 [J]. 南开管理评论，2010, 13(1): 30-41.

主性、赋予职位的结构程度、奖励指向、体谅、关怀与支持 5 个维度。[①] Siepert 在 Campbell 等人的研究基础上将组织氛围划分为沟通、互动、决策、控制、动机驱力、目标设定和绩效 7 个维度。[②] Halpin 等人 (1985) 将组织氛围划分为生疏、阻隔、阻碍、关怀、成就、工作精神、以身作则和亲密关系 8 个维度。[③] Stringer 将组织氛围的维度划分为结构、认知、责任、标准、支持和承诺 6 个维度。[④] Bock 等人和 Yu 等人将组织氛围的维度划分为友好关系氛围、创新氛围、公平氛围。[⑤⑥] Nazari 等人将组织氛围划分为风险、信任、开放、所有权 4 个维度。[⑦] Luo 等人在 Stringer 维度划分的基础上，将组织氛围划分为人情、薪酬、自律、积极冒险、和谐和竞争 5 个维度。[⑧] Schneider 等人将组织氛围划分为

① Campbell, J. P., and Beaty, E. E., Organizational climate: Its measurement and relationship to work group performance [C]. Annual meeting of the American Psychological Association, 1971.

② Siepert, A. F., and Likert, R. The organizational climate for successful innovation[J]. Public Management, 1973, 55(5): 2-4.

③ Glick, W. H. Conceptualizing and measuring organizational and psychological climate: pitfalls in multilevel research [J]. Academy of Management Review, 1985, 10(3): 601-616.

④ Stringer, R. Leadership and organizational climate[M]. New Jersey: Prentice-Hall, 2002.

⑤ Bock, G. W., and Zmud, R. W, Kim Y G, et al. Behavioral intention formation in knowledge sharing: examining the roles of extrinsic motivators, social- psychological forces, and organizational climate[J]. MIS quarterly, 2005, 29(1): 87-111.

⑥ Yu, C., and Yu-Fang, T., Yu-Cheh, C. Knowledge sharing, organizational climate, and innovative behavior: a cross-level analysis of effects[J]. Social Behavior and Personality: an international journal, 2013, 41(1): 143-156.

⑦ Nazari, J. A., Herremans, I. M., Isaac, R. G., et al. Organizational culture, climate and IC: an interaction analysis[J]. Journal of Intellectual Capital, 2011, 12(2): 224-248.

⑧ Luo, Q. F., and Xie, A. T. A Study of the relationship between person-job fit and person-organization fit from the viewpoint of the degree of internationalization[J]. Journal of Humanities and Social Sciences, 2012, 8(1): 1-12.

支持、结构、交往关系、冲突、独立性和一般满足感6个维度。[①]

国内学者从组织氛围的内容和影响因素等角度对其维度进行划分。其中蒋景清将组织氛围划分为领导形态、形式结构、责任风气和人际关系4个维度。[②]潘孝富将组织氛围划分为健全的制度、系统性的管理、领导具有的威信、具有人际型的领导、对人关心体贴和民主决策6个维度。[③]谢荷锋等人将组织氛围划分为创新、公平、支持、人际关系和员工身份认同5个维度。[④]顾远东等人将组织氛围的维度划分为环境自由、组织支持、团队合作、学习成长、能力发挥5个维度。[⑤]

根据国内外学者对组织氛围维度划分的情况可以看出，由于文化背景上的差异和研究角度的不同，对组织氛围维度的划分也不同。国外学者更注重组织的关怀、互动、支持、信任和沟通等方面的研究。国内学者更注重研究组织氛围的领导关系、人际关系、沟通、公平、领导风格等方面的内容。此外，组织氛围与领导形态、领导威信、领导关系等也有密切的关联。

（二）关于大学生社团的相关研究

国外、国内学者对大学生社团的相关研究主要集中在大学生社团内涵、大学生自身发展、校园文化、文化活动、大学生社团功能、大学生

---

① Schneider, B., Ehrhart, M. G., Macey, W. H. Organizational climate and culture[J]. Annual Review of Psychology, 2013, 64: 361-388.

② 蒋景清．组织气候、组织承诺与组织公民行为关系之研究——以C工厂为例[D]. 国立中山大学博士学位论文，2002: 102.

③ 潘孝富，秦启文，谭小宏．学校组织气氛与教师工作绩效的关系分析[J]. 心理科学，2007, 29(06): 1489-1491.

④ 谢荷锋，马庆国．组织氛围对员工非正式知识分享的影响[J]. 科学学研究，2007, 25(2): 306-311.

⑤ 顾远东，彭纪生．组织创新氛围对员工创新行为的影响：创新自我效能感的中介作用[J]. 南开管理评论，2010, 13(01): 30-41.

自身发展等方面。国外高校大学生社团的发展先后经历了从重视“管理”到重视“智力培养”再到重视“培养完整学生”的历程。[①]国内学者一致认为，大学生社团是提升大学生综合素质和能力以及开展价值观教育的重要场域。

学生社团内涵的相关研究。国外学者大都认为，大学生社团（Student Organizations）是由学校学生自发组成的、开展一般性学生活动的组织。[②]国内学者对学生社团的界定研究较多。其中，国务院将社团定义为：由我国公民自愿组成，为实现会员的共同意愿，按照其章程开展活动的非营利性社会团队。[③]罗成冀认为，大学生社团是一种以校园为主要活动空间的特殊群体，有其自身独特的属性。[④]石中英认为，社团是由学生自愿组成，按照章程自主开展活动的非营利性学生团队。[⑤]2020年，《高校学生社团建设管理办法》指出，高校学生社团也称为大学生社团，它是落实立德树人根本任务、推进素质教育的重要载体，是高校学生根据成长成才需要，结合自身兴趣特长，在高校党委的领导和团委的指导下开展活动的群众性学生团体。一般分为思想政治类、学术科技类、创新创业类、文化体育类、志愿公益类、自律互助类及其他类等。[⑥]

大学生发展角度的相关研究。国外学者认为，大学生参加学生社团有利于大学生的综合素质和能力的发展。如美国学者奥斯汀（Astin）认为，大学生通过参加社团，可以促进大学生们相互交流和互动，进而

---

① Madison. Richard: Mental Health Care in the College Community The American Journal of Psychiatry[J]. 2011, 168(06): 1123-1123.

② 杨柳群．美国常春藤大学学生事务管理研究[D]. 湖南师范大学博士学位论文，2019.

③ 国务院．社会团体登记条例[Z]. 1998: 26.

④ 罗成冀．论高校学生社团文化的德育功能[J]. 思想教育研究，2003(05): 30-32.

⑤ 石中英．社团活动与社会主义核心价值观教育[J]. 中国教育学刊，2014(06): 22-25.

⑥ 中共教育部党组，共青团中央．高校学生社团建设管理办法[Z]. 2020-02-03.

激发大学生参与社会性活动的热情，对大学生的发展起到积极作用。[①]丹尼尔·格拉纳罗（Granarolo，D.）认为，大学生参加社团可以促进大学生的整体发展，使其成长成熟，其具备的综合素质和能力为其社会化的实现打下坚实基础。[②]约翰·霍格特（Hogget，J.）认为，大学生参加社团，一定程度上有助于培育大学生的责任感、信誉感和尊重感等优秀品质，这种品质是一个好公民应该具备的品质。[③]利·瑞维拉（La Riviera）认为，大学生参与社团活动，可以提高大学生专业学习的效率，学会与人交往、学会合理安排时间，可以增进团队之间的合作以及培养个人的兴趣等优势，提升大学生的领导能力。[④]库伯（Cooper）等人认为，有社团经历的大学生相比没参加社团的大学生而言，在自我管理和生活规划能力方面要更强。[⑤]罗姆博克（Rombokas）等人通过实证研究认为，大学生参加社团活动，可以有效提升参加活动大学生的智力发展和社交能力的发展。[⑥]斯库尔特·威廉（Sort William）等人认为，参与学生社团的大学生，在不断实践中增强了其成就动机，同时参加社团大学生的领导才能和人际沟通能力非常突出。[⑦]福伯特（Foubert）等人认

---

① Astin, A. W., What matters in college?Four critical years revisited[M]. San Francisco: Jossey-Bass. 1933: 45.

② Granarolo, D. Avenues to America’s to Past: Readings in America History, with Student Activities[M]. New Jersey: Generenal leaning Corporation press, 1988: 25.

③ Hogget, J. College Outcomes and Student Development: Filling the Gaps. College Student Affairs Administration[M]. Simon Schuster Custom Publishing, 1986: 62.

④ La Riviera. Cultural Perspires in Student Affairs Work[M]. American College Personnel Association. Hidalgo Press, 1990(12): 47.

⑤ Cooper, D. L., Healy, M. A. and Simpson, J. Student Development Through Involvement: Specific Changes over Time[J]. Journal of College Student Development, 1994, 35(2), 98-102.

⑥ Rombokas, M. O. High school extracurricular activities & college grades[J]. Academic Achievement, 1995: 36.

⑦ William Lyons. The importance of Institutional Mission. College Student Affairs Administration[M]. Simon &Schuster Custom Publishing, 1997: 53.

为，大学生参加社团活动越多，其在学习目标、学业投入、生涯规划等方面会展现更突出的水平。①

国内学者认为，大学生参加社团可以促进大学生成长成才。大学生社团的目标是丰富大学生课余生活，繁荣校园文化，促进青年学生德智体美劳全面发展。②如林伟雄认为，参加大学生社团可以提升大学生的综合素养和能力，对培养大学生的现代人格有促进作用。③李毅昂认为，大学生社团可以促使学校内外资源有机整合，是对高校素质教育的丰富和补充，可以增强大学生的参与意识和责任意识。④杨明娇认为，大学生社团可以促进大学生公共精神和志愿精神的养成，提升了素质教育质量。⑤巴雪冰等人认为，大学生社团作为高校第二课堂的重要组成部分，是促进大学生开阔视野、提高综合素质的实践载体，对于大学生的道德认知、政治态度、角色适应以及个性发展和社会化发展具有显著的影响。⑥

校园文化角度进行的研究。国外学者大都认为，学生社团是校园文化的重要来源和重要组成部分。通过开展丰富多彩的社团文化活动，大学生们在学习知识和技能的同时，还锻炼了团队协作、管理、社交、应变等综合能力。亨利·罗索夫斯基（Henry Rusedski）认为，大学生在社团组织中对自我进行各种提升，这个过程体现了大学生社团是校园文

---

① Foubert, J. D., & Grainger, L. U. Effects of involvement in clubs and organizations on the psychosocial development of first-year and senior college students[J]. NASPA Journal, 2006, 43(1), 151-168.

② 中共教育部党组，共青团中央．高校学生社团建设管理办法 [Z]. 2020-02-03.

③ 林伟雄．青年社会化与大学生社团结构与功能的调整 [J]. 华南师范大学学报（社会科学版），1999(3): 44-48.

④ 李毅昂．试论公民社会视野下高校学生社团的潜在功能 [J]. 理论月刊，2004(12): 153-155.

⑤ 杨明娇．公民社会发展视野下高校社团发展策略研究 [J]. 学理论．2009(13): 164-165.

⑥ 巴雪冰，杨连生，郭驰．社团活动对大学生社会性发展的影响研究 [J]. 大连理工大学学报（社会科学版），2018, 39(01): 65-71.

化的重要组成部分，大学生在社团组织中提升自我的过程受到校园文化的影响。参加学生社团的大学生自主开展社团活动，在形式多样、内容丰富的社团活动中展示自己，丰富了校园文化，提升了大学生的能力。①

国内学者认为，大学生社团是校园文化的主体，可以繁荣校园文化，促进大学生综合素质不断提高。如应飚、申玮等人认为，大学生社团的目标是培养和发展社团人成为自主性和合作性、自由性和责任性、科学性和人文性、民族性和世界性、继承性和创造性相统一的校园社团文化建设主体，培养和提高大学生的综合素质。②李浦豪认为，大学生社团有助于加深、巩固、拓宽大学生的知识，可以提高学生的思想道德品质水平，还有助于营造和谐的校园文化氛围，在一定程度上提升了校园文化活动质量，有利于发挥校园文化育人功能，形成良好的学风和融洽的人际关系。③范益民、袁静认为，大学生社团是一种以大学生为主体、重在参与、将理论付诸实践的有效育人方式，具有特色性、自主性、志愿性、聚合性、实践性等特征，是校园文化建设的重要载体。④大学生社团作为校园文化的主体，其目标是根据大学生成长成才需要，使大学生在满足兴趣爱好的基础上，不断塑造其价值观，坚定其为理想努力的信念，在不断参加社团活动的过程中提高自身综合素质。

文化活动角度的相关研究。国外学者认为，大学生社团是课外活动的重要组成部分，在满足大学生兴趣的基础上培养和提升其能力。如保

① [美]亨利·罗索夫斯. 美国校园文化：学生·教授·管理[M]. 谢宗仙，等译. 济南：山东人民出版社，1996: 51-57.

② 应飚，申玮，李金林. 高校学生社团的体制目标及其工作理念探索[J]. 中国高教研究，2003(08): 57-58.

③ 李浦豪. 大学生社团与和谐校园的构建[D]. 复旦大学硕士学位论文，2008: 14-18.

④ 范益民，袁静. 大学生社会主义核心价值观培育反思[J]. 中学政治教学参考，2021(44): 28-31.

罗·沃特利（Watery，P.）认为，课外活动受学生欢迎的原因在于其能够培养和提高学生多方面的兴趣和能力。[①] 厉威廉（Li Willian）认为，大学生参与课外活动是其受到完整无缺的大学教育的必要条件，参加学生社团是一种重要的课外活动，它在解决问题和维护自身利益等方面发挥着重要作用。[②] 20 世纪上半叶，美国教育家柯南特认为，对知识的钻研、优雅的教育、专业教育和学生活动是大学生教育中的四个构成要素。[③]20 世纪 60 年代以后，课外活动成为与必修课和选修课同样重要的校园课程。20 世纪末到 21 世纪初，课外活动成为了大学教育的共同课程，课外活动成为与第一课堂同样重要的课程。[④]

国内学者认为，大学生参加社团活动可以提升大学生的综合素质和能力。如王海涛认为，社团活动有利于提高思想政治活动的实效性。[⑤] 陈曦认为，大学生社团活动是大学生培养能力、增长知识、提高素养的一条重要途径。[⑥] 魏培徵、马化祥等人认为，大学生参与社团活动的程度与其综合素质能力的提升成正比。[⑦] 张欢、文铭认为，社团活动可以促使大学生主动交往，在交往中对自身所处环境进行思考，从而形成自我意识，不断完善创造性人格。[⑧] 汪雅霜、王芳认为，大学生社团活动

---

① Paul, Watery. Supervising Extra-Curricular Activities in the American Secondary School [M]. New York: Mc Graw-Hill Book Company, 1930: 13-14.

② 厉威廉 . 美国近年来大学学生课外活动之发展 [M]. 台北 : 幼御文化事业公司 , 1983: 12.

③ 科南特 . 科南特教育论著选 [M]. 陈有松 , 译 . 北京 : 人民教育出版社 , 1988: 20-148.

④ 庄瑜 . 我国高等师范院校课外活动研究 [D]. 华东师范大学博士学位论文 , 2013.

⑤ 王海涛 . 高校学生社团活动与思想政治教育 [J]. 湖北社会科学 , 2004(02): 69-71.

⑥ 陈曦 . 大学生社团活动管理研究 [D]. 中南民族大学硕士学位论文 , 2008.

⑦ 魏培徵 , 马化祥 , 马莉萍 . 高校第二课堂与大学生创新素质培养的关系研究 [J]. 思想教育研究 , 2011(10): 99-102.

⑧ 张欢 , 文铭 . 大学生课外活动对创造性人格发展的影响 [J]. 中国成人教育 , 2014(01): 22-24.

是以群体形式出现的一种校园文化活动，对大学生的人格塑造、素质培养、能力培养和全面成长成才起着重要的促进作用。[①] 赵合月认为，社团活动的最终目的是提升学生的综合素质，发展学生多元智能。[②] 李华凤认为，大学生社团可以对学生们进行正能量引导，是综合素质培养的有效手段。[③] 张迪认为，大学生艺术类社团活动对营造学校的艺术氛围，增强艺术教学的实践意义有着重要作用，能够增强大学生的艺术感悟力和创造力。[④]

国内学者对大学生社团建设和功能进行了相关研究。在大学生社团建设方面，杨亚军认为，大学生社团需通过学校、社团和社会的有效联动进行运作和管理，才能发挥社团的应有价值。[⑤] 胡三曼认为，大学生参与社团的质量与社团成员是否具有明确目标、大学生加入社团的预期目标是否达成、社团是否优质等有密切关系。[⑥] 杨帆、李朝阳等人认为，大学生对社团的评价与团队合作、职能分工、发展前景和影响力有关。[⑦] 包雅玮认为，高校社团建设应以马克思人本思想为指导，要明确“全面发展”目标，建立规范的管理机制；要关注学生个体需求，分层分类设计个性化教育内容；要构建新型社团管理体系，发挥指导教师作用；要营造良好氛围，激发社团成员“潜能”来应对社团建设。[⑧]

---

① 汪雅霜，王芳．大学生学校归属感影响因素的实证研究——基于“国家大学生学习情况调查”数据分析 [J]. 现代教育管理，2015(08): 110-114.

② 赵合月．提升小学课外社团活动的效益 [J]. 教学与管理，2019(23): 13-14.

③ 李华凤．多渠道拓展教师的综合育人能力 [J]. 中国教育学刊，2021(12): 99.

④ 张迪．美育视域下高校公共艺术教育的改革研究 [J]. 江苏高教，2021(11): 86-89.

⑤ 杨亚军．大学生社团的运作和管理 [J]. 教育评论，2004(01): 26.

⑥ 胡三曼．大学生社团参与质量的实证研究 [J]. 高教探索，2012(01): 128-133.

⑦ 杨帆，李朝阳，许庆豫．高校学生社团的学生评价与影响因素 [J]. 教育研究，2015(12): 43-51.

⑧ 包雅玮．马克思人本思想视角下高校社团建设优化策略 [J]. 当代青年研究，2021(04): 78-83.

大学生社团功能的相关研究。如陈晓强认为，高校学生社团的社会化功能可以推动大学生实现个性化、规范化、角色化、知识化定位。① 何海兵认为，高校学生社团的核心文化具有稳定性，社团活动具有教育意义，对大学生的社会化奠定基础，高校学生社团教育所具有的价值观属性与“大思政”教育具有的价值观属性相似。② 张智昱认为，大学生社团对于高校顺利开展心理健康教育发挥着很大的促进作用。③ 高校学生社团的功能除了教育功能和社会化功能之外，还有助于学生个性化的形成，能帮助新生更快地适应学校环境。

综上所述，国外、国内学者对于大学生社团的研究更多集中在大学生综合素质和能力的发展等方面。具体而言，国外对大学生社团研究先后经历了从重视“管理”到重视“智力培养”再到重视“培养完整学生”的历程，将关注视角转移到以“学生为主体”。国内学者对大学生社团的研究成果相对丰富。截至 2022 年初，在中国知网数据库中关于大学生社团研究的文章有 10 638 篇。其中，针对大学生社团建设的文章有 14 221 篇，针对大学生社团管理的研究有 5 341 篇，针对大学生社团氛围的文章只有 42 篇。由此可见，国内学者对大学生社团氛围的研究还需加强和完善。

（三）关于社团氛围的相关研究

1. 社团氛围的界定和维度划分

通过对氛围、组织氛围和组织氛围维度划分相关研究的梳理可知，组织氛围的研究层次主要分为个体、团队和组织。因本书是从大学生个体层面探讨社团氛围是如何影响参加社团活动的大学生领导力的，根据

① 陈晓强 . 高校学生社团的社会化功能 [J]. 江苏高教 , 1999(05): 110.

② 何海兵 . 高校社团文化与人格塑造 [J]. 学校党建与思想教育 , 2003(05): 47-48.

③ 张智昱 . 高校学生社团的心理健康教育功能 [J]. 社会科学家 , 2010(11): 65-66.

文献综述和研究的适切性，本书采用 Bock 等人对组织氛围概念的界定和维度划分，认为组织氛围是组织中的成员直接或间接感知到的一种认知和体验，这种认知和体验可以被测量，组织氛围划分为友好关系型、创新支持型和公平感知型三个维度。①

因此，本书将社团氛围界定为：大学生在社团进行一系列的实践活动时，通过与指导教师、社团负责人和社团成员相互之间的交流和互动逐渐形成的一种友爱、创新和公平的认知和体验，这种友爱、创新和公平的认识和体验会对参加社团大学生的态度和具体行为举动产生不同程度的影响，是参加社团的大学生与环境和成员之间相互作用的结果。社团氛围作为一种隐形动力机制，能够对参加社团的大学生的行为产生重要影响。

本书采用 Bock 对组织氛围的界定和研究成果，将社团氛围划分为友好型氛围、创新型氛围和公平型氛围三个维度，其原因主要是：

首先，大学生社团是根据学生成长成才需要自主发展而成的群众性学生团体。因此，组织氛围的概念适用于大学生社团。Bock 等人在理性行为理论的基础上，将组织氛围划分为友好型氛围、创新型氛围和公平型氛围。其中，友好型氛围是指：参加社团的大学生对于合作的认知，如参加社团的大学生相互之间保持紧密联系，会认真考虑其他参加社团成员的观点等，使参加社团的大学生能够感受到其他社团成员之间的互相关心、互相帮助和彼此信任；创新型氛围是指：参加社团的大学生能够感知到其创新思想和创新想法被其他社团成员鼓励和支持；公平型氛围是指：参加社团的大学生能够感知到其在社团中受到了公平和平等的对待，例如相信社团指导教师、社团负责人和社团其他大学生的评

① Bock, G. W., Zmud, R. W., Kim, Y. G., et al. Behavioral intention formation in knowledge sharing: examining the roles of extrinsic motivators, social-psychological forces, and organizational climate[J]. MIS quarterly, 2005, 29(01): 87-111.

价是客观、公正的等，代表了参加社团的大学生对自己在社团中受到公平对待的一种认知。[①] 国外学者通过大量的实证研究表明，组织氛围的三个维度有很好的信效度，其实证研究结果发表在国际权威期刊《MIS Quarterly》，具有一定的影响力。

其次，国内学者谢荷锋等人、王士红等人借鉴该量表对我国的相关组织进行本土化检验，检验结果良好，这说明该量表在中国文化背景下有较好的适用性。[②]

最后，Bock 等人将组织氛围划分为友好关系氛围、创新氛围和公平氛围三个维度。而本书的关注点正是探讨社团氛围如何对参加社团的大学生的综合素质和能力产生影响的，这种影响过程是指社团大学生在参与社团活动中，对社团的一种认知和体验，这种认知和体验会影响其是否留在社团，是否能够将其课堂中所学知识有效与实践相融合，在实践中提升其大学生领导力。因此，本书将社团氛围划分为友好型氛围、创新型氛围和公平型氛围，是符合本书的目的和要求的。

2. 社团氛围的相关研究

与社团氛围概念相近的有“社团环境”和“社团气氛”。通过梳理国内外关于社团氛围的研究得知，学者们对社团育人环境、社团国际化氛围、社团民主和自由氛围、社团学术氛围、社团人本氛围、社团和谐氛围、社团暖心氛围和社团运动氛围等内容做了相关研究。

对社团育人环境的研究。如李莉从社团育人的角度探索高校社团育人环境，她认为，社团是营造校园文化氛围的生力军，营造大学生社团

---

① Bock, G. W., Zmud, R. W., Kim, Y. G., et al. Behavioral intention formation in knowledge sharing: examining the roles of extrinsic motivators, social-psychological forces, and organizational climate [J]. MIS quarterly, 2005, 29(1): 87-111.

② 张国峥 . 组织氛围对员工知识共享的影响研究 [D]. 西北工业大学博士学位论文，2015: 47.

育人环境，需从完善运转机制、锻炼骨干队伍、提升社团活动格调、引入社团激励机制等方面全方位地加以构建和完善。[①] 陈恒兴、刘春从体育类社团的现状研究出发，认为体育类社团要发展，需创造良好的社团环境，完善相关政策。高校应在体育类社团的师资、活动场地、活动器材等方面给予大力支持，使体育类社团的训练与体育教学相结合，鼓励学生走出校门、走向社会，有效实现社团资源共享，为推动高校体育工作创新格局，为体育类社团的发展营造良好的环境。[②] Scott 等人认为，团结、和平的社团环境可以使社团成员增加与指导教师之间的交流，极大提升大学生的核心能力，对大学生的自我意识发展、领导力的提升、创新创业精神和专业精神的培养有很大的帮助。

对社团国际化氛围的研究。如宫兴林从中国学生社团组织的角度研究了其在营造大学国际化氛围中发挥的积极作用，认为学生社团在营造国际化的校园环境中提供了良好的氛围。要重视学生社团在跨文化交流活动和营造国际化校园环境中发挥的积极作用，学生社团在培养具有较强的全球意识、具有极强适应能力和创新能力的国际化人才方面发挥着积极作用。[③]

对社团民主、自由氛围的研究。如李朝阳认为，高校学生社团要尊重学生的自主发展，不要过分给予限制，要提高大学生的自主意识和责任意识，要在社团内部营造民主的关系氛围。民主关系氛围的营造可以促使社团开展丰富多彩有意义的活动，为高校教育的发展发挥重要作用。民主关系氛围可以保障大学生参加活动的主体性，可以保证参加社

---

① 李莉 . 努力构建高校学生社团育人环境 [J]. 江苏高教 , 2004(05): 60-61.

② 陈恒兴 , 刘春 . 云南大学学生体育社团现状与发展研究 [J]. 思想战线 , 2010, 36(S1): 415-417.

③ 宫兴林 . 浅析中国学生社团组织对营造大学国际化氛围的积极作用 [J]. 清华大学教育研究 , 2006(S1): 209-211.

团的大学生们各司其职、通力合作，能最大程度地给予社团和参加社团的大学生们自主性。[①]刘宁宁认为，社团相关负责人要将自身角色转变为服务学生，为社团民主氛围的形成奠定基础，使参加社团的大学生成为社团主体，进一步督促参加社团的大学生自主举办更具特色的社团活动。[②]张蕊认为，科技类社团形成的“学的自由”“学的民主”和“学的包容”的社团氛围，对大学生创新精神培养和创新能力的提升及创新人才的培养发挥着特别优势。社团的每个成员都是平等的，他们在自由的氛围中自由发挥、进行交流和讨论，他们有自己独到的见解，加上经常参加各类科技竞赛，所以对于社团成员形成批判性思维、提升动手实践能力和学习能力等方面作用明显。[③]

对社团人本氛围的研究。如虞娅娜认为，中国高校学生社团管理要“以人为本”，最重要的是要研究和尊重大学生的特点和需求，了解其本质，为大学生的全面发展创设能够充分调动和发挥其潜能和创造力的良好环境，积极营造“以人为本”的文化氛围，形成社团成员积极参与且能循环的环境氛围。[④]

对社团和谐氛围的研究。如杨红燕从社团建设的角度对学生满意度进行调研，她认为，学校、社团指导教师、社团负责人和社团成员要共同营造和谐向上的氛围。学校要为社团负责人提供更多的学习和实践机会，使其快速成长；社团指导教师要科学制定合理的社团发展规划；社团成员需要广泛参与社团活动，在活动中、学习中、生活中互帮互助、

---

① 李朝阳．高校学生社团现状研究 [D]. 苏州大学博士学位论文，2013.

② 刘宁宁．F 高校大学生社团参与质量及其影响因素研究 [D]. 浙江师范大学硕士学位论文，2016.

③ 张蕊．科技类社团对大学生创新精神培养的策略研究 [D]. 辽宁工业大学硕士学位论文，2016.

④ 虞娅娜．中美高校学生社团运行机制的比较研究 [D]. 华东师范大学博士学位论文，2017.

相互关心、多沟通、多交流，使社团成员认可社团是可以依靠的港湾。①祝方磊从大学生公益社团的建设角度出发，认为营造交流合作的和谐氛围，有利于社团大学生之间进行良好的交流和沟通，让社团成员之间实现良性互动，为社团共同目标的实现贡献力量。社团大学生们之间平等沟通、交流合作的和谐氛围能够促使社团内部更加和谐，提高社团大学生的全局意识和协作观念。②

对社团暖心氛围的研究。如胡元林对高校资助型社团建设进行研究，认为应该在社团中营造朋辈群体氛围，以期发展成为“独立、自信和自强的自我”。要在社团中营造“暖心”的氛围，“暖心”氛围的营造对大学生人格塑造、能力提升和增强素质方面发挥着重要作用。社团需要不断完善社团宗旨、创新活动形式、丰富实践内容，才能促进参加社团的大学生提升实践能力和创新品质。社团营造自强不息、积极向上的环境，有助于大学生敞开心扉、主动融入社团组织，更加健康成长，要不断营造良好的社团氛围，大学生通过参加各种社团实践，可促使其在实践中锻炼交际能力，在参与活动中展示自我，增强自信。③

对社团运动氛围的研究。如张征从体育文化环境和体育社团的角度进行论述，认为体育社团可以调动大学生对体育运动的积极性，进一步营造浓厚的体育运动氛围，使大学生在参加体育活动的过程中培养其正确的价值观，从而提升大学生素质教育水平，促使教学与实践有效结合。④

对社团合作氛围的研究。如 Bush 等人从社团合作氛围的角度研究

---

① 杨红燕．基于高职院校学生社团建设的学生满意度提升策略 [J]. 职教论坛，2015(17): 88-91.

② 祝方磊．和谐校园视野下大学生公益社团建设研究 [D]. 江西财经大学硕士学位论文，2017.

③ 胡元林．高校资助型社团建设的现实考量与路径探索 [J]. 当代青年研究，2019(02): 116-122.

④ 张征．校园体育文化环境与体育社团建设 [M]. 北京：中国书籍出版社．2020: 28.

了其对大学生综合素质和能力的影响，认为大学生在良好的合作氛围中可以增强其领导力、创新和创业精神，共同确定其价值观。[①]

综上所述，社团氛围是指参加社团的大学生在参与社团实践活动时，与指导教师、社团负责人、社团成员及与周围的人在不断交流、互动、交往的过程中逐渐形成的一种友好、创新和公平的感知和体验。社团氛围会在潜移默化中对参加社团大学生的意识和态度产生影响，友好、创新和公平的社团氛围会影响参加社团大学生的行为。目前对社团氛围的研究大都集中在某项单一氛围的研究中，对多种氛围的研究较为欠缺，对组织氛围在高校学生社团中的运用研究也较为欠缺。

三、社团氛围与大学生领导力关系的研究综述

（一）社团氛围与大学生领导力直接关系研究

1. 国外研究现状

国外学者对社团氛围和大学生领导力的相关研究主要集中在医学组织和相关协会的大学生领导力领域。大量研究表明，关爱、支持型社团氛围、创新型社团氛围、团结和平型社团氛围、合作型社团氛围对大学生领导力的提升有很大影响，可以培养大学生的优秀品质、可以促进大学生的相关行为。

关爱型社团氛围与大学生领导力的相关研究。如彼得·布莱恩（Bryan，P.）认为，大学生社团对大学生领导力具有显著的提升作用，相互关爱的人际氛围更利于大学生领导力的提升。[②] 詹姆斯·阿娜尔

① Bush, A. A., Buhlinger, K. M., & McLaughlin, J. E. Identifying shared values for school-affiliated student organizations[J]. *American Journal of Pharmaceutical Education, 2017, 81(7), 1-8.*

② Bryan, P. Influences of Student Organizational Leadership Experiences in College Student Leadership Behaviors[J]. Journal of Organizational Learning&Leadership, 2012, 10(3), 1-12.

（Arna，J.）等人认为，大学生参加学生组织活动和社团活动，有助于学生领导力的发展，促使学生学习如何成为一个有效的领导者。大学生领导力提升包括课外活动和领导力课程，通过参加社团活动发展大学生领导力，对于学生是非常实用的。关系型的组织氛围对提升大学生领导力起着关键作用，可以调动学生的积极性，使时间更有价值，使课程与实践有效结合。[①] Shek，D. T. L 和 Chung，P. P. Y 认为，大学生的领导力发展可以通过课堂、各种课外活动、宿舍生活来利用学生同伴团体力量而获得。大学生领导力发展的愿景是培养有思想、有技能和反思能力的实践者，以实现积极的社会变革。大学生可以通过课外活动获得有关相互关爱的氛围，相互关爱的氛围有利于参加课外活动的大学生发展自身知识，成为有思想、有技能、能反思的实践者。[②]

支持型社团氛围与大学生领导力的相关研究。如 RENN K A 等人认为，社团纳新、参加社团竞赛和社团活动实践可以帮助大学生走出自我空间，培养其竞争意识、促进其专业发展、锻炼其专业能力。尤其是当他们在社团活动中获得一定的负责人的领导身份，可以锻炼其领导能力，更能促使其综合能力的提升。相互支持和相互信任的氛围对大学生领导力提升发挥着重要作用。[③] Lapidus Graham J 认为，相互支持的社团氛围有助于参加社团的大学生增加他们的学术经验和获得更高的科学成就，能有效改善学生个体的生活，提高学生的学习兴趣和学术研究经

---

① Arnall, Justin; Johnson, Porscha; Lee, Johnny; Linder, Marley; Lund, Nickolas; Satpathy, Saswat, Student Perspectives on Student Leadership Development Programs[J]. American Journal of Pharmaceutical Education, 2014. 78(4), 65-72.

② Shek, D. T. L., Chung, P. P. Y. Promoting service leadership qualities in university students[M]. Singapore: Springer, 2015.

③ Renn, K. A., Ozaki, C. C. Psychosocial and cadership Identities Among leaders of Identity Based Campus Organizations[J]. Journal of Diversity Higher Education, 2010, 3(1), 5-19.

验。同时，学生通过与不同领域的教授进行合作，提高了学生的学习和成就动机。参与学生社团可以促进大学生领导力发展，使大学生增强责任感、独立性、获得学术经验，满足感和更积极的生活态度。组织的文化和相互支持氛围会影响大学生领导力的培养。①

创新型社团氛围与大学生领导力的相关研究。如 Schneider 和 Reichers 认为，创新氛围指在实际环境中，参加与创造力、创新意识有关的社会实践。大学生领导力与创新型氛围、大学生的参与意愿和创新支持等环境因素有关，团队的创新氛围可以促进大学生增强对创新的认知和体验。②

团结和平型社团氛围与大学生领导力的相关研究。如 Scott 等人认为，团结、和平的社团环境可以使社团成员增加与指导教师之间的交流，进一步提升大学生的核心能力，对大学生的自我意识、领导力、创新创业精神和专业精神的提升有很大帮助。③

合作型社团氛围与大学生领导力的相关研究。如 Bush 等人认为，大学生参加社团活动满足了大学生独特而多样的需求，良好的合作氛围可以培养大学生的学习知识、提高技能、提升能力、强化行为，以及展示自我意识所需的态度，增强大学生的综合素质和能力，实现大学生自

① Lapidus-Graham, J. The lived experience of participation in student nursing associations and leadership behaviors: a phenomenological study[J]. The Journal of the New York State Nurses' Association, 2012, 43(1): 4-12.

② Schneider, B., Reichers, A. E. On the etiology of climates[J]. Personnel Psychology, 1983, 36(2), 19-39.

③ Scott, Mollie Ashe; McLaughlin, Jacqui; Shepherd, Greene; Williams, Charlene; Zeeman, Jackie; Joyner, Pamela U. Author Response to " Considerations for Determining Perceived Benefits and Challenges of Student Organizations at Pharmacy School Satellite Campuses"[J]. American Journal of Pharmaceutical Education, 2017, 90(2), 28-36.

主发展。[①]

参加大学生社团可以提升大学生的各种能力。如 Frao Caroli 认为，参加学生组织可以提升大学生的多种能力，可以提升大学生的综合素质，可以促使大学生的整体发展。[②]G D Kuh 认为，高校大学生参加课外活动的时间越多，经历就越丰富，能力提升越强，获益会更多。[③]Abrahamowicz 和 Moore 研究表明，高校大学生通过参加学生社团，可以提高其各项能力，提升其素养，比如学习能力、获取知识能力、职业素养等。[④] B E Borsari 通过实验得出，参加大学生社团的学生，其社会化能力、自我实现能力和处理同伴关系能力会有显著提升。[⑤] Filiz Keser 等人认为，社团活动有效培养了学生的政治参与能力，增强学生道德和公民意识，尤其是社团活动对培养大学生的能力和道德公民意识发挥着重要作用。[⑥] M Erin 等人认为，参加运动类社团的大学生，不仅

---

① Bush, A. A., Buhlinger, K. M., McLaughlin, J. E. Identifying Shared Values for School-Affiliated Student Organizations[J]. American Journal of Pharmaceutical Education, 2017, 81(7), 1-8.

② Fracaroli. Avenues to America's to Past: Readings America history, with student activities[M]. New Jersey: Generenal Corporation press, 1988.

③ Kuh, G. D. The Other Curriculum: Out-of-Class Experiences Associated with Student Learning and Personal Development[J]. Journal of Higher Education, 1995, 66(2): 123-155.

④ Abrahamowicz, D. College Involvement, Perceptions, and Satisfaction: A study of Membership in Student Organizations [J]. Journal of College Student Development, 1988, 29(3): 233-238;
Moore, J., Lovell, C. D., McGann, T., & Wyrick. Why Involvement Matters:A Review of Research on Student Involvement in the Collegiate Setting[J].College Student Affairs Journal,1998,17(2),4-17.

⑤ Borsari, B. E., & Carey, K. B. Understanding fraternity drinking: Five recurring themes in the literature, 1980-1998[J]. Journal of American College Health, 1999(48), 30-37.

⑥ Fliz Keser, et al. The Role of Extracurricular Activities in Active Citizenship Education[J]. Journal of Curriculum Studies, 2011(43): 812.

在社团掌握了运动技能，同时提高了综合技能和学业成绩，完善了其工作态度。[①] R Stuart 等人指出，大学的社团联谊活动极大地丰富了学生的生活，培养了大学生的领导能力、学术能力，促进学生的个人发展。[②]

参加大学生社团有助于培养大学生的优秀品质。如 Spirl Hogatt 研究认为，大学生参加学生社团可以培养其担当意识、包容意识和诚信等优秀品质。[③] 很多学者研究表明，大学生在课堂内、外的各种学习对大学生的个人发展起到重要作用，参加社团活动可以增强大学生的思辨能力、领导能力和沟通能力，为大学生的能力素质培养和提升以及道德品质的培养提供了平台和机会。[④] Scort William 认为，参加专业性强的学生社团组织对培育大学生领导力方面有重要的影响作用，友爱的社团氛围可以促使大学生领导力行为得到提升。[⑤]

参加大学生社团可以提升大学生的行为。如 Smith L J 和 Chenoweth J D 认为，参加学生社团的大学生与不参加社团的大学生相比，其领导能力和举止行为都得到了提升，在乐观和毅力方面有显著差异。学生社团可以有效促进大学生的学习生活，给学生提供更多的机会将课堂知识与实践有效结合。参加社团组织的大学生对自身领导特质和行为的评价均高于未参加学生社团的大学生。大学生在社团中担任的领导角色对其

---

① Erin, M., & Kathleen, M. Perceived Learning Outcomes from Participation in One Type of Registered Student Organization: Equestrian Sport Clubs[J]. Journal of the Scholarship of Teaching and Learning, 2014, 17(14): 93-109.

② Stuart, R, & Joseph, M. Risk Management in college Fraternities: Guidance from Two Fraternities: Guidance from Two Faculty Advisors[J]. ContemporaryIssues in Education Research, 2016, 8(9): 7-14.

③ Stage, F. K. College outcomes and student development: Filling the gaps[J]. College students: The evolving nature of reasearch, 1996: 273-279.

④ 陆凯 . 高校学生社团文化建设研究 [D]. 大连理工大学博士学位论文 , 2019.

⑤ Whitt, E. J. College Student Affairs Administration. ASHE Reader Series[M]. Simon and Schuster Custom Publishing, 1997.

领导技能和人际交往能力的发展有实质性影响，有利于大学生的职业生涯、学业成功和技能发展，促进了大学生全面发展。同时，参与学生社团的大学生对其领导力、团队合作、信心和时间管理能力有很大的影响。参加学生社团的大学生在自信、诚实、乐观、毅力和责任感等一系列相关领导特质上的评价较高，参加学生社团的大学生认为自己拥有更强的人际交往能力、成为他人的榜样、能很好地处理失败、解决冲突、清晰地沟通、在团队中有效地工作以及善于倾听。[①]

2. 国内研究现状

大量研究表明，国际化社团氛围、民主型社团氛围、人本和谐社团氛围、创新型社团氛围、暖心社团氛围和运动社团氛围对大学生领导力的提升有很大影响，参加大学生社团可以使大学生受教育、促使其全面发展，可以提升大学生的综合素质和能力。

国际化、民主型社团氛围与大学生领导力的相关研究。如宫兴林认为，社团的国际化氛围在强化大学生的全球意识、提高大学生的适应能力和创新能力等国际化人才培养方面发挥着积极作用。[②]李朝阳认为，在社团内部营造民主的关系氛围，可以提高大学生的自主意识、责任意识。[③]刘宁宁认为，社团民主氛围可以促使参加社团的大学生成为社团主体。[④]

和谐社团氛围与大学生领导力的相关研究。如杨飞龙认为，大学

① Smith, L. J., & Chenoweth, J. D. The Contribution of Student Organization Involvement to Students' Self-Assessment of Their Leadership Traits and Relational Behaviors[J]. American Journal of Business Education, 2015, 10(8), 279-288.

② 宫兴林 . 浅析中国学生社团组织对营造大学国际化氛围的积极作用 [J]. 清华大学教育研究 , 2006(S1): 209-211.

③ 李朝阳 . 高校学生社团现状研究 [D]. 苏州大学博士学位论文 , 2013.

④ 刘宁宁 . F 高校大学生社团参与质量及其影响因素研究 [D]. 浙江师范大学硕士学位论文 , 2016.

生社团具有培养大学生领导力的功能。和谐共存、相互尊重和相互支持的社团氛围可以有效挖掘和提升社团成员自身的潜在能力，增强自身素质，有效引导和促使社团的发展，构建社团成员的精神共同体。[①]虞娅娜认为，“以人为本”的社团氛围，可以极大程度地激发大学生的潜能、充分调动和发挥大学生的创造力，对大学生的全面发展有促进作用。[②]祝方磊认为，交流合作的和谐氛围，可以提高大学生的全局意识和协作观念。[③]

创新型社团氛围与大学生领导力的相关研究。如胡明茂等人从教师培养、专业学生社团建设、仿真技术应用等三方面提出了新工科背景下地方应用型本科院校实践教学建设的途径和方法。[④]邵鸯凤等人认为，创新型社团氛围应以建设学习型、研究型社团为目标，以实际成果为导向，与专业特色建设相结合，突出专业优势，在课堂学习基础上对相关知识进行延伸学习、研究和创新，使创新想法和意见得到大多数人的认同，提高社团专业性，增强创新性。[⑤]王倩、李久亮认为，要营造社团的创新型氛围，要加强大学生能力的全面发展，加大对社团学习环境等物质投入以及对科技类社团的支持力度，为提高大学生的创新能力提供良好支持。[⑥]

---

① 杨飞龙．心理契约视角下高校学生社团成员离职倾向研究 [D]. 中南大学博士学位论文，2013.

② 虞娅娜．中美高校学生社团运行机制的比较研究 [D]. 华东师范大学博士学位论文，2017.

③ 祝方磊．和谐校园视野下大学生公益社团建设研究 [D]. 江西财经大学硕士学位论文，2017.

④ 胡明茂，孙煜，齐二石，等．新工科背景下的地方应用型本科院校实践教学建设 [J]. 实验室研究与探索，2019, 38(07): 223-227.

⑤ 邵鸯凤，陈雪萍，程丽娟，张菊．课外活动在护理本科生创新能力培养中的应用 [J]. 中华护理教育，2019, 16(08): 594-597.

⑥ 王倩，李久亮．“人的全面发展”思想在当代大学生教育中的重要作用 [J]. 中国电力教育，2020(08): 63-64.

暖心氛围与大学生领导力的相关研究。如胡元林认为，在社团中营造朋辈群体的“暖心”氛围，在大学生人格塑造、能力提升和增强素质方面发挥着重要作用。[①] 运动社团氛围与大学生领导力的相关研究。张征认为，体育运动氛围，可以培养大学生正确的体育价值观，提升大学生素质教育水平。[②]

大学生社团与大学生领导力的相关研究。如李夏妍认为，大学生社团组织参与度对大学生领导力发展具有非常显著的影响，担任学生干部有利于全面提升领导力。[③] 张雪琴认为，大学生参与社团活动有助于提升大学生领导力。具体而言，参与社团的大学生比没有参与社团的学生其领导力程度更高、有良好动机的大学生比动机不良的大学生其领导力程度更高、社团干部的领导力高于普通社员、社团参与时长对大学生领导力的影响呈正相关、参与社团个数为 2 个或 2 个以上时，大学生领导力得分最高。增强社团参与强度是提升大学生领导力的有效路径。[④]

参加大学生社团可以使大学生受教育，促使其全面发展。1984 年，中山大学团委提出，社团活动要把思想教育结合在社团举办的各种活动之中，潜移默化，启迪陶冶，使学生受到教育。[⑤] 张雪梅基于投入理论的研究认为，非学术投入多的大学生发展更为全面。[⑥] 李潇君认为，社

---

① 胡元林 . 高校资助型社团建设的现实考量与路径探索 [J]. 当代青年研究，2019(02): 116-122.

② 张征 . 校园体育文化环境与体育社团建设 [M]. 北京：中国书籍出版社 . 2020: 28.

③ 李夏妍 . 大学生组织参与度对领导力的影响 [J]. 高教探索 , 2016(08): 115-121.

④ 张雪琴 . 参与学生社团对大学生领导力的影响调查 [D]. 上海师范大学硕士学位论文 , 2020: 63.

⑤ 中山大学团委会 . 积极开展社团活动 促进学生健康成长 [J]. 青年探索 , 1984(4): 9-11.

⑥ 张学梅 . 大学教育对学生的冲击——我国大学生效益经验与学习成果之实证研究 [M]. 台北：张老师出版社 , 1999.

团活动在促进高校大学生道德教育方面发挥着重要作用。[①]邹媛认为，学生社团作为学生组织有利于大学生领导力的开发和形成，将大学生领导力形成的各种资源和关系整合到一个教育系统中，有利于大学生的全面发展。[②]李秀娟认为，大学生领导力是集领导知识、技能和价值观教育为一体的实践培养活动，大学生社团是大学生领导力培育的平台，能有效引导大学生在关注个人发展的同时积极引领社会发展，大学生领导力培养注重激发教育大学生的主体性，其根本是实现人的自由全面发展。[③]景浩荣认为，社团活动倡导学生积极构建多种多样的活动，大学生在参加社团行动、实践、经验、反思等过程中发现生活、体验生活、感受生活，对于大学生自我管理和发展能力及自主意识的培养和提升发挥着重要作用。[④]兰公瑞等人认为，社团活动可以促使大学生有更多的机会去发展自己的兴趣和特长，使其在参加社团活动中不断认识自己，不断提升自我，不断发展自身潜能，使大学生感觉到自己是社团中的一员，有归属感，满足爱和归属的需要，参加社团活动可以帮助大学生学习如何发展人际关系，可以促进自身积极发展，使个人目标与社会需求有效结合，促使大学生全面积极发展。[⑤]

参加大学生社团可以提升大学生的综合素质和能力。如隋敏方认为，大学生通过参加志愿服务等社团活动，可以从社团活动中学会待人处事、增强其沟通能力，在共同组织策划和实施活动的过程中，可以挖掘

---

① 李潇君．课外活动：美国高校道德教育的重要载体 [J]. 东北师范大学学报（哲学社会科学版）, 2014, 69(2): 146-150.

② 邹媛．大学生领导力多场域开发研究 [D]. 西南大学博士学位论文 , 2015.

③ 李秀娟．思想政治教育视域下大学生领导力培育研究 [D]. 华东师范大学硕士学位论文 , 2017: 36.

④ 景浩荣．社团活动的三种形态及其对学生发展的影响 [J]. 教学与管理 , 2017(07): 26-28.

⑤ 兰公瑞 , 丁文杰 , 米振宏 , 等．大学生课外活动经验和积极发展的关系 [J]. 高教探索 , 2018, 35(10): 110-116 .

和提升大学生的决策能力、解决问题的能力、监督与管理能力及校正能力等多项领导力。[①] 高宗泽、蔡婷婷认为，学生社团活动在大学生领军人才培养中发挥重要作用，大学生通过参加社团活动可以培养大学生的组织才能和领导能力。[②] 陈静认为，大学生积极参加各类社团活动，从一定程度上能有效提升大学生的综合素质和能力。[③] 李艳华认为，高校学生社团骨干参加社团，可以培养和提升其领导力，能不断提升社团学生骨干的素质和品质。[④] 崔文霞认为，高校学生社团是培养大学生领导力的关键场域和最有效的实践平台，大学生积极参与各类学生社团，可以积极挖掘和锻炼大学生的管理能力，能有效增强大学生的领导意识。[⑤] 石中英认为，参加学生社团有利于大学生社会主义核心价值观的培养。[⑥] 李夏妍认为，参加社团活动的大学生相较没有参加社团活动的大学生在知、意、行方面表现突出，“知”对领导力具有非常显著的影响，尤其对“工作实践”和“人格影响”作用较大。同时，担任社团干部有利于大学生领导力的全面提升。[⑦] 李薇认为，社团平台的菜单式综合实践活动课程能培养学生的领导策划、组织协调、团队合作能力等，能提高大学生对环境、社会和自我的认识，对大学生良好个性品质和社会责任

① 隋敏方 . 美国中小学资优生的领导力培养研究 [D]. 首都师范大学硕士学位论文 , 2007: 42.

② 高宗泽 , 蔡婷婷 . 斯坦福大学的人才培养模式及其特点 [J]. 外国教育研究 , 2009, 36(3): 61-65+77.

③ 陈静 . 大学生领导力影响因素及培养策略研究 [D]. 青岛大学硕士学位论文 , 2012: 39.

④ 李艳华 . 高校学生社团骨干的领导力培养与社团发展探析——以 X 高校社团为例 [J]. 广西教育学院学报 , 2012(03): 32-36.

⑤ 崔文霞 . 高校学生团体研究 : 以大学生领导力培养为视角 [J]. 湖北社会科学 , 2012(12): 173-176.

⑥ 石中英 . 社团活动与社会主义核心价值观教育 [J]. 中国教育学刊 , 2014(06): 22-25.

⑦ 李夏妍 . 大学生组织参与度对领导力的影响 [J]. 高教探索 , 2016(08): 115-121.

感的培养有极大帮助，对大学生创新能力和实践能力培养和提升效果显著。[①]韩明睿、韩娟认为，社团活动对于大学生的个人修养、专业能力和职业素养有显著提升，可有效促使社团从知识、技能、情感方面设定不同年级的学生参加社团活动的内容。大学生社团有利于大学生创新素质和思维的培养。[②]高桂娟、苏洋认为，参加社团活动的大学生，其总体创业能力及各创业能力要素的平均得分均高于没有参加过社团活动的大学生，社团活动的开展对于大学生的创业能力有重要的促进作用。[③]黄璐等人认为，学术性社团活动的开展有助于大学生专业知识的学习和运用。学术活动的开展频率越高，越有利于提升大学生创新实践能力。[④]付坤等人构建了由社会实践、科研实践、等级考试、校园文化活动、专业拓展、交流访学等组成的课外培养计划内容体系，对于大学生的创新素养的养成有一定的示范作用。[⑤]

综上所述，国内外学者均认为，大学生参加社团活动对大学生领导力的培养和提升有显著影响，良好的社团氛围对参加社团的大学生领导力的培养和提升有显著影响。

（二）社团氛围与大学生领导力中介关系研究

通过梳理文献发现，自我效能感和学习投入是社团氛围和大学生领

① 李薇．基于社团活动平台重构初中综合实践活动课程 [J]. 教学与管理，2017(13): 39-41.

② 孙岩，王晓迪，田文志．科技社团活动在大学生创新素质培养中的作用 [J]. 实验室研究与探索，2011(10): 85-89.

③ 高桂娟，苏洋．学校教育与大学生创业能力的关系研究 [J]. 复旦教育论坛，2014, 12(01): 24-30.

④ 黄璐，魏宏皓．学术性社团活动对大学生创新实践能力的影响研究 [J]. 中国大学教学，2018(04): 38-42.

⑤ 付坤，于漫，刘建明，等．基于创新素养养成的大学生课外培养计划构建与实施 [J]. 实验室研究与探索，2019, 38(6): 185-187.

导力之间的中介。

1. 自我效能感研究动态

班杜拉（Bandura）曾指出，认知理论是指导理解人类行为和动机决定因素的最具影响力的理论之一，该理论主张一个人的行为会不断受到环境和个人认知的相互影响。1977 年，班杜拉首次提出了自我效能感（Self-efficacy）的概念，他认为人们对自身能力的判断在其自身调节系统中发挥着重要作用，[①] 自我效能感（Perceived self-efficacy or sense of self-efficacy）特指人们对自身实现某项特定行为目标所需能力的信心或信念。班杜拉将自我效能感看成是人们在特定情境中能否有能力实现行为的预期，预期是认知和行为的中介，决定着行为是否实现。被感知的效能预期是人们遇到应激情况时，对个体进行的活动需要多长时间及投入多少精力可以进行感知和预测，并做出相应的努力。[②] 也即是说，被感知的效能预期越强，做出的努力就越大。

自我效能感是个体对自身是否有能力完成某件事情的推测、判断和自信程度，[③] 是人们在进行某种活动前，对自身是否有能力完成某一活动的预期判断。班杜拉（Bandura）认为，效能是一种生成能力，它综合了认知、社会、情绪及行为等方面的各种技能，并把它们有效组织、综合地运用于个体多种目的的达成，是个体对自我能力的主观判断。[④] 班杜拉（Bandura）认为，个体在不同情境中为了达成目标需要完成不

① Bandura, A. Self-efficacy. Toward a unifying theory of behavior change[J]. Psychological Review, 1977, 84(2): 191-215.

② Steffen, A. M., Mckibbin, C., and Thompson, D. The Revised Scale for care giving Self-Efficacy: Reliability and validity study[J]. The Journals of Gerontology, 2002, 57(1), 58-65.

③ 刘永存，吴贤华，张和平，尹霞．社会支持对大学生利他行为的影响：自我效能感的中介作用 [J]. 中国特殊教育，2021(03): 78-83.

④ A. Bandura. Social foundations of thought and action: a social cognition theory[M]. Englewood Cliffs, New Jersey: Prentice-Hal, 1986: 391.

同行为，在这个过程中，自我效能信念会一直伴随着个体。在达成目标的过程中，不同个体通过不同的信息源获得关于自身才智和能力的信息后，最终形成自我效能信念。自身才智和能力的信息主要来自四个方面：一是个体亲历的掌握性经验；二是相似的替代性经验；三是他人的言语说服；四是生理和情绪状态。这些信息来源对自我效能感的影响力大小不一，影响程度需要经过个体的认知加工，加工后获得的整体效应会影响个体的行为。

自我效能感的测量。德国心理学家 Schwarzer 认为，自我效能感是个体特有的且稳定的一种认知，是个体应对不同环境面临的挑战或面对新事物时对自身的一种总体性的自信心。一般自我效能感对个体的态度和行为产生直接影响。他和同事编制了一般自我效能感量表（以下简称 GSES），由开始的 20 个项目改进为现在的 10 个项目，它不以不同的领域或任务所转移，是单维的。迄今为止，该量表已被翻译成至少 25 种语言，在国际上不同的文化背景下广泛使用。量表的信度和效度在大量研究中得到有效证实，具有普遍适用性。中文版由王才康等人结合国内研究实际进行了修订，修订后的量表已被证明具有良好的信度、效度，该量表在国内被广泛使用。①

2. 自我效能感在社团氛围和大学生领导力之间的中介关系研究

近年来，对自我效能感的研究越来越关注环境（氛围）变量。相关研究表明，自我效能感在环境影响行为的过程中发挥着重要作用和重要的中介作用。

自我效能感在社团氛围与大学生领导力之间的关系研究。如 Furrer 和 Skinner 认为，如果以学生需求为根本，给予大学生更大的发展空间，让大学生在学习和实践中获得与指导教师讨论和接受评价的机会，给大

① 耿子昂，马馨，江晨，徐静文，宋鑫智，丁宁，闻德亮．医学生课外时间投入与一般自我效能感的关系研究 [J]. 中华医学教育探索杂志，2021, 20(02): 241-244.

学生最大程度地营造良好的创造氛围，可以使大学生在安全的环境中不断积极参与活动和探索自我。创造的氛围会促使大学生自己做决定，并选择合适的策略，可以使大学生在无形中感受到支持，从而提高自我效能感，进而激励学生积极主动参与到学习活动中。也就是说，良好的社团氛围和社团指导教师的有效指导，可以促使参加社团活动的大学生积极主动探索，促使大学生勇敢面对社团活动中的困难，并找出适宜策略解决困难，从而在无形中提高参加社团活动大学生的自我效能感，使其投入更多的活力、奉献和专注到社团活动中，不断促使其综合素质和能力的提升。由上可知，参加社团的大学生的自我效能感是指：参加社团的大学生在参加社团活动实践中，对自身能否完成社团相关活动任务的预期和判断。①

自我效能感在环境和行为之间的相关研究。如尚永辉等人认为，社区中互惠、公平和创新的氛围会加强社区成员间的交流与联系，进而使成员对该社区产生信任与归属感，加强成员的自我效能感，进而促进成员的知识共享行为。②李德志、王平认为，教育环境感知可以影响大学生的学习投入，进而影响学业自我效能感。教育环境感知较好，学习投入就越大，学业自我效能感较好。③肖凤等人认为，工作环境越好，自我效能感水平就越高，越有自信心实施关怀行为。在工作中注重个体的继续教育、营造融洽的组织氛围，通过更新认知、引导情感和动机的不断强化促使自我效能感的提高，使个体有信心应对来自环境中的各种困难和挑战。个体拥有较高的自我效能感，达成组织目标的信念就越强；

---

① 梁静，强健．大学生学习自我效能感与社会比较倾向的关系研究 [J]. 呼伦贝尔学院学报，2015, 23(6): 89-91.

② 尚永辉，艾时钟，王凤艳．基于社会认知理论的虚拟社区成员知识共享行为实证研究 [J]. 科技进步与对策，2012, 29(07): 127-132.

③ 李德志，王平．医学教育环境感知对医学生学习投入的影响：学业自我效能感的中介作用 [J]. 中国医科大学学报，2020, 49(04): 357-361.

在融洽的组织氛围下，采取授权管理方式营造工作氛围，提高个体的自我效能感水平，促使个体实施个性化关怀行为。[①] 陈鸾认为，营造良好的氛围，给予人们足够的时间和自主性去展示自身能力和梦想，可以显著提高个体的自我效能感。高自我效能感的个体能及时面对挫折以及在高压环境下保持积极开朗的心态，创新氛围增强了个体的创新自我效能感，创新自我效能感的提高又可以增强个体的创新意愿和行为。

自我效能感的中介作用。如段锦云、魏秋江认为，自我效能感作为一个中介变量来研究，主要通过个体的认知、情感、动机等调节人的活动和行为。[②] 曹威麟等人认为，一般自我效能感在自我领导和个体创新行为之间起到部分中介作用。[③] 马丽等人认为，自我效能感对校长领导力有显著正向影响。校长在培训和学习中与同行和专家进行交流，获取可代替性经验对其自我效能感提升有积极作用。自我效能感影响着校长在工作中的创造性和工作效率，可直接促进校长领导力的提升。[④] 姜荣萍等人认为，自我效能感在真实型领导与员工幸福感之间发挥中介作用。在真实型领导风格下工作的员工能够减少由于不确定性带来的心理消耗，可以将更多的时间和精力高效地投入到工作中，进而提升员工完成任务的能力和信心，实现自我效能感的提高。[⑤] 吴士健、高文超等人认为，自我效能感在差序式领导与员工的创造力之间起到中介

① 肖凤，李爽，任英，赖嘉微，乔惠，宋慧娟．临床护士情绪智力、自我效能感、工作环境与关怀行为的相关性 [J]. 护理研究，2021, 35(03): 396-401.

② 段锦云，魏秋江．建言效能感结构及其在员工建言行为发生中的作用 [J]. 心理学报，2012, 44(07): 972-985.

③ 曹威麟，谭敏，梁樑．自我领导与个体创新行为——一般自我效能感的中介作用 [J]. 科学学研究，2012, 30(07): 1110-1118.

④ 马丽，牛君霞，唐海康．校长自我效能感、学习投入、办学自主权对校长领导力的影响——基于 5 省 15 市的实证调查 [J]. 教育与教学研究，2020, 34(11): 86-98.

⑤ 姜荣萍，何亦名，甘春华．真实型领导对员工幸福感的影响研究——自我效能感与工作和家庭真实性的链式中介 [J]. 中国劳动关系学院学报，2021, 35(02): 75-86.

作用。①

3. 社团投入研究综述

社团投入的概念源于学习投入。投入（engagement）的含义与“参与”和“涉入”相近，Furrer 和 Skinner 认为，学习投入是个体与所处环境（自然和社会环境）之间产生的主动的、带有目的性的、持久的专注交互的过程。大学生在学习活动中的投入与外界环境息息相关，同时在学习过程中与学习的内容、学习组织、教师和朋辈的相处及学习环境等有密切关系。也即是说，大学生学习投入的现状能够反映学生个体与环境之间互动的程度和质量。国内学者们以 Schaufeli 对工作投入的研究为基础，认为学习投入是学习者在学习过程中表现出的持久的、乐观的、自律的、充满情感的专注度，是一种自我肯定和自我认同的积极状态。

学习投入定义的相关研究。学术界对学习投入的定义不尽相同。一些学者从行为视角对学习投入进行界定。如 Schaufeli 等人认为，学习投入是一种持久的、充满积极主动的情绪和动机，是一种学习的完美状态。②Legault 等人认为，学习投入是学生投入特定行为所需的精力或努力的意愿。③Johnson 和 Sinatra 认为，学习投入是学习者在激励下产生的与学业任务之间的交互。④Lam 等人认为，学习投入是一种学习的心

---

① 吴士健，高文超，权英．差序式领导、创造力自我效能感对员工创造力的影响：中庸思维的调节作用 [J]. 科技进步与对策，2021, 38(17): 144-151.

② Schaufeli, W. B., Salanova, M., Gonzalez-Roma, V., & Bakker, A. B. The measurement of engagement and burnout: a two sample confirmatory factor analytic approach[J]. Journal of Happiness Studies, 2002, 3(5), 71-92.

③ Legault, L., Green-demers, I., & Pelletier, L. Why do high school students lack motivation in the classroom? Toward an understanding of academic amotivation and the role of social support[J]. Journal of Educational Psychology, 2006, 98(3): 567-582.

④ Johnson, M. L., & Sinatra, G. M. Use of task-value instructional inductions for facilitating engagement and conceptual change[J]. Contemporary Educational Psychology, 2013, 38(1): 51-63.

理过程，是指学生注意力、兴趣、努力、享受和花费的精力的全身心投入。[①]Hospel 和 Galand 认为，学习投入是大学生学习活动的精力或努力水平。[②]

学习投入维度划分的相关研究。二维度的划分，如 Connell 等人认为，学习投入包括持续投入和挑战应对。持续投入是学生在学校中的行为、情绪和思维活动的一种反映。挑战应对是指学生面临挑战时所采取的应对策略。Skinner、Belmont 和 Skinner[③] 等人将学习投入划分为行为投入和情感投入两个维度。行为投入的表现是主动发起行为，勇于付出、尝试和坚持不懈、全神贯注和投入；情感投入的具体表现是激情、兴趣、享受、满意、自豪、活力和热情。[④]

三维度的划分，如 Schaufeli 等人将学习投入划分为活力、专注和奉献。[⑤]Fredricks 等人将学习投入划分为行为投入、情感投入、认知投入。其中，行为投入是指学生投入学业任务的时间和精力；情感投入是指学生对学校产生的积极情绪反应、归属感、认同感、学习兴趣、学习态度和价值观；认知投入是学生在学习、理解和掌握知识与技能等方面的心

① Lam, S. -f., Jimerson, S., Wong, B. P. H., Kikas, E., Shin, H., et al. Understanding and measuring student engagement in school: The results of an international study from 12 countries[J]. School Psychology Quarterly, 2014, 29(2): 213-232.

② Hospel, V., & Galand, B. Are both classroom autonomy support and structure equally important for students’ engagement? A multilevel analysis[J]. Learning and Instruction, 2016, 41(1), 1-10.

③ Skinner, E. A., Furrer, C., Marchand, G., & Kindermann, T. Engagement and disaffection in the classroom: Part of a larger motivational dynamic?[J]. Journal of Educational Psychology, 2008, 100(4): 765-781.

④ Skinner, E. A., & Belmont, M. J. Motivation in the classroom: Reciprocal effectsof teacher behavior and student engagement across the school year[J]. Journal of Educational Psychology, 1993, 85(4): 571-581.

⑤ Schaufeli, W. B., Salanova, M., Gonzalez-Roma, V., & Bakker, A. B. The measurement of engagement and burnout: a two sample confirmatory factor analytic approach[M]. Journal of Happiness Studies, 2002(3): 71-92.

理投入和努力程度。[①] 四维度划分，如 Appleton 等人在 Fredricks 等人的研究基础上，将学习投入划分为行为投入、情感投入、心理投入和学术投入。[②]Reeve 认为，学习投入划分为行为投入、情感投入、认知投入和代理投入。

通过对学习投入定义和相关维度的文献梳理，结合本书研究需要，本书对社团投入的界定和维度划分采用 Schaufeli 对学习投入的阐释，认为社团投入是指：参加社团的大学生具有的与社团发展相关的积极向上的一种充实的精神状态，包括活力、奉献和专注三个维度。活力是指参加社团的大学生具有出众的精力与韧性，愿意在参加社团实践中付出努力，精力充沛等。奉献是指一种愿意参加社团的强烈热情，认为参加社团活动很自豪。专注是全身心投入到社团活动中的一种愉悦状态，感觉参加社团时间过得很快，不愿意离开参加的社团活动实践。

学习投入的测量。学习投入的测量源于工作投入的测量。2006 年，Rich 在 Kahn 理论的基础上，编制了 18 个项目的工作投入量表（JES），为后期工作投入量表编制提供了研究基础。由于工作投入和工作倦怠不单单是工作状态的两个极端，因此，用 MBI 量表测试个体工作投入缺乏科学依据。Schaufeli 等人开发了 UWES 量表。该量表最初有 24 个项目，活力、专注和奉献三个维度。后来通过研究删除了 7 个项目，最终确定为 17 个项目。活力 6 个项目、风险 5 个项目、专注 6 个项目。UWES-17 被翻译成 14 种语言，涉及 25 000 个员工的工作投入记录。我国一些学者将 UWES-17 量表引入中国，对国内中学教师进行信度和

① Fredricks, J. A., Blumenfeld, P. C., & Paris, A. H. School engagement: Potential of the concept, state of the evidence[J]. Review of Educational Research, 2004, 74(1): 59-109.

② Appleton, J. J., Christenson, S. L., Kim, D., & Reschly, A. L. Measuring cognitive and psychological engagement: Validation of the Student Engagement Instrument[J]. Journal of School Psychology, 2006, 44(5): 427-445.

效度分析，发现该量表具有极高的信效度。焦海涛将 UWES-17 进行了改进，改为 16 个项目。① 可以说，该量表是目前学术界采用最多的。

学习投入影响因素的相关研究。如 Fredricks 等人和 Christenson 等人认为，学习投入会受到学习环境的影响。② 也即是说，学习投入受到环境中遇到的挑战和目标结构的实现以及师生交互等方面的影响。如 Ferrell 认为，学习环境变量和动机变量（包括学习目标和自我效能）对学生学习投入有显著影响。③Wang 和 Eccles 认为，对学校环境的不同感知能够影响学生的成就动机，进而影响学生的学习投入。④Shernoff 等人通过实证发现，学习环境的环境支持维度能正向影响学习投入，学习投入在学习环境和学习关系中发挥着中介影响作用。⑤

环境、学习投入和个体行为之间的相关研究。Dotterer 和 Lowe 认为，在课堂情境作为变量、学业成绩作为自变量的关系中，心理认知和行为投入在二者之间发挥着中介影响。⑥

学习投入作为中介的相关研究。如李维、白颖颖认为，自我效能感和学习投入在学生感知的教师支持对学业成绩产生影响中发挥中介作

① 焦海涛．企业员工工作投入的相关因子分析 [D]，曲阜师范大学硕士学位论文，2008: 32.

② Fredricks, J. A., Blumenfeld, P. C., and Paris, A. H. School engagement: Potential of the concept, state of the evidence[J]. Review of Educational Research, 2004, 74(1): 59-109.

③ Ferrell, A. Classroom social environments, motivational beliefs, and student engagement. University of Southern California, 2012.

④ Wang, M. - Te, et al. “Moderating Effects of Teacher - Student Relationship in Adolescent Trajectories of Emotional and Behavioral Adjustment.” Developmental Psychology, 2013, 49(4), 690-705.

⑤ Shernoff, D. J., et al. Student Engagement as a General Factor of Classroom Experience: Associations with Student Practices and Educational Outcomes in a University Gateway Course. Frontiers in Psychology, 2017, 8(10), 994.

⑥ Dotter, A. M., & Lowe, K. “Classroom Context, School Engagement, and Academic Achievement in Early Adolescence.” Journal of Youth and Adolescence, 2011, 40(12), 1649-1660.

用。学习投入可能是学生感知的教师支持影响学生学业成绩过程中的另一个重要中介变量。具有较高自我效能感的学生，往往会设定更高的学业目标，为了完成这些目标，他们会投入更多的努力。朱莲花认为，学习投入在课堂环境对大学生学习成果影响中起着中介作用。课堂环境通过学习投入对大学生的学习成果产生间接影响。[①] 袁梦认为良好的学习氛围可以影响学生的学习投入。[②]

环境、自我效能感、学习投入和个体行为之间的相关研究。如Bassi认为，自我效能感高的大学生会在学习上投入更多的时间和精力。[③] 卢忠耀、陈建文认为，学习自我效能高的个体，会促使个体产生积极的学习行为，学业自我效能在思维倾向和学习投入之间发挥着中介作用，并形成链式中介作用影响学习投入。刘菲研究了课堂环境感知、自我效能、学习投入、个人绩效之间的关系，在借鉴国内外研究成果的基础上提出包含四个变量在内的关系模型并进行检验，该模型表明上述四个变量两两呈显著正相关，自我效能和学习投入是环境感知影响个人绩效的部分中介，学习投入也是自我效能与个人绩效的中介。林杰等人认为，学业自我效能感在大学生学业情绪和学习投入中起到中介作用。大学生的学习活力、奉献度以及总体的学习投入要明显高于其他年级的学生。拥有不同朋友数量的大学生在学习投入上整体水平要高于朋友数量较少的学生，朋辈间的相互支持和激励更有利于个体将更多的活力和时间投入到学习活动中，并产生积极影响。李维认为，高学业自我效能感的学生综合能力较强，尤其是解决问题的能力非常强，认为自己有足

---

① 朱莲花．课堂环境对大学生学习成果的影响——以学习投入为中介的实证研究[D]. 大连理工大学博士学位论文，2019.

② 袁梦．学生学习投入的影响因素及提升路径 [J]. 教学与管理，2020(15): 72-74.

③ Bassi, M., Steca, P., Fave, A. D., & Caprara, G. Academic Self-Efficacy Beliefs and Quality of Experience in Learning[J]. Youth Adolescence, 2007(36), 301-312.

够的能力解决在学习中遇到的各种困难，可以为了更好地完成学习任务付出更多时间和精力。①

综上所述，通过对社团氛围和大学生领导力的相关研究综述发现，大量研究已表明，良好的社团氛围有助于提升大学生的综合素质和能力，在大学生的全面发展中发挥着重要作用。通过对社团氛围和大学生领导力之间的中介关系研究发现，自我效能感和学习投入作为环境影响个体行为的因素已被研究者广泛研究。自我效能感是人们在特定情境中能否有能力实现行为的预期，预期是认知和行为的中介，决定着行为是否实现。学习投入是个体与所处环境（自然和社会环境）之间产生的主动的、带有目的性的、持久的专注交互的过程。从自我效能感和学习投入的概念界定上看，自我效能感和学习投入都与个体所处的环境有密切关系，自我效能感和学习投入都会影响个体的行为。现有研究表明，学习投入在环境和大学生的行为当中起着中介作用，自我效能感越高，学习投入就越大。一定程度上，自我效能感和学习投入都会受到个体所处学习环境的影响，其影响会作用于个体的行为。因此，本书从文献中梳理出，参加社团大学生的自我效能感和社团投入可以作为社团氛围和大学生领导力之间的中介因素进行研究。

四、研究述评

综上所述，良好的社团氛围对大学生综合素质的提升和能力的培养具有推动作用。但是通过对已有研究进行梳理发现，对于社团氛围的研究大都集中在单一维度的社团氛围上，对于多种类型的社团氛围对大学生领导力的影响研究较为欠缺。大学生社团作为高校文化育人的关键场域，为大学生的成长成才搭建了平台，促使第一课堂与第二课堂有效衔

① 李维．谁的支持对促进初中生学习投入更有效——基于学业自我效能感的中介效应及交叉效度分析 [J]. 教育研究与实验，2021(06): 84-90.

接，其发挥的功能也日益显著。通过梳理文献发现，目前对于社团氛围影响大学生领导力的研究还存在以下不足。

第一，在研究内容方面。目前关于高校社团的研究主要集中在社团发展现状和建设、社团活动对大学生创新能力的培养和社团活动参与质量方面，对于新时代背景下如何从环境的角度即如何营造良好的社团氛围的角度来培养和提升大学生综合素质和能力的研究还有待关注。国内外学者对大学生领导力的内涵、结构模型、维度划分等内容从不同的角度进行了阐释，但还未达成一致意见。在大学生领导力的内涵与外延，尤其是在高校社团中的含义价值等都需进一步的分析说明。

第二，在研究视角方面。目前国内大学生领导力培养模式更多的是对于国外研究者研究结果的借鉴。由于各个国家教育体制机制不同，其他国家大学生领导力培养模式是否适合我国的教育情境还有待探讨。这也从另一个侧面反映出，目前我们需要针对我国的教学体制和本土化学生社团生态环境来分析探讨大学生领导力的培养路径。

第三，在研究对象方面，既往的研究主要侧重于学生干部和社团干部等群体，而对高校普通学生的关注度较低。本书意在扩大以往研究的对象范围，将研究视角投射至高校众多的普通学生群体，发现并提出其领导力的培养策略。

第四，在影响大学生领导力的因素方面，已有研究多从理论视角论述了学生组织在培育大学生领导力方面的必要性和可行性，却鲜有文章论证社团氛围对大学生领导力培养和提升的影响作用，以及什么样的社团氛围更适宜大学生领导力的发展。同时，针对本土高校大学生领导力的现状研究也较为缺乏。因此，本书以参加学生社团的大学生领导力为主要研究内容，从社团氛围的研究视角切入，探索社团氛围对大学生领导力的影响，并基于社团氛围，提出提升大学生领导力的相应对策。

第三节 核心概念界定

核心概念界定主要通过概念的内涵与外延进行确定的，本书主要对以下概念进行梳理和界定，并详细阐释这些概念是如何在具体的情境中使用的。

一、大学生领导力

“大学生领导力”这一概念缘起于领导力，通过对“领导力”相关文献进行梳理发现，“领导力”是一种复合型能力，是由一些具体能力和要素集合而形成的一个“力系”。主要包括自我认知与管理、社会实践与交往、思维与决策等诸多能力，是指引个体和团队朝目标前进并实现目标所表现出的各因素的合力。国外大学生领导力教育的实践表明，培养领导力可促进大学生树立合作、服务、责任、奉献等积极价值观。[①] 大学生领导力主要从对象上对“领导力”的内涵进行了扩展。比如，大学生领导力是大学生通过发挥自身影响力整合自身和周围的资源以实现目标的能力；[②] 大学生领导力是综合素养与能力的共同体现；[③] 是每一个大学生可以学习和具备的能力，是指大学生具有明确的价值取向和愿景目标，能够主动识别问题，倾听同学意见，设计工作进程，积极发挥自身的影响力，充分利用周围的资源，在互动和合作中实现自我和团体目标的能力。[④] 大学生领导力涵盖了大学生在学习和生活中所应具备的引

---

① King, P. M. Character and Civic Education: What Does it Take?[J]. Educational Record. 1997, 78(3/4), 87-90.

② SIUE. Student Leadership development program in Southem Illinois University [EB/OL]. http// www. siue. edu/ KIMMEI/ SLDP/ program_overview. Html, 2006-07-24.

③ 翁文艳，赵世民．国外青年学生领导力培养的研究与实践 [J]. 领导科学，2011(4): 7.

④ 崔益军，王白雪．大学生领导力：象牙塔中的宝藏 [J]. 黑龙江高教研究，2015(11): 33-35.

领能力、自我管理能力、人际沟通能力、创新能力、激励能力等；[①]还有学者认为大学生领导力由多种素养组合共同决定，主要包括智力、人格、价值观以及与领导情境相关的一系列人际技能、问题解决能力和默会知识[②]等。也有学者从不同维度对大学生领导力的各层面内容进行了阐述，比如翁文艳等人认为以价值观为核心的大学生领导力各维度内容，包含个人、团队、社会三个层面。个人层面涵盖自我认知、言行一致与承诺；团队层面包括合作、共同目标以及礼貌解决争论；社会层面涉及公民责任感与改变两个维度。[③]纵观各种界定，在当下，众多学者都认可大学生领导力是一种综合素质和能力的说法，并认为这种能力是可以通过后天培养，可以通过教育和实践活动获得的。综合国内外学者的相关研究，本书认为大学生领导力是素质和能力的共同体现。

综上所述，本书将大学生领导力界定为：高校大学生通过参加学生社团，充分整合自身、社团及周围资源，在社团活动实践中逐渐培养和形成的、能实现自我发展的综合素质和能力。它包括自我认知与管理、社会实践与交往和人格魅力三个维度的内容。其中，自我认知与管理能力体现为：观察能力、自我评价能力、认知能力、分析能力、反思能力；社会实践与交往能力体现为：专业能力、对客观世界的认知能力、解决冲突的能力、应变能力、影响能力、创新能力、变革能力；人格魅力能力体现为：正确的价值观、品德修养、知行合一的能力、亲和力等。值得注意的是，由于大学生领导力的培养、形成和发展需要一定的环境，本书的“一定环境”指发生在大学生参加学生社团这一非正式团队中，

---

① 王铮．高校大学生领导力的培养困境与突破路径 [J]. 领导科学，2022(09): 107-111.

② 王芳．学生领导力发展的内涵及其策略 [J]. 教育发展研究，2012, 32(Z2): 111-115.

③ 翁文艳，吴智育，刁静．以价值观为核心的大学生领导力的调查与思考 [J]. 高教探索，2017(07): 123-128.

通过社团大学生与指导教师和社团其他成员等相互交流互动中形成并发展起来的大学生领导力，这种环境主要是自我与自我、自我与他人及自我与群体之间所形成的一种关系。

二、社团氛围

社团氛围是由大学生社团和组织氛围组合而成的复合词汇。因此，对社团氛围概念的界定需厘定大学生社团和组织氛围的内涵。

（一）大学生社团

大学生社团也称高校学生社团，是在高校党委的领导和团委的指导下开展活动的群众性学生团体。高校学生社团的基本任务是以习近平新时代中国特色社会主义思想为指导，团结凝聚广大青年学生，坚持思想性、知识性、艺术性、多样性相统一的原则，积极开展方向正确、健康向上、格调高雅、形式多样的社团活动，丰富课余生活，繁荣校园文化，促进青年学生德智体美劳全面发展。①也有学者认为大学生社团是由志趣相投的大学生组成的交际圈，他们大多有着共同的愿景并在共同的时空场域中学习，在社团活动中“学会认知、学会做事、学会共同生活、学会生存”。②大学生社团能够促进和激发大学生的成长成才，是“第一课堂”的有益补充。本书采用中共教育部党组和共青团对大学生社团概念的论述，将大学生社团定义为：在高校党委的领导和团委的指导下，由在校大学生结合自身兴趣组成，为实现社团大学生的共同意愿，遵循社团章程自主开展活动的群众性学生团体。需特别指出的是，本书的大学生社团仅指学生社团，大学生是社团活动的参与主体，并且在社团活动中发挥主体性价值。

---

① 中共教育部党组 . 共青团中央 . 高校学生社团建设管理办法 [Z]. 2020-02-03.

② 吴康宁 . 学生仅仅是“受教育者”吗 ?——兼谈师生关系观的转换 [J]. 教育研究，2003(04): 43-47.

（二）大学生社团活动

大学生在社团活动实践中，既可以拓宽其知识宽度、开拓其视野广度，还有助于建立大学合理的智能结构。更为重要的是，大学生社团活动有利于大学生综合能力的培养。换言之，社团活动加快了大学生社会化发展的步伐，在实践过程中潜移默化地提高了大学生的综合素质和能力。大学生社团活动是指以高校学生社团为平台进行的一系列有团队、有组织、有计划、有目的的实践活动，是大学校园生活的重要组成部分，是拓展大学生综合素质和能力的重要途径。它是大学生依据自身需要而自由拓宽的天地，是大学生培养能力、增长知识、提高素养的一条重要途径，[①] 直观体现了高校参加社团大学生的价值观念和行为选择。它由志趣相投的大学生组成交际圈开展的交往活动，他们大多有着共同的愿景并在共同的时空场域中学习，在社团活动中"学会认知、学会做事、学会共同生活、学会生存"。[②] 换言之，引导大学生和社团管理者深层次体认交际拓展的价值，要认识到交际拓展只是大学生能力提升的一种方式，人际交往能力也仅仅是其参与社团活动中获得的诸多能力之一。由此，本书认为，大学生社团活动是由大学生自愿组成，按照章程自主开展活动的非营利性学生团队活动。[③]

（三）组织氛围

组织氛围是不同个体认知之间相似或相同的部分或是组织内部个体的共同知觉，主要描述一般环境刺激与人类行为之间动态的复杂关系。[④]

---

① 陈曦．大学生社团活动管理研究 [D]. 中南民族大学硕士学位论文，2008: 25.

② 吴康宁．学生仅仅是"受教育者"吗？——兼谈师生关系观的转换 [J]. 教育研究，2003, (04): 43-47.

③ 石中英．社团活动与社会主义核心价值观教育 [J]. 中国教育学刊，2014(06): 22-25.

④ 李建军．创新导向、组织氛围对知识型员工创新行为的影响机制研究 [D]. 吉林大学博士学位论文，2016: 30.

哈尔平（Hal-pin A）曾做过一个十分贴切的比喻：人格之于个体，恰似组织氛围之于组织。[①] 组织氛围的概念源自库尔特·勒温（Lewin K）提出的团体氛围的研究，他认为组织内部成员关于组织的个人感受中相似的部分，由结构、责任、奖励、风险、温暖、支持、标准、冲突和认同九个维度构成。[②] 顾远东等将组织氛围视为一种可测量的工作环境的组织特质，并能够被组织成员直接或间接地知觉。[③] 有的学者从主观主义视角出发定义组织氛围，认为组织氛围是组织成员对组织工作环境的感受与认知[④]，是某一时间点下的背景情形以及与之相联系的组织成员的感受、思想与行为[⑤]、可以直接或间接感知到的一种组织特质，这种特质可以测量。[⑥] 有的学者从客观主义视角定义组织氛围，认为组织氛围是组织所特有的能区别于其他组织的独特性和稳定性特征，[⑦] 是组织本身所具有的特定风格，具有相对持久的特性，是工作环境属性集合，这种特性可以测量。[⑧]Bock 等人和 Yu 等人将组织氛围的维度划分为：

---

① Halpin, A., & Croft, D. Organizational climate of schools[J]. Behavioral Science Research, 1966(1).

② Lewin, K., Lippitt, R., & White, R. K. Patterns of aggressive be-havior in experimentally created “social climates” [J]. The Journalof Social Psychology, 1939, 10 (2).

③ 阎亮，张治河．组织创新氛围对员工创新行为的混合影响机制 [J] 科研管理，2017(9): 97-105

④ James, L. R., & Jones, A. P. Organizational climate: a review of theory and research[J]. Psychological Bulletin, 1974, 81(12): 10-96.

⑤ Bock, G. W., Zmud, R. W., Kim, Y. G, et al. Behavioral intention formation in knowledge sharing: examining the roles of extrinsic motivators, social-psychological forces and organizational climate[J]. MIS quarterly, 2005, 29(1): 87-111.

⑥ 顾远东，彭纪生．组织创新氛围对员工创新行为的影响：创新自我效能感的中介作用 [J]. 南开管理评论，2010, 13(1): 30-41.

⑦ Haplin, A. W., & Croft, D. B. The organization climate of school[M]. Washington DC: US Office of Education, 1962.

⑧ 陈维政，李金平，吴继红．组织气候对员工工作投入及组织承诺的影响作用研究 [J]. 管理科学，2006, 19(6)18-23.

友好关系氛围、创新型氛围、公平型氛围[①②]。陈维政等认为组织氛围代表着组织内部环境相对持久的独特风格是一系列可测量的工作环境属性的集合，是介于组织系统与组织内部人员行为之间的桥梁，通过组织成员的知觉影响学生的行为动机和表现。[③]大学生社团本身是一个群众性学生团体，具备组织的所有特性，从一定意义上来说，社团氛围就是组织氛围。因本书的研究视角主要是从参加社团大学生个体层面探讨社团氛围是如何影响大学生领导力的，因此本书选取 Bock 等人对组织氛围的概念界定，认为组织氛围是某一时间点下的背景情形以及与之相联系的组织成员的思想、感受和行为，应从个人角度出发分析组织成员对情景因素的认知和感受。[④]其维度包括友好型氛围、创新型氛围和公平型氛围。

由上可知，本书将社团氛围界定为：高校大学生在学生社团进行的一系列实践活动中，通过与指导教师、社团负责人和社团成员相互交流、互动和交往而逐渐形成的一种友爱、创新和公平的稳定认知和体验。这种认识和体验会对参加社团大学生的态度和具体行为产生不同程度的影响，是参加社团的大学生与环境和成员之间相互作用的结果。其维度划分为友好型、创新型和公平型氛围。其中友好型氛围是指：参加

---

① Bock, G. W., Zmud, R. W., Kim, Y. G, et al. Behavioral intention formation in knowledge sharing: examining the roles of extrinsic motivators, social- psychological forces, and organizational climate[J]. MIS quarterly, 2005, 29(1): 87-111.

② Yu, C., Yu-Fang, T., & Yu-Cheh, C. Knowledge sharing, organizational climate, and innovative behavior: a cross-level analysis of effects[J]. Social Behavior and Personality: an international journal, 2013, 41(1): 143-156.

③ 陈维政，李金平．组织气候研究回顾及展望[J]. 外国经济与管理，2005, (08): 18-25.

④ Bock, G. W., Zmud, R. W., Kim, Y. G., et al. Behavioral intention formation in knowledge sharing: examining the roles of extrinsic motivators, social-psychological forces and organizational climate[J]. MIS quarterly, 2005, 2(1): 87-111.

社团的大学生对社团共同合作的认知，参加社团的大学生与社团中的其他成员、指导教师等人之间保持紧密联系，会认真考虑其他参加社团大学生的观点等，使参加社团的大学生能够感受到其他社团成员之间互相关心、互相帮助和彼此信任；创新型氛围是指：参加社团的大学生之间能够感受到自身的创新想法和思想能够得到大家的支持和鼓励；公平型氛围是指：参加社团的大学生能够在社团中感受到被公平和公正的对待，代表了参加社团的大学生对自己在社团中受到公平对待的一种认知。社团氛围作为一种隐形动力机制，能够对参加社团的大学生的行为产生重要影响。

三、自我效能感

自我效能感由美国心理学家班杜拉（Bandura）于 20 世纪 70 年代在其社会认知理论中提出。强调个体为达到特定的目标，在实际行动之前对自己组织计划能力的主观判定。是个体对自身行为和能力的评估和信心，反映了一种个体能采取适当的行动面对环境挑战的信念，它并不是个体真实能力的体现，而是对自身能力进行衡量与评价的结果，而这种结果又转而调节人们对行为的选择、投入努力的大小以及人们在特定任务中表现出的能力。自我效能感不同于自我观念和自尊，它只涉及成功完成某项任务的能力，涉及的问题是自己是否能完成该任务，而不涉及其他人是否成功。同时，班杜拉认为自我效能不仅仅是一种主体性因素，而且是一种介于动机和行为之间的因素。自我效能感的四大来源之一是替代性经验，即通过观察他人行为和行为结果，对自己的行为和结果进行主观判断，获得关于自己的能力可能性的认识。自我效能是个体潜能和行为之间的调节因子，它可以促发个人潜质与实际表现的连结性。班杜拉指出，高自我效能感的个体会倾向于选择更富有挑战的任务，并设定更高的目标，个体也往往展现出更强的信心和动力。大学生感知的社团氛围通过自我效能感的中介效应对其大学生领导力产生影响。郭本禹等认为自我效能感理论强调人的主观认知判断对行为的决定性作用。自我效能高者倾向于积极主动地适应和改变环境、努力克服困难、坚持更长的时间，获得更高的成就。① Bandura（1977）指出人们对自己是否可以利用自身所掌握的某项技能去完成某项特定工作的自信程度就是自我效能感。② 李昆，俞理明发现内在动机、外在动机和自我效能感显著相关。③ 王天发等的研究结果表明自我效能感越高，学生的学习动机越强。④

本书主要借鉴德国心理学家 Schwarzer 对自我效能感的界定，将自我效能感界定为：高校大学生为满足自身需求而参加不同类型的社团时，在社团活动实践中，认为自身能力可以应对参加社团所面临的各种问题和困难的总体性的自信心。自我效能感量表采用 Schwarzer 编制的具有良好信度和效度的 10 个题项的量表。

四、社团投入

社团投入的界定来源于学习投入。学习投入是指一个人精力充沛、精神饱满且全身心投入学习过程的状态，⑤ 是指学习者在课堂学习过程中投入的精力和持续努力，是个体参与群体活动的一种状态。在积极心理学的视野中，学习投入是对学习的一种持续的、积极的情感

① 郭本禹，姜飞月．自我效能理论及其应用 [M]. 上海：上海教育出版社，2008.

② Bandura, A. Self-efficacy: Toward a unifying theory of behav-ioral change[J]. Psychological Review, 1977, 84(2): 191-215.

③ 李昆，俞理明．大学生英语学习动机、自我效能感和归因与自主学习行为的关系研究 [J]. 外语教学理论与实践，2008(02): 1-5.

④ 王天发，杨军燕，王勇，等．影响大学生英语学习自我效能的因素研究 [J]. 山东外语教学，2007(03): 41-47.

⑤ 李西营，黄荣．大学生学习投入量表 (UWES-S) 的修订报告 [J]. 心理研究，2010, 3(01): 84-88.

卷入和心智努力。国内外学者对学习投入的概念有多种界定。一是作为学习时间对学习成绩的影响，认为学习投入的越多，收获的就越多，学到的就越多。学者乔治·库（George D Kuh）认为，学生投入是在教育实践活动中投入的时间和精力，以及吸引学生参与学习活动的力度。[①] 武法提等人认为学习投入是“个体沉浸于学习过程中所体现的充沛精力、灵活性以及积极的情绪，同时表明高水平的学习行为投入对学习效果具有正面作用”。[②] 二是来自工作投入的研究。1990 年，卡恩（Kahn）率先提出了“工作投入”的概念，他认为工作投入是“工作人员通过管理自我使自己进入工作角色的现象”，包括生理投入、认知投入和情绪投入。[③] 斯高菲利（Schaufeli）等人在前人研究的基础上提出的：“工作投入是一种积极参与工作的具有活力（vig—or）、奉献（dedication）和专注（absorption）特征的心理状态”，其中“活力”指在工作中具有充沛的精力和心理适应能力，愿意在工作中付出努力，即使遇到困难也能坚持不懈；“奉献”指集中精力地参与工作，并且能感受到工作带来的价值、激情、鼓舞、骄傲和挑战；“专注”指完全集中注意力并且全神贯注地投入到工作中，因而感到时间过得很快，很难将个体与工作分开。[④] 有研究发现，职业认同可以正向预测员工的工

---

① Kuh, G. D. What We're Learning About Student Engagement From NSSE: Benchmarks for Effective Educational Practices[J]. Change: the magazine of higher learning, 2003, 35(2): 24-32.

② 武法提，张琪．学习行为投入：定义、分析框架与理论模型 [J]. 中国电化教育，2018, (01): 35-41.

③ Kahn, W. A. Psychological conditions of personal en-gagement and disengagement at work [J]. Academy of managementjournal, 1990, 33(4): 692-724.

④ Llorens, S., Schaufeli, W. B., Bakker, A. B., & Salanova, M. Does a positive gain spiral of resources, efficacy beliefs and engagement exist?[J]. Computers in Human Behavior, 2007, 23(1), 825-841.

作投入，职业认同度高的个体会表现出高的工作投入。[①]已有研究表明，工作投入高的个体对工作的满意度更强。[②]反之，工作投入低的个体往往表现更低的工作满意度。[③]此外，一些学者从动机视角对学习投入进行了研究。如 Lam 等人认为，学习投入是一个心理过程，它体现为学生的努力、兴趣、享受和全身心投入。[④]也有学者认为学习投入被认为是一种与学习相关的积极、充实的精神状态，是行为、认知和情感的卷入过程。即包括行为投入、认知投入和情感投入 3 个维度。[⑤]

研究者们通过归纳总结，认为学习投入是学习者在学习过程中表现的一种持久、积极乐观、有自律性、充满情感和专注且自我肯定和认同的心理状态。[⑥]并借鉴斯高菲利（Schaufeli）对学习投入的阐释，将社团投入界定为：参加社团的大学生具有的与社团学习和发展相关的积极的、向上的、充实的精神状态，包括活力、奉献和专注三个维度的内容。活力是指参加社团的大学生具有出众的精力与韧性，愿意在参加社团实践中付出努力，精力充沛等。奉献是指一种愿意参加社团的强烈

① 李永鑫，周海龙，田艳辉．真实型领导影响员工工作投入的多重中介效应 [J]. 心理科学，2014, 37(03): 716-722.

② 李文东，时勘，何丹，等．工作满意度、情感承诺和工作投入对工作技能评价结果的影响 [J]. 心理学报，2007(01): 146-154.

③ 唐海朋，曹晓君，郭成．自主对教师职业幸福感的影响：工作投入的中介作用 [J]. 教师教育研究，2016, 28(01): 55-60.

④ Lam, S. -f., Jimerson, S., Wong, B. P. H., Kikas, E., Shin, H. et al. Understanding and measuring student engagement in school: The results of an international study from 12 countries[J]. School Psychology Quarterly, 2014, 29(2): 213-232.

⑤ Skinner, E. A., Kindermann, T. A., & Furrer, C. J. A motivational perspective on engagement and disaffection conceptualization and assessment of children’s behavioral and emotional participation in academic activities in the classroom [J]. Educational and Psychological Measurement, 2009, 69(3): 493-525.

⑥ 舒子吁．大学生学习投入问卷的编制及其应用 [D]. 江西师范大学硕士论文，2009.

热情，以及参加社团活动时的自豪感。专注是全身心投入到社团中的一种愉悦状态，感觉参加社团实践时间过得很快，不愿意离开参加的社团。

第四节 理论基础

本书旨在探讨不同社团氛围对大学生领导力培养和提升的影响作用，从本质上来说，就是探究不同的环境对个体行为的影响。环境可以对个体的行为直接产生影响，也可以间接产生影响，正如社会认知理论所阐述的观点，环境、认识和行为是相互依存、相互影响的。对于参加高校学生社团的大学生而言，参加学生社团的主要目标是为了提升其综合素质和能力，领导力理论为大学生领导力的概念界定及维度划分提供了依据。高校教育的目的是培养德智体美劳全面发展的社会主义建设者和接班人，最终目标是促使高校大学生全面发展。因此，青年社会性发展理论是本书的理论基石，其与大学生领导力理论中的相关内容有高度的相似性，该理论再次印证了大学生领导力维度划分的合理性，与领导力理论有非常高的契合度。综上，社会认知理论、领导力理论和青年社会性发展理论共同成为了本书的理论基础。

一、社会认知理论

社会认知理论（Social Cognitive Theory）是由美国心理学家 Albert Bandura 提出的。该理论认为，个体的行为会受到个体主观认知、态度及所处的环境、文化、氛围和各项资源等因素的交互影响作用。[①] 社会认知理论以个人、行为和环境三种因素持续交互的影响关联来解释所谓

① 时蓉华 . 现代社会心理学（第三版）[M]. 上海：华东师范大学出版社，2007: 73-75.

的三角互动，强调个人、行为和环境三者之间构成动态的交互影响的关系。[①] 环境会影响个体看待事物的思维，而个体的思维模式会影响个体的行为倾向，进而影响环境，继而对环境提出新的要求。个体的行为是在个人认知和环境的相互作用下形成的。因此，构成了个体的行为会受到情境、周围环境、本身的情绪和特质的影响，其影响因素包括环境、个体认知与个人因素、行为三者之间会相互作用、相互影响。提请注意的是，个体认知与个人因素、行为因素和环境因素之间的互动强度并非完全相同，不同的个体、不同的环境、不同的行为之间相互影响的结果会不尽相同。[②] 个人、环境和行为三个因素，每两个因素之间都具有双向的互动和决定关系，三个因素之间交互作用具有高度的相互依赖，彼此影响互为因果。[③] 不同的环境会影响个体的认知，会改变个体的行为，个体的预期和价值会影响个体的行为。

该理论认为，环境因素会影响个体认知和行为。环境包括有形环境及无形环境。有形环境是个体行为和个人因素发生的外部实体环境条件，是个体周围各种自然因素的总和，包括大气、水、土地等一切自然的产物，还包括器材、场地、设备、规章、法令等。它们的改变都会影响个体的态度和行为。无形环境是指个体所处的人文因素的总和，包括学校、组织支持、人际关系氛围、文化氛围、人际关系、共同文化、共同愿景、同伴支持、领导支持、信任等一切人文因素。无论是有形环境还是无形环境，只有能够被个体内化的环境才能够对个体的认知和行为产生作用。

---

① 尚永辉，艾时钟，王凤艳．基于社会认知理论的虚拟社区成员知识共享行为实证研究 [J]. 科技进步与对策，2012, 29(07): 127-132.

② 李晓侠．社会认知理论的研究综述 [J]. 阜阳师范学院学报（社会科学版），2005(2): 87-89.

③ 姚蓝．试论班杜拉的社会学习理论——观察学习 [J]. 遵义师范学院学报，2003(2): 49-50.

在个人与环境的相互影响中，高校、组织氛围和文化氛围的影响因素可以改变个人的思想及感觉，而个人也以其生理、心理及社会的主体性特征影响其生存的客观环境。班杜拉（Bandura）强调，要充分了解行为与环境之间的关系，就必须纳入个体认知，个体认知是行为的调节因子。[①] 个体的自我效能是由个体所处的环境、个体的自我规范机制、个体的能力倾向、过去的成败经验和取得的成就等共同起作用的结果，是个体对自身所具备的能力和完成该任务可能性的主观判断。Bandura、Igbaria 和 Iivari 指出，在个人动机和行为之间，自我效能发挥了完全中介效应。

自我效能感是人们对自身实现某项特定行为目标所需能力的信心或信念，是人们在特定情境中能否有能力实现行为的预期，预期是情境和行为的中介，决定着行为是否实现。也就是说，自我效能感在环境与行为之间发挥着中介效应。社团投入是一种状态、一种感觉，是个体与所处环境（自然和社会环境）之间产生的主动的、带有目的性的、持久的、专注交互的过程，是一个心理过程，是情境作用于行为的中介变量。因此，按照社会认知理论，自我效能感和社团投入作为个人因素，对社团氛围和大学生领导力发挥中介作用。

社团氛围作为组织或团队的环境变量，会通过影响参加社团大学生的自我效能感和社团投入，进而影响大学生领导力。由于参加社团大学生的自我效能感和社团投入代表着大学生对自身、社团、其他社团成员、社会关系和周围环境的认知，不同的社团氛围会使大学生面临留在社团还是不留在社团的选择，一旦留在社团就会影响大学生的认知，使其提升自我效能感，在不断的成功经验和自信程度的促使下提升大学生领导力。大学生在社团中的表现会通过周围成员和自身反馈进一步形成

① 时蓉华．现代社会心理学 [M]. 上海：华东师范大学出版社，2003(6): 72-75.

新的认知，这种新的认知对社团氛围提出潜在评价，进而影响大学生在社团中的活力、奉献和专注的投入度，从而不断提升参加社团大学生的自信程度。大学生在社团中的高自我效能感和高社团投入反映了大学生对自我决定的认知，这种认知在社团氛围直接影响大学生领导力提升的过程中发挥着积极作用。对于社团这一群众性团体而言，社会认知理论从系统的角度为社团氛围对大学生领导力这一行为的影响及大学生的认知在其二者中间发挥的作用指明了方向，构建了本书研究最重要的理论基础，见图 1-2。

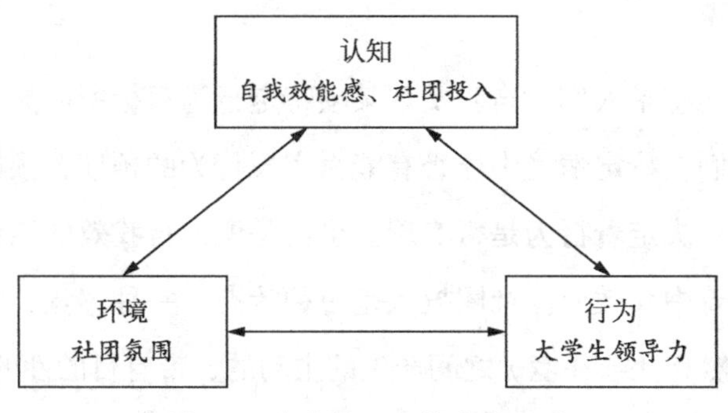

图 1-2　本书的理论构建路径图

社会认知理论为本书的研究奠定了理论基础，构建了环境—个体认知—个体行为之间的理论模型，使社团氛围对大学生领导力的影响研究在理论意义上成立。社团氛围是社团的一种无形环境，大学生领导力是参加社团大学生的综合素质和能力，是大学生的一种行为表现。社团氛围对大学生领导力有影响作用，但参加社团大学生的认知对大学生领导力的提升也产生影响作用，社团氛围、参加社团大学生的自我效能感、社团投入和大学生领导力之间交互作用具有高度的相互依赖，彼此之间互为因果。良好的社团氛围会影响参加社团大学生的自我效能感，加大参加社团的大学生对社团的投入，进而提升参加社团大学生的领导力。拥有较强大学生领导力的社团成员会进一步营造适合其发展的社团氛围，不同的社团氛围对参加社团大学生的自我效能感和社团投入的影响程度不同。因此，大学生领导力的培养和提升程度也不尽相同。正如班杜拉所说：不同的环境会影响个体的认知，进而改变个体的行为。

二、领导力理论

大学生领导力的概念和维度划分源于领导力理论的发展。领导力理论的发展，主要包括八个方面的内容。本书重点介绍变革型领导理论、关系型领导力模型、社会变革型领导力发展模型和领导身份认同发展模式。

领导力理论始于领导特质理论，该理论是从20世纪早期的“伟人说”开始的。到20世纪30年代，该理论更加关注领导者的心理、人格、知识和能力特征。Similar A Kirkpatrick 和 Edwin A Locke 认为，个人素质赋予了个人成为称职领导的“正确资格”，品质是成为领导者的“先决条件”，关键的品质有干劲、诚实正直、自信、协作和专业知识等，领导者的素质可以通过后天培养获得。20世纪50年代，领导行为理论研究重点在于领导者行为对追随者的影响，认为可以从领导者行为对追随者的影响角度来研究领导力，该理论是从特质理论演变而来，特定的实际行为可以通过学习来确保成为有效的领导者。[①] 20世纪60年代，弗雷德·菲尔德（Fred Fiedler）提出领导权变理论，该理论强调领导者风格与情景的互动模式，将组织视为一个与其环境不断相互作用而获得发展的开放系统，人是怀着不同需要加入组织的。交易型领导理论注重领导者与追随者的交互关系，认为领导者的价值观、态度、人格及行为在与其管理的下属之间会不断进行交互，在交互中，追随者可以自主、能动地进行自我定位和自我发展。

---

① 邹媛．大学生领导力多场域开发研究 [D]．西南大学博士学位论文，2015: 39.

（一）变革型领导理论

该理论由詹姆斯·麦格雷戈·伯恩斯（James McGregor Burns）提出，他认为领导理论和领导的价值观念都不能脱离他们所在的社会环境，他们通常力图改变这种环境。[①] 该理论强调领导者与追随者的互动模式，领导者可以通过物质奖励、情感关怀、成长需求来激励追随者产生更高的绩效水平。最早对变革型领导进行阐述的学者是美国政治学家詹姆斯·麦格雷戈·伯恩斯，他认为，变革型领导的作用机理是通过激发组织成员的责任意识和高层次需求来实现的。也就是说，通过变革型领导，组织成员能够将个人利益与组织目标相结合，甚至将共同目标置于个人利益之上，能够实现这一状态的领导就称为变革型领导。变革型领导力可以影响追随者的心态、行为，也可促进社会体系的改变。关于变革型领导的定义异同互见，但研究者却就以下观点达成共识：第一，强调组织机体的长期目标即共同愿景。第二，关注下属的高层次需要。第三，强调领导者对下属的关怀。

（二）关系型领导力模型

美国学者苏珊·库米维斯专门为大学生开发了关系型领导力模型（Relationl Leadership Model，RLM）。该模型认为，领导力是“某种关系符合伦理的、人们试图要实现共同目标的积极的变革过程”，某种关系是指有共同目标、包容的、授权的、符合伦理的、有发展方向的一种积极的变革过程。有共同的目标强调团体或组织的共同目标关系，包括团体或组织里的所有成员，即领导者和参与者以及所有成员与社会之间的关系；包容关系和授权关系是指团体或组织内部不同成员之间的包容关系和授权与被授权的关系；符合伦理关系即道德的关系，见图 1-3。

① 詹姆斯·麦格雷戈·伯恩斯，论领导 [M]. 常健，孙海云，等译 . 北京：中国人民大学出版社，2006: 165.

关系型领导的5个重要组成部分可以理解为一个中心、四个基本点，该理论模式同时蕴含了相关知识、态度和能力。

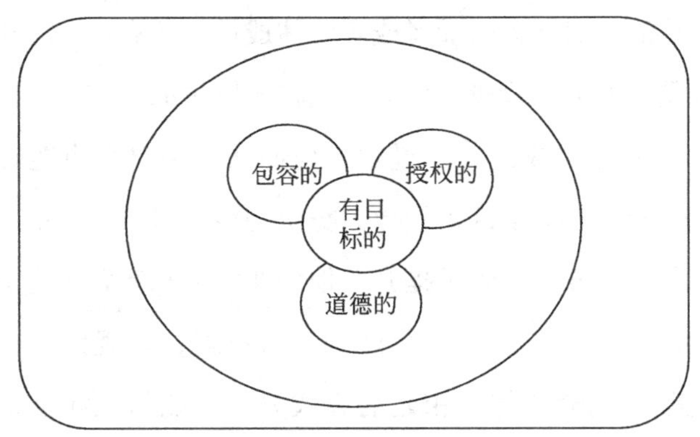

图 1-3 关系型领导力模型

（三）社会变革型领导力发展模型

“社会变革型领导力发展模型”（SCM）是由美国高等教育研究机构研发的，目的是促进大学生的社会变化。该模型以价值观为基础，包括了自我认知、服务和合作方面的内容，共8个价值观。这8个价值观是在7个价值观即个人（自我变化、言行一致、责任感）、团体（共同愿景、共同合作、谦和言论）和社会（自觉行为）的基础上加入了公共利益变革，七个价值观的最终目的是公共利益变革，它们之间彼此相互影响。社会变革领导力模式主要用于领导力项目的策划，在大学生意愿的基础上为建立教育介入活动确定目标。如，大学生进入大一学习期间，开展以个人价值观为目标的“新生入学教育项目”，使大学生树立正确的价值观，学会批判性思维，并将这种价值观教育融入课程和活动中，让大学生在参与实践中建立社会正义感和责任感。

（四）领导身份认同发展模式

美国学者苏珊·库米维斯（Komives 等）和同事一起提出了领导身份认同发展模式（LID），该模式主要集中在领导力的开发和学习上。

该理论包括 6 个阶段，大学生处于该模式的领导者识别阶段，即第三阶段，他们把拥有领导职位的人等同于领导，他们认为领导是具有一定职位的人，将其他人识别为追随者或者团体成员。还有些大学生会转到领导者区分阶段，即第四阶段，大学生们将团体中的所有人看成是相互依存的关系，将领导看成是一个过程，他们认识到自身也能够成为领导者。该理论模式为大学生认识领导力身份的培育提供了新的视角，使大学生的认识和行为方式得到了提升，他们在学习和实践中更有目标、能包容、能帮助同辈共同进步，会激励、讲伦理、守规则，重视团结合作、重视过程，能学会与人相处的方式方法，能与人相互依存，共同进步。

领导力理论为大学生领导力概念的界定和维度的划分提供了理论基础和依据。通过对各时期领导力理论的发展进行梳理发现，各时期的领导力理论有一个共性特征，那就是领导力的发展都离不开其所在的社会环境，领导力的内容包括价值观、道德、态度、责任、合作、创造、自我认知、知识、能力、交往等。依据社会变革型领导力发展模型，该模型的 8 个价值观划分为个人、团体和社会三个范围，其中个人层面突出自我认知和管理，团体层面突出社会实践与交往，社会层面突出道德、自觉、规范和价值观等。因此，本书按照领导力理论，将大学生领导力的维度划分为自我认知与管理、社会实践与交往和人格魅力三个内容。同时，领导力理论认为，领导力人人均可通过后天的培养获得。领导力理论为本书研究提供了理论和实践依据，在领导力发展的过程中，环境因素作为一个非常重要的影响因素，从一定程度上印证了社团氛围对大学生领导力的影响是具有理论和实践意义的。

三、青年社会性发展理论

青年社会性发展理论是社会性发展理论当中的一种，该理论主要阐述了青年与社会之间的关系。青年社会性发展理论在莱斯利[①]出版的 *Social Development of Youths and the Efficacy of School and Nonformal Education* 中进行了详细阐述。青年通过发展自我、社会意识和能力，使他们成为有能力承担起一定社会责任的成员。这一过程需要持续与社会进行交往，注重在交往和实践中培养换位思考和社会参与的能力。社会性发展过程不仅是培育青年与他人共同进行社会生活能力的长期过程，更是将社会持续进步作为个体终生奋斗目标的长期过程。青年的社会性发展中强调青年生活和学习环境的重要性。[②]

青年社会性发展理论认为，青年可以在家庭、学校、社会、其他媒介和合理场所培养其社会性发展能力。学校教育是多样化、多元化的教育场所，社会则是家庭和学校功能的延伸。尤其是同伴对年轻人发挥着强大的影响力，同龄人之间通过交流想法、观念、共同的兴趣爱好等方式来维持相互之间的关系。该理论认为，要促使家庭与同伴、校内与校外、社会和相关组织之间的作用有机结合起来，共同对青年的社会性发展产生影响。

已有研究结果表明，由于大学生的学习生活已接近成人角色，这种在学习专业知识的同时，又参加社会实践的过程中对自身和社会产生的认识，其认知在不断实践中也在不断发生变化。学者拉伯威·维夫认为，青年人的反省能力可以促使他们能够把逻辑和现实、认知和情感整合起来，专业化的知识、多元文化的交融、兴趣爱好的发挥、学习投入、参加各类课外活动、大学的氛围都会在青年人的社会性发展中起到巨大

① Leslie. Social Development of Youths and the Efficacy of School and Nonformal Education[M]. New York, 2006: 77.

② 巴雪冰．思想政治教育视阈下大学生社会性发展研究 [D]. 大连理工大学博士学位论文，2019: 48

作用。[①]

根据前述已知，青年社会性发展理论中的观点与大学生领导力维度划分有很强的契合性。青年社会性发展理论认为，青年要发展自我意识、社会意识和能力，进而成为一名具有社会责任感的社会成员（见图 1-4），这一过程需要与社会进行持续的交往和联系。在青年人社会性发展过程中，学校教育对青年人社会性发展发挥着重要作用。大学生为了满足自身兴趣爱好加入学生社团，在参加社团举办的实践活动中培养和完善意识、增强各方面的能力，从而实现自身价值。已有研究表明，大学生参加不同类型的社团活动，对大学生社会性发展起到重要作用，社团活动可以促使大学生提升其综合适应能力。[②]

大学生社团是在校大学生社会实践的重要组成部分，不同类型的社团为大学生搭建了社会交往的平台，参加社团活动的大学生在活动实践中不断提升和完善自我认知，在交流交往中提升其素养，在参与和组织社团活动中提升其技能，在参与社会交流中加深对社会的认知，最终达到促进大学生社会性发展的目的。大学生的社会性发展，需具备专业知识、能力和良好的素养。参加社团的类型、加入社团的时间、每周参加社团活动的时长都会对大学生领导力的培养和提升产生不同程度的影响。参加社团活动的大学生通过形式多样的社团活动，充分整合自身与周围的资源来提升实现自我、发展自己，进而实现社团目标的能力和素养。基于此，本书研究的大学生领导力分为自我认知与管理、社会实践与交往和人格魅力三个维度（见图 1-5）。

---

① Ziadni, M. S., Jasinski, M. J., Labouvie-Vief, G., & Lumley, M. A. Alexithymia, Defenses, and Ego Strength: Cross-sectional and Longitudinal Relationships with Psychological Well-Being and Depression. Journal of Happiness Studies, 2017, 18(6), 1799-1813.

② 刘豪兴 . 人的社会性 [M]. 上海 : 上海人民出版社 , 1993: 227.

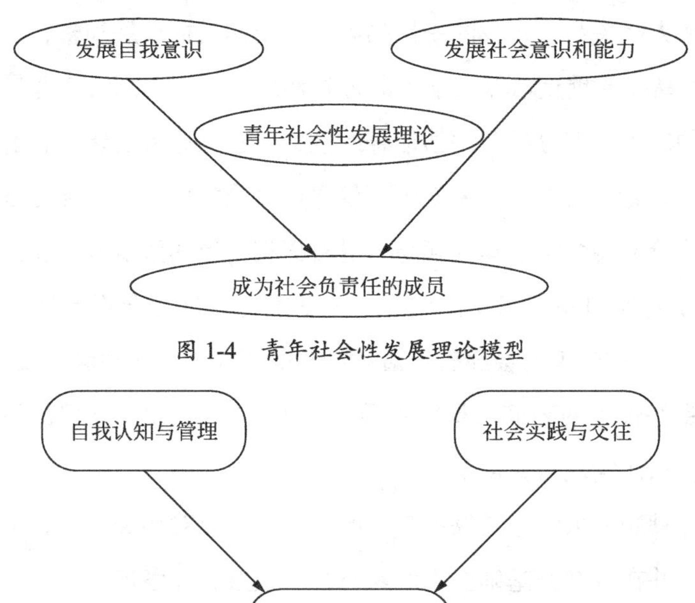

图 1-4 青年社会性发展理论模型

图 1-5 大学生领导力维度

由图 1-4 和图 1-5 可以看出，用青年社会性发展理论作为本书研究的理论基石是有据可依的（见图 1-6）。

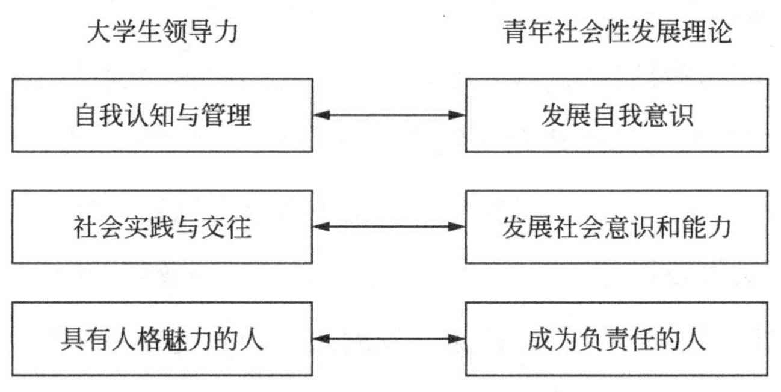

图 1-6 大学生领导力与青年社会性发展理论的契合性

青年社会性发展理论作为学生发展理论的重要组成部分，均强调大学生综合素质和能力的全面发展。青年社会性发展理论的形成先后经历了心理发展理论、认知发展理论和道德发展理论，认为大学生主要面临着成熟的人际关系、自我同一性的确立、个体目标发展和整合性的实现任务。[①] 高校要重点培养大学生的批判性思维，与不同文化背景的人进行交流的能力，即分析和评估信息的能力、独立思考的能力、解决问题的能力和人际沟通能力。大学生不仅要培养抽象思维，也要有自己的立场观点或价值观念，要建立起与自身目标相一致的处事方式和风格，强调只有在内因和外因相互作用下，大学生的心理才会不断发生质和量的变化，[②] 个体的道德会随着年龄和经验的不断增长而逐渐发展。因此，要创设良好优越的环境来帮助引导大学生"做正确的事情"，并遵守相关规则，从而实现自我期望。

参加社团的大学生在发展自我的过程中，要对相关的人和事有一定的认知，并在认知的基础上不断参与社团实践，在参加各类实践的过程中投入时间和精力，在不断的实践和投入中增强自我信念，提升自我效能感，这为本书研究选取自我效能感和社团投入作为中介变量奠定理论基础。社团氛围作为参加学生社团的大学生对社团的一种感知，它是社团的一种环境，参加学生社团的大学生会在这种环境中潜移默化的受到影响，这种影响会直接影响大学生领导力的提升，还可以使参加社团的大学生增强自我效能感，从而投入更多的时间和精力到社团实践活动当中，在组织和参与社团活动实践中提升自身大学生领导力。与此同时，青年社会性发展理论从一定程度上印证了大学生领导力维度划分的合理性。青年社会性发展理论不仅反映了不同大学生的成长经历和学习经历，而且是大学生认知、道德、社会性发展的基础，更重要的是促使大学生们成为一名对社会有用的人。

社会认知理论、领导力理论和青年社会性发展理论之间是紧密相连

① Reisser, L. Revisiting the seven vectors. [J]. Journal of College Student Development, 1995, 36(6): 505-511.

② 林崇德 . 发展心理学 [M]. 北京 : 人民教育出版社 , 1998: 51.

的。社会认知理论为本书研究提供理论依据和研究框架，建构了社团氛围影响大学生领导力的直接关系和中介关系模型，为本书研究之所以选择参加社团大学生的自我效能感和社团投入作为中介变量提供理论支撑和研究框架。领导力理论为大学生领导力内涵的界定及维度的划分提供理论依据和支撑，认为大学生领导力是大学生的综合素质和能力，每位大学生都可以通过后天的培养得到并提升其领导力。青年社会性发展理论从大学生的“社会交融”、有目标、互相合作、形成自身价值观、并对自身进行领导认同等过程，促使大学生全面发展，使其不断提升自身素质和能力。青年社会性发展理论与领导力理论中的相应观点是一致的，该理论从大学生发展的视角再次印证了大学生领导力维度划分的合理性。大学校园的环境和氛围能够不断促使大学生的认知、实践、人格、道德、价值观和社会性发展。三个理论之间的相互联系和终极目标都是为了培养和提升大学生领导力，都为培养合格的社会主义建设者和接班人打下坚实基础。

第二章

研究设计

第一章回答了“为什么研究”以及“研究的是什么”等问题，对本书研究的核心内容进行了概念界定与理论选择。延续上一章的思路，本章节将明确“研究什么”，通过对研究问题、内容、方法等的探讨回答“如何研究”的问题。

第一节 研究问题

本书研究围绕“社团氛围对大学生领导力的影响”，拟解决以下几个方面的问题。

第一，参加高校学生社团的大学生领导力现状如何？在现状的呈现中反映了哪些问题？

第二，社团氛围是如何影响大学生领导力的？具体而言，社团氛围的三个维度如何具体影响大学生领导力的培养和提升？社团氛围对大学生领导力影响的量化研究结论如何？基于社会认知理论，参加高校学生社团的大学生的自我效能感和社团投入是如何在社团氛围和大学生领导力之间发挥中介作用的？

第三，针对社团氛围对大学生领导力影响的量化研究结果，对社团氛围如何影响大学生领导力的相关问题做质性研究，拟探讨量化研究结果与质性研究结果是否相一致，其产生影响背后的深层次成因究竟是什么？什么样的社团氛围更有利于大学生领导力的培养和提升呢？

围绕以上研究问题，本书研究确定了以下三个研究目标。

第一，通过问卷调查方法，对X省11所高校参加学生社团的大学生展开调查，描述分析参加学生社团的大学生领导力整体现状，并从性别、年级、专业、家庭所在地、参加社团类型、加入社团年限、每周参加社团时长等角度呈现大学生领导力现状，从中发现目前大学生领导力现状存在的问题。

第二，通过问卷调查和实地访谈等方法，对社团氛围与大学生领导力之间的直接关系、社团氛围与大学生领导力之间的中介关系进行量化研究，探索不同社团氛围对大学生领导力不同维度的影响，描述自我效能感、社团投入在社团氛围和大学生领导力之间的中介作用，总结归纳社团氛围与大学生领导力之间的关系。

第三，通过访谈法和观察法，以典型个案社团为质性研究对象，深刻阐述社团氛围对大学生领导力影响背后的机理构成，解释社团氛围是如何促进大学生领导力提升的。基于良好的社团氛围，提出大学生领导力的提升策略。

第二节 研究内容

根据研究问题和研究目标，本书的主要内容围绕以下六个部分进行设计。

第一，对本书研究选题缘由、适切性等展开论述。围绕大学生领导力、社团氛围、自我效能感、社团投入四个核心内容进行文献回顾、梳理、归纳和分析，进而对本书研究的四个核心概念进行界定。然后对本书研究的相关理论基础—社会认知理论、领导力理论和青年社会性发展理论进行梳理，阐述三个理论与本书研究的关系和适切性。

第二，对本书研究进行整体设计。本书研究运用量化和质性相结合的研究方法，依据理论基础对本书的内容进行假设，并针对具体的研究对象，运用相应的研究方法和适宜的研究工具对社团氛围和大学生领导力之间的关系进行研究。

第三，对参加高校学生社团的大学生领导力进行现状分析。通过对X省分布在6个市的11所高校参加社团的大学生领导力进行调研，对大学生领导力的整体现状和基于人口学、社团类型、加入社团时间及每周参加社团时长等因素对大学生领导力现状进行差异分析，了解目前11所高校参加社团的大学生领导力的现实状况和主要存在的问题。

第四，对社团氛围与大学生领导力的关系进行探索研究。根据研究假设，主要围绕社团氛围与大学生领导力之间的直接关系和中介关系进行定量研究。对12个研究假设进行验证，探索社团氛围与大学生领导力之间的关系。

第五，对社团氛围影响大学生领导力进行质性研究。主要选取X省高校具有代表性的学生社团——A校创新精英社团进行优质个案研究，深挖社团氛围影响大学生领导力背后的成因，与量化研究形成相互印证和补充。

第六，基于量化和质性研究结论，重点阐述良好社团氛围视域下的大学生领导力提升策略，旨在为高校学生社团如何更好地发挥其育人功能提供理论支撑和实践参考。并对本书研究的主要结论进行归纳总结，阐述本书研究的不足之处及后期可能的研究方向。

本书研究的核心内容主要围绕相关研究假设进行展开。

（一）社团氛围对大学生领导力直接效应假设

社会认知理论认为，个体的行为会受到当下所处环境、文化、氛围及各项资源等外部因素交互影响作用。[①] 环境包括有形环境和无形环

① 时蓉华.现代社会心理学（第三版）[M].上海：华东师范大学出版社，2007: 73-75.

境。社团氛围是集有形环境和无形环境为一体的环境综合。良好的社团氛围既需要高校对学生社团给予场地、设备、资金、规章制度等支持，还需要社团成员之间、社团成员与指导教师之间形成良好的交往交流交融和发展的氛围，社团成员才能在社团活动实践中提升其综合素质和能力。

大学生领导力是大学生的综合素质和能力。大学生的综合素质包括大学生的知识水平、道德修养以及各种能力等方面的综合素养，最终体现在大学生的行为上。因此，参加社团大学生的领导力会受到社团氛围的影响。按照社会认知理论，社团氛围对大学生领导力的提升会产生一定程度的影响。鉴于此，本书研究假设社团氛围会对大学生领导力产生直接效应，见图 2-1。

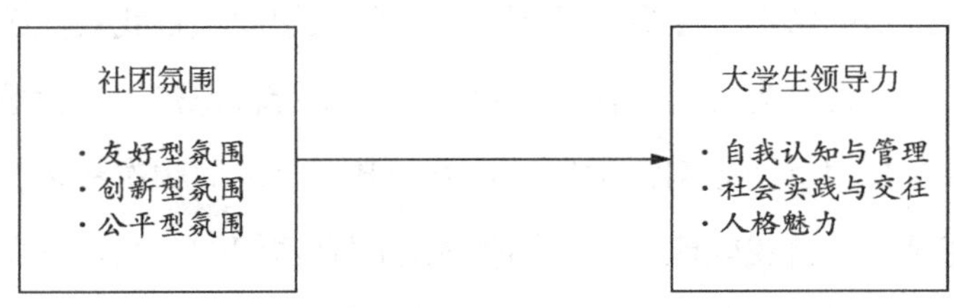

图 2-1　社团氛围对大学生领导力的影响假设

如图 2-1 所示，社团氛围分为友好型氛围、创新型氛围和公平型氛围三个维度；大学生领导力分为自我认知与管理、社会实践与交往和人格魅力三个维度，按照图 2-1 显示内容，本书研究提出以下 4 个假设。

H1：友好型氛围对大学领导力及其三个维度有正向影响作用。

H2：创新型氛围对大学领导力及其三个维度有正向影响作用。

H3：公平型氛围对大学领导力及其三个维度有正向影响作用。

H4：社团氛围对大学领导力及其三个维度有正向影响作用。

（二）社团氛围与大学生领导力之间的中介效应假设

社会认知理论认为个体的认知或信念会影响个体的行为，而个体的行为会受到当下所处环境、文化、氛围及各项资源等外部因素交互影响作用。[①] 认识过程是环境和行为的调节因子。也即是说，个体的行为除了受到环境因素影响外也受到个体内心态度的影响，该态度可通过自我效能来表达，[②] 而自我效能的提升需要个体增加其学习投入。基于以上研究结果，构建了“个体行为—个体认知—社会环境”的三元交互模型，见图 2-2。[③]

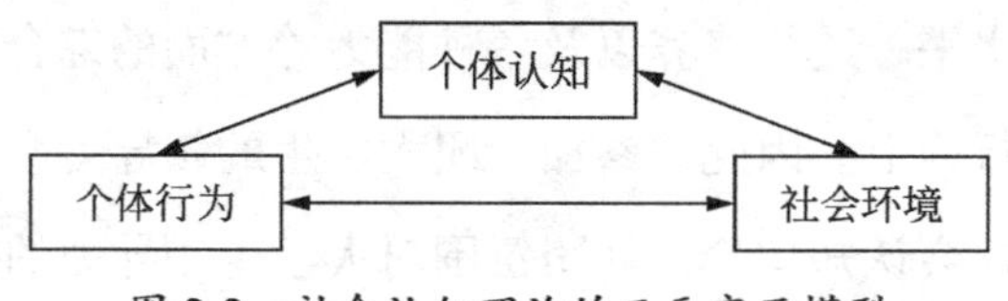

图 2-2　社会认知理论的三元交互模型

根据社会认知理论，参加社团大学生的领导力会受到社团氛围和大学生自身认知的影响，在参加社团大学生的认知中，自我效能感和学习投入的影响因素最为突出。作者通过梳理访谈资料得知，自我效能感和社团投入在社团氛围影响大学生领导力提升中出现的频次最多，而且据已有研究显示，自我效能感与社团投入之间有密切的关联。自我效能感是一种内在获得感，是一种对自我能力的判断，是促进个体不断进步的一种内在驱动力量。社团投入是一种外在的行为，受到社团成员自我效能感、情感、认知等因素的影响，是促进社团成员不断进步的一种外在驱动力量。换言之，参加学生社团的大学生的自我效能感需要更多的社团投入才能提升，社团投入的不断增强会在很大程度上正向影响参加社团大学生的自我效能感，即社团投入越多，参加学生社团的大学生的自

① 时蓉华 . 现代社会心理学（第三版）[M]. 上海 : 华东师范大学出版社 , 2007: 73-75.

② 容中逵 . 论班杜拉社会学习理论的西安市教育意义 [J]. 高教论坛 , 2002(6): 129-131.

③ Bandura, A. 社会学习理论 [M]. 陈欣银 , 李泊黍 , 译 . 沈阳 : 辽宁人民出版社 , 1989: 216.

我效能感就越强；自我效能感越强，就促进社团投入越多，从而形成了一个良性循环的发展模式。

社团的良好氛围会影响参加社团大学生的领导力。同时，良好的社团氛围会促使参加社团的大学生愿意留在社团中不断学习和实践。在学习和实践的过程中，参加社团的大学生会不断提高其自我效能感，从而将更多的时间和精力投入到社团中，进而提升其领导力，而大学生领导力的提升会促使参加社团的大学生营造更适宜社团发展的氛围，如此循环往复，参加社团的大学生其领导力会持续提升，综合素质和能力会不断增强。因此，社会认知理论中的“环境—认知—行为”这一理论模型，对于学生社团从系统的角度研究社团氛围与参加社团的大学生相互作用后对大学生领导力的影响指明了方向，同时提供了重要的理论基础。由此，本书在讨论社团氛围对大学生领导力影响的同时，还需要讨论参加社团大学生的自我效能感和社团投入对大学生领导力的影响。鉴于此，本书假设社团氛围与大学生领导力之间存在中介效应，如图 2-3 所示。

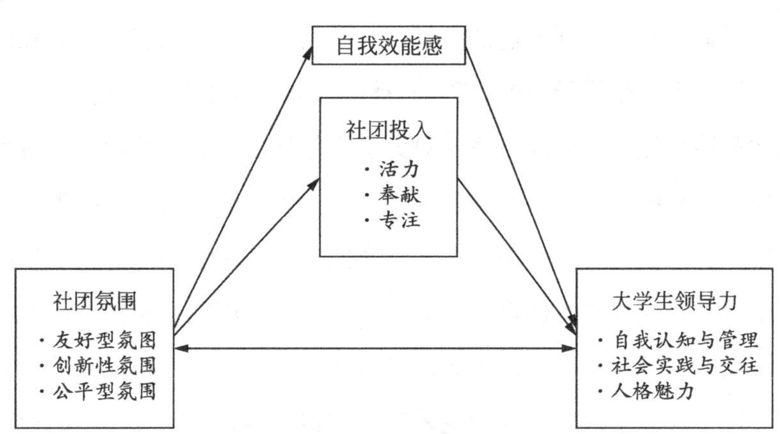

图 2-3　社团氛围对大学生领导力影响的中介效应假设

如图 2-3 所示，参加社团大学生的自我效能感和社团投入在社团氛围和大学生领导力之间发挥着中介作用，社团投入分为活力、奉献和专注三个维度。按照图 2-3 显示内容，提出以下 8 个假设：

H5：自我效能感在友好型氛围和大学生领导力之间存在中介作用。

H6：自我效能感在创新型氛围和大学生领导力之间存在中介作用。

H7：自我效能感在公平型氛围和大学生领导力之间存在中介作用。

H8：自我效能感在社团氛围和大学生领导力之间存在中介作用。

H9：社团投入在友好型氛围和大学生领导力之间存在中介作用。

H10：社团投入在创新型氛围和大学生领导力之间存在中介作用。

H11：社团投入在公平型氛围和大学生领导力之间存在中介作用。

H12：社团投入在社团氛围和大学生领导力之间存在中介作用。

第三节 研究方法

方法论层面，开展一项研究的方法主要有三种：定性研究方法、定量研究方法和混合研究方法。[①] 社团氛围对大学生领导力的影响研究不仅需要运用定量研究方法对大学生领导力现状进行分析，对相关变量之间的关系进行验证，同时还需要运用定性研究方法在微观层面对社团氛围如何影响大学生领导力的过程进行深入细致的深描。因此，本书运用量化和质性相结合的研究方法，对大学生领导力现状、社团氛围对大学生领导力影响的直接关系和中介关系进行验证，将定量研究结果与质性研究结果相应证。具体来讲，在定量研究中，使用问卷法和访谈法，对大学生领导力问卷进行修订，然后进行相关变量的实证研究，得出量化研究结论。在定性研究中，个案研究也运用定量和定性相混合的研究方法，可以更加清晰地界定大学生领导力的概念，进而研究不同的社团氛

① [美]约翰逊，[美]克里斯滕森．教育研究：定量、定性和混合方法 [M]. 马健生，等译．重庆：重庆大学出版社，2015. 9: 31-51.

围对大学生领导力的影响。

1. 问卷法

问卷法（Questionnaire）主要是通过问卷的形式对研究对象的现状进行调查，收集相关数据，通过问题表格的形式了解被调查对象的基本情况和对相关问题的建议和意见，有效获得第一手资料。本书主要针对参加高校学生社团的大学生，对社团氛围如何影响大学生领导力的培养和提升进行调查研究。因调查需要，本书选择运用量表和问卷相结合的方式进行研究。其中社团氛围问卷、大学生自我效能感问卷和社团投入问卷选用目前使用广且信效度良好的国内外通用量表，大学生领导力问卷选用信效度良好的中国高校大学生领导力量表，在该量表的基础上，对社会实践与交往维度进行修订。本书针对分布在X省6个城市的11所高校参加社团的大学生进行调查，总共发放5 000份问卷。

本书研究的问卷调查法实施主要分为三个阶段：第一个阶段是初测阶段。主要选取X省W市6所高校的600名参加社团的大学生作为研究对象，用作各问卷的信效度检验、主成分因子分析和验证性因子分析。其中，本书对大学生领导力问卷进行了修订，在进行主成分因子分析时，将47个主成分因子最终旋转后剩下17个主成分因子，将这17个主成分因子确定为本书研究的大学生领导力问卷。对参加社团的大学生进行领导力现状调查时，将收集到的有效数据按照奇偶数分成两批，奇数数据进行探索性因素分析，偶数数据进行验证性因素分析。将收集到的样本数据运用SPSS21.0对其做因子分析，随后运用Amos软件对收集的问卷做验证性因子分析，来验证问卷的信效度。第二个阶段是问卷的正式发放阶段。主要选取分布在X省6个不同城市的11所具有代表性高校中的4 400名参加社团的大学生作为研究对象，对参加不同类型社团的大学生进行大学生领导力现状调查，发放社团氛围、参加社团的大学生的自我效能感和社团投入等问卷，最终收回有效问卷 4 205 份。获取大学生领导力、社团氛围、自我效能感和社团投入等内容的有效数据，为直接关系和中介关系的量化研究做好准备。本书研究的中介调节检验是将自我效能感和社团投入作为社团氛围和大学生领导力之间的中介变量，运用线性回归分析，检验自变量和因变量之间的关系。

2. 访谈法

访谈法（Interview）又称晤谈法，是由专门的访谈人员运用面对面的方式与受访者进行交流的一种方式，通过与被研究者由浅入深的交谈获取一手资料。围绕本书研究主题，结合文献梳理，拟订访谈提纲，对社团指导教师、社团负责人和参加社团的大学生分别进行访谈。本书研究的访谈法分为集体访谈和个别访谈。集体访谈是作者围绕大学生领导力、社团氛围、自我效能感和社团投入的相关内容，同各高校参加不同类型社团的大学生进行访谈。个别访谈主要围绕社团指导教师、社团负责人和参加社团大学生的行为规范、情感体验和价值观等内容，从中感受受访者管理、参与社团的实际经验和历程，通过关键事件了解社团发展现状，使受访者能清晰地表达所在学生社团氛围对大学生综合素质和能力的影响过程，深入了解研究的相关内容。

本书研究访谈法主要针对 11 所高校的 12 个社团中的指导教师、负责人和社团成员共 36 名相关人员进行访谈。访谈分为两个阶段：第一个阶段是于 2021 年 5 月 20—25 日对 11 所高校具有代表性的 6 名社团指导教师、7 名社团负责人和 7 名社团成员进行关于大学生领导力认识的访谈。第二个阶段是于 2021 年 6 月 28 日—7 月 10 日及 11 月初对 S 高校创新精英社团的 3 名指导教师、4 名社团负责人和 18 名社团成员围绕大学生领导力现状、社团氛围对大学生领导力产生影响的直接关系和中介关系等内容进行访谈。第一个阶段的访谈是为了更好地修订大学生领导力问卷，第二个阶段的访谈是为了质性研究收集相关材料。

3. 观察法

观察法（Observation）分为自然观察和实验观察。本书研究基于社会认知理论和青年社会性发展理论的相关基础，编制了参加“社团活动能提高您哪些方面的能力”等观察提纲，针对参加社团大学生的行为进行观测和记录。在大学生允许的情况下，本人对相关社团活动进行录像和录音，目的是完善社团活动中所记录的内容。本书研究采用自然观察法，以 X 省高校具有代表性的社团作为研究对象，作者通过参加该社团举办的活动，在社团活动中对参加社团的大学生进行观察，以便获取参加社团大学生能力提升最真实、最全面的资料。同时，本研究观察了 W 市 A 高校创新创业类社团举办的 1 个大型活动，观察时长达 15 天，共计 90 小时。本书研究在观察的同时，不断完善观察提纲，并记录典型的社团氛围影响大学生领导力提升的关键事件和人物。为了保证研究采集案例的客观性和准确性，本书的观察过程均由两名或两名以上的研究人员共同完成，确保观察立场的公正性。

4. 个案研究法

个案研究（Case study）主要是通过收集特定的组织、人物、事件进行详细调查的一种方法。[①] 个案研究分为单一案例研究和多案例研究。罗伯特 · 殷将案例研究划分为探索性、描述性和解释性三种类型。[②] 本书研究对相关性或因果性问题进行考察，是单一解释性案例研究。研究

① Berg, B. Qualitative research methods for the social sciences(6th ed.)[M]. Boston: Allyn&Bacon, 2007: 283.

② 罗伯特 · K. 殷 . 案例研究：设计与方法 [M]. 周海涛，译 . 重庆：重庆大学出版社，2004: 15-52.

目的是提高研究深度，以期与量化研究结论形成相互印证、相互补充的效果。个案研究中访谈和观察的对象分别是高校学生社团指导教师、大学生社团负责人和参加社团的大学生。在个案研究中，采用参与式观察、隐蔽观察、融入式对话、半结构化访谈、深度访谈等方法进行现场工作资料收集。为了研究的准确性，本研究对所收集资料的公正和准确应担负相关责任。在本书中，采用隐蔽性个案，即采取除去高校名称、学生社团名称和受访者真实姓名的措施，旨在保护个人的隐私，防止在公共讨论或引起争议的报告结论中被人们认出。在进行个案研究时，被访谈人员具有知情权，并签订相关协议，在被访谈对象同意的前提下对访谈内容进行录音，并将录音整理好的文稿交予被访谈者，在征求被访者同意的前提下进行研究。由于作者自身是位社团指导教师，在研究中难免会受到先入为主的生活经验和工作经验的影响，有时候很难对访谈对象做出客观公正的认识和解释。因此，本书运用了科学的研究方法，确保访谈的公正性。

本书选取了位于X省具有代表性的高校社团进行个案研究，确保个案样本的优质性。根据X省团委推荐，本书选择W市A高校的创新创业类社团—创新精英社团作为个案研究对象。该高校学生社团在社团氛围影响大学生领导力方面具有特别的影响力，特运用此优质社团案例，尝试描述和揭示社团氛围对大学生领导力的影响过程和成因。

第四节 研究思路

本书的研究思路可概括为六个方面的内容。第一，根据大学生综合素质和能力提升亟须优化社团氛围、高校实现人才培养目标需要重视大学生社团和个人的教育体验和高校学生社团工作的经历触动，对本书的选题缘由进行阐述，围绕大学生领导力、社团氛围、大学生自我效能感和社团投入四个关键词，对国内外相关文献进行梳理，了解翔实的国内外研究动态，并从文献中梳理出社团氛围和大学生领导力之间关系。在通过 CiteSpace 梳理国外大学生领导力影响因素的过程中发现，自我效能感和学习投入对大学生领导力的影响研究最为多见，这为选取自我效能感和社团投入作为社团氛围影响大学生领导力的中介因素提供研究依据。进而，对本书的理论基础进行阐述，社会认知理论是本书研究的核心理论基础，通过该理论的核心观点，从理论层面论证社团氛围对大学生领导力影响的合理性，同时也论证了自我效能感和社团投入作为社团氛围和大学生领导力中介变量的理论支撑。领导力理论为大学生领导力概念的界定和维度划分提供理论依据，青年社会性发展理论从大学生全面发展的视角论证了大学生需要不断提升其综合素质和能力，该理论再次印证了大学生领导力维度划分的合理性。

第二，对本书进行设计。厘定研究问题和目的、研究内容和方法，设计研究路线，明确研究的伦理性。具体而言，围绕本书的四个核心概念，选择适宜的、具有普适性且信效度良好的问卷，并在已有大学生领导力量表的基础上，结合高校学生社团相关主体的访谈对大学生领导力量表进行修订，运用修订的大学生领导力问卷、社团氛围问卷、自我效能感问卷和社团投入问卷进行分层抽样，对收集到的有效问卷进行主成分因子分析、信效度分析和验证性因子分析。随后，将验证具有较高信效度的相关问卷进行发放和回收，用来进行大学生领导力的现状分析及社团氛围与大学生领导力之间的关系分析。

第三，对大学生领导力现状进行调查和分析。对 X 省 11 所高校参加社团的大学生进行领导力现状调查，分析参加学生社团的大学生领导力整体情况，同时围绕人口学相关变量、学生社团类型、加入社团时间、每周参加社团的时长等因素进行差异分析，详细了解参加学生社团的大学生其领导力现状和差异，提炼出目前大学生领导力存在的问题。

第四，对社团氛围影响大学生领导力的直接关系和中介关系进行研究。根据社会认知理论构建了本书的研究假设，运用 SPSS21.0、Amos17.0 分析软件对相关假设进行验证。对社团氛围及其三个维度和大学生领导力及其三个维度之间的关系做描述性统计和回归分析，得出社团氛围影响大学生领导力的程度和内在原因；同时，根据本书研究假设，验证自我效能感和社团投入在社团氛围和大学生领导力之间的中介作用，探究自我效能感和社团投入在哪种氛围中对大学生领导力的培养和提升更加明显。

第五，对社团氛围影响大学生领导力的关系进行质性研究。运用半结构化访谈和深度访谈，选取 A 高校创新精英社团的指导教师、社团负责人和社团成员作为访谈对象，围绕访谈提纲进行访谈，通过对访谈内容进行梳理，分析并揭示社团氛围对大学生领导力产生影响的具体情境及其作用机理。同时结合定量研究结果，相互印证质性研究结论，进而得出最终研究结论。

第六，在最终研究结论的基础上，结合社会认知理论、领导力理论和青年社会性发展理论，本书分别从高校、社团指导教师、社团负责人和参加社团的大学生四个层面进一步探讨如何基于良好社团氛围提升大学生领导力的实践策略。最后，基于最终研究结论，梳理研究局限，提出未来深入开展相关研究的可能方向。本书研究的技术路线结构图见图 2-4。

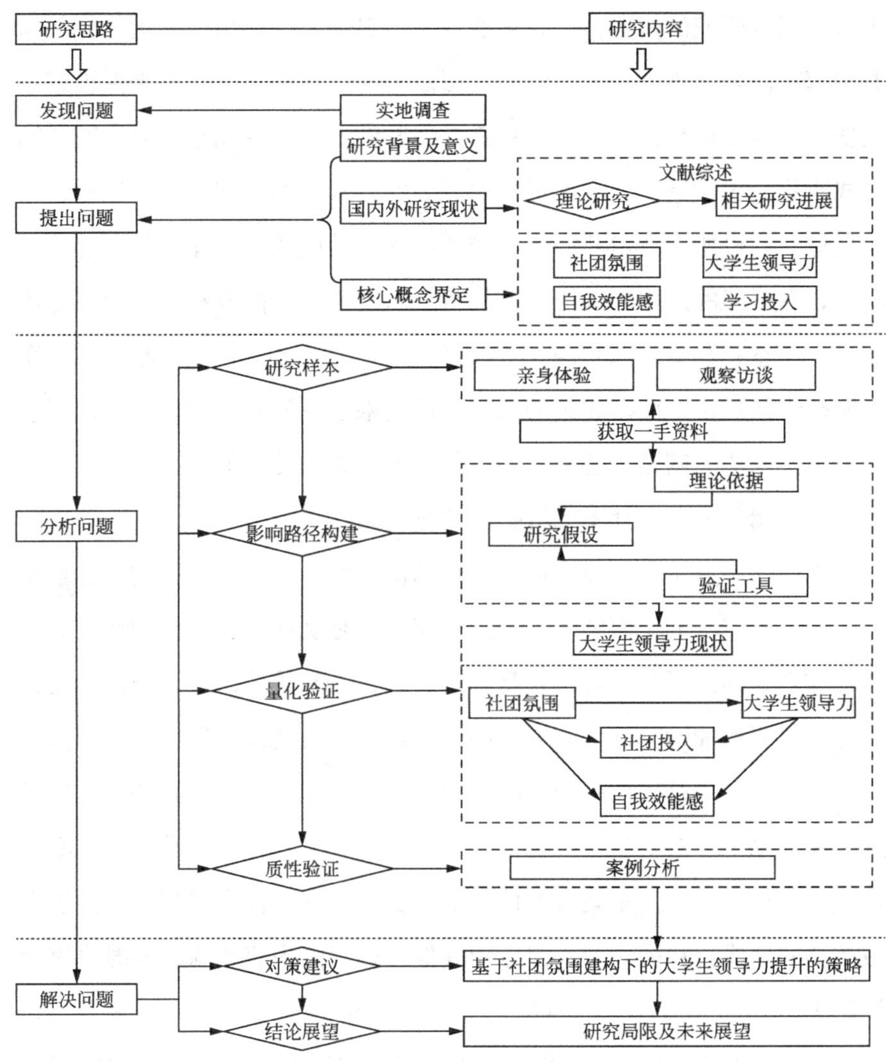

图 2-4　技术路线结构图

第五节　研究的伦理性

不管是量化研究还是质性研究，都要遵循相关的伦理规定。在量化研究中，一是确保调查被试的知情权，要让调查被试明确研究的目的和内容，以及研究的过程，并且需要被试在自愿参与的情况下进行相关问卷的填写。如果被试认为不恰当，可以随时提出拒绝。二是确保被试不受伤害。本书对被试的相关信息都是保密的，在问卷调查中采用匿名的方式收集，包括高校的名称也采用匿名的方式。因此在数据呈现时，高校名称、高校所在省份和城市、访谈的高校社团相关主体的信息都是匿名的，在阐述的过程中，用字母代替，以此来保护高校和社团相关主体的个人信息和利益。三是确保被试隐私权。在本书进行数据收集时，作者明确告知被试，此次收集的相关数据仅限于本研究使用，并确保调查数据不会外传。四是给各高校团委负责人、参加访谈的各高校社团指导教师、社团负责人和社团成员赠送学习用品。

在质性研究中，同样要遵循相应的伦理原则，如自愿原则、尊重原则、保密原则、公正原则等。具体而言，一是确保受访者的知情权。在访谈和观察的过程中，要告知受访者研究目的和访谈内容。访谈需要在受访者自愿参加的基础上开展，如果受访者认为访谈不适宜，可以随时提出不参加。二是确保受访者不受伤害。本书研究对受访者的相关信息采取保密原则，对受访者所在地区、所在高校、所在社团及个人的必要信息均进行保密。三是确保被访者的隐私性。在访谈和观察中，要遵循被访者的意愿，将被访者不愿意让其他人知道的内容删除，同时也删除被访者表达时不情愿、为难或者无意间谈论的相关内容。四是为被访者提供学习用品作为小礼物。本书研究的被访者包括高校社团管理人员、社团指导教师、社团负责人和社团成员，因学生社团的相关主体都有课业，所以选择访谈的时间大都在课余或周末，地点大都在环境较为舒适的空间，访谈结束后向被访谈的学生社团的相关主体赠送了学习用品。五是确保被访内容的真实性，避免伪造、歪曲被访者的访谈内容。针对此问题，采取的是科学的访谈收集方法，对访谈时间和地点进行了标注。

第六节　研 究 工 具

一、调查问卷选取

本书研究围绕相关关键词，借鉴国内外已经大量使用且具有良好信效度的调查问卷，结合研究实际，选取适宜的相关问卷，并对已有的大学生领导力量表进行修订。具体而言，大学生领导力问卷是在西南大学邹媛博士开发的《大学生领导力水平现状调查量表》的基础上，结合实地访谈，对该量表的社会实践与交往维度进行了完善，并对整个量表进行修订，将原来 47 个题项的量表经过主成分因子分析修订成具有良好信效度的 17 个题项，最终形成本书的大学生领导力问卷。社团氛围的概念界定选取 Bock 等人对组织氛围的界定，社团氛围问卷运用 Bock 等人编制的、具有良好信效度、并在国内外大量运用的量表作为研究工具。自我效能感问卷选取 Schwarzer 和同事编制的一般自我效能感量表（简称 GSES）作为研究工具，该量表被国内外专家证明具有良好的信效度，且在国内外高校中普遍适用。社团投入问卷选取 Schaufeli 编制的量表作为研究工具，该量表在国内外高校中多次运用，具有良好的信效度。总体来讲，本书的调查问卷大部分选取国内外研究中信效度较高的量表，并且适用于高校的学生组织，各问卷的选取与修订都经过了题项校审、前期预测和正式发放等环节。

在各问卷核心内容的题项编制上，结合研究实际和相关理论基础，选取适宜的相关问卷。首先，对各问卷的选取和具体维度的划分向相关专家咨询，共咨询了 5 位教授、3 位副教授和 6 位博士。其次，对大学生领导力问卷的题项进行修订，结合 6 位社团指导教师、7 位社团负责人和 7 位社团成员的访谈，根据梳理访谈结果中提出的共性内容，编制成问题，加入到相关维度，形成预测问卷。在预测环节，咨询了 5 名擅长教育统计的副教授对问卷的信效度进行预测，最终形成大学生领导力的正式问卷。

本书研究的调查问卷采用李克特问卷的5分制量表和4分制量表。在问卷初测环节，2021年5月20日在X省W市6所高校的学生社团发放，受疫情影响，问卷采用问卷星的方式发放，当天发放，当天回收，对X省6所高校参加社团的大学生发放600份问卷。在数据处理过程中，各问卷收集到的有效样本数据不一致，其中社团氛围问卷回收有效样本562份，大学生领导力问卷回收有效样本579份，社团投入问卷回收有效样本573份，自我效能感问卷回收有效样本579份。在收集大学生领导力问卷的过程中，回收有效问卷579份，并将有效问卷按奇数和偶数分成两份，奇数用来进行探索性因素分析，偶数用来进行验证性因素分析。具体操作步骤是：首先，采用探索性因素对4个问卷进行主成分因子分析；其次，采用内部一致性信度系数和分半信度系数检验各问卷的信度；再次，采用Pearson相关系数对各问卷的效度进行分析；最后，运用Amos17.0对各问卷进行验证性因素分析。

（一）大学生领导力问卷的选取和修订

1. 问卷维度

因本书研究的大学生领导力是大学生的综合素质和能力。基于研究需求，大学生领导力调查问卷选择运用西南大学邹媛博士开发的《大学生领导力水平现状调查问卷》，将大学生领导力分为自我认知与管理、社会实践与交往和个人魅力三个维度。各维度题项编制采用李克特问卷（Likert Scale）即“五点”问卷法，“非常不符合”为1分，“比较符合”为2分，“不符合”为3分，“比较符合”为4分，“完全符合”为5分。在原问卷中，自我认知与管理维度信度系数Cronbach's α=0.922，社会实践与交往维度信度系数Cronbach's α=0.854，个人魅力维度信度系数

Cronbach's α=0.862，三个维度系数都在 0.800 以上，表明该问卷的信度比较理想。

大学生领导力的维度划分采用西南大学邹媛博士的问卷，将大学生领导力划分为自我认知与管理、社会实践与交往和个人魅力三个维度。同时，结合 6 名社团指导教师、7 名社团负责人和 7 名社团成员的访谈，访谈信息见表 2-1。在访谈对象选取的过程中，指导教师的选择依据是曾获得过国家级相关荣誉；对社团负责人的选取分为已经毕业的和正在上学的两类，都曾荣获过省级及以上的奖励，是非常优秀的社团负责人，已经毕业的社团负责人目前已走向工作岗位，对大学生领导力的体会会更加深刻，他们能有针对性地指出目前大学生领导力应该包括哪些方面的内容；社团成员的选取分为已经毕业的和正在上学的两类，他们是大家公认的优秀社团成员，大都是品学兼优。针对 11 所高校选取的优秀社团指导教师、社团负责人和社团成员进行大学生领导力访谈，将访谈资料运用 Nvivo 软件进行关键词、重复率高的词汇和语句进行汇总，最终在社会实践与交往维度加入了 6 道题，见表 2-2。将加入题项对应的关键要素凝练为专业能力、可持续发展能力、方案策划能力、对客观世界的认知能力、服务能力和政治领悟能力。参加社团的大学生认为，他们在参与社团的学习和实践过程中，认为这 6 种能力对于当下的大学生的成长成才至关重要，尤其是能准确领悟国家大方针与政策的能力显得尤为重要。由此可知，政治领悟能力已经成为当代大学生必须具备的一种能力，正如习近平总书记所说的：要不断提高政治判断力、政治领悟力、政治执行力。在新时代语境下，大学生的综合素质和能力会随着时代的需求发生变化，只有在不断学习和实践中才能得到真知。

综上，本书研究的大学生领导力问卷分三个维度，其中自我认识与管理维度 10 道题（1—10），社会实践与交往维度 28 道题（11—38），个人魅力维度 8 道题（39—46），共计 46 道题，具体指标维度见表 2-3。

表 2-1 大学生领导力问卷访谈人员信息表

	代码	性别	民族	职务	学历或专业	社团类型	曾获荣誉	是否毕业
指导教师	T1	女	汉族	团委书记	博士，管理学	学术科技	全国优秀共青团干部	
	T2	男	维吾尔族	学院副书记	硕士，思想政治学	创新创业	全国铁路优秀志愿者	
	T3	男	汉族	X 省团委干事	硕士，思想政治学	志愿公益	X 省优秀团干部	
	T4	男	汉族	学院团委书记	硕士，文学	思想政治	全国优秀社团指导教师	
	T5	男	土家族	学院团委书记	硕士，音乐学	文化体育	全国优秀指导教师	
	T6	女	土家族	社团指导教师	博士，化学	自律互助	全国比赛优秀指导教师	
社团负责人	L1	男	汉族	前社团联合会主席，现高校教师	硕士，公共管理	思想政治	连续 3 年组织 X 省高校社团社长论坛	是
	L2	男	汉族	前社团联合会主席，现高校教师	本科，美术学	创新创业	挑战杯全国铜奖、全国铁路部优秀志愿者	是
	L3	男	哈萨克族	前主持分团团长，现 X 省广播电台主持人	本科，工商管理	文化体育	X 省优秀节目主持人	是
	L4	男	汉族	曾任社团社长	硕士，音乐学	文化体育	X 省首届丝路华服文化节金奖，全国高校华服节银奖	是
	L5	女	汉族	社团社长	汉语言文学	志愿公益	第四届、第五届中国青年志愿服务项目大赛银奖	否
	L6	男	汉族	社团社长	化学	学术科技	“蓝桥杯”比赛三等奖、X 省优秀学生干部	否
	L7	男	维吾尔族	社团副社长	法学	自律互助	全国自强之星	否

续表

	代码	性别	民族	职务	学历或专业	社团类型	曾获荣誉	是否毕业
社团成员	M1	女	汉族	社团干事	物理学	创新创业	全国专业类比赛银奖	是
	M2	女	维吾尔族	社团干事	农学	思想政治	校级优秀学习标兵	是
	M3	男	哈萨克族	社团成员	动物医学	文化体育	校级优秀志愿者	否
	M4	男	汉族	社团成员	林学	自律互助	无	否
	M5	女	汉族	社团成员	小学教育	志愿公益	校级优秀志愿者	否
	M6	女	汉族	社团成员	纺织	学术科技	无	否
	M7	女	回族	社团成员	财务管理	学术科技	X 省级比赛优秀奖	否

表 2-2 社会实践与交往维度加入题项

维度	内容	题项
社会实践与交往	具有与团队和组织目标及定位相一致的专业能力	17
	能通过社团实践提高自身可持续发展能力	18
	能根据需求，撰写相关文案策划	19
	能通过实践，提高自身对客观世界的认知能力	20
	有主动服务他人的意识及服务他人的能力	21
	能准确领悟国家的大政方针	22

表 2-3　大学生领导力问卷维度

维　度	指　标	题 项
自我认知与管理	自我认知能力、学习能力、自我改造能力	1—10
	自我提升能力、自我管理能力、反思能力等	
社会实践与交往	沟通能力、人际交往能力、关系管理、团队合作能力、关怀能力	11—38
	文案策划能力、创新能力、协调能力、可持续发展能力、执行能力	
	服务能力、实践能力、政治领悟能力、专业能力	
	变革能力、对客观世界的认知能力、应变能力、影响力等	
人格魅力	价值观、态度和动机、承诺、共情力等	39—46

2. 研究对象

本书研究采取整群分层取样的方法，选取 W 市 6 所高校的 600 名参加社团的大学生作为研究对象，以不同类型的社团进行调查，回收有效样本 579 份，回收率为 96.5%，用作各研究变量的探索性因素分析和验证性因素分析，将有效样本数据按照奇偶数分成两批，奇数（290 份）进行探索性因素分析，偶数（289 份）进行验证性因素分析。在探索性因素分析中，男生 87 名（占 30%），女生 203 名（占 70%）；汉族学生 201 名（占 69.3%），维吾尔族学生 39 名（占 13.45%），哈萨克族学生 24 名（占 8.28%），回族学生 6 名（占 2.07%），其他民族学生 20 名（占 6.9%）；大一学生 9 名（占 3.1%），大二学生 195 名（占 67.2%），大三学生 68 名（占 23.4%），大四学生 18 名（占 6.3%）；专业方面，文科类专业的大学生 170 名（占 58.6%），理工科专业的大学生 91 名（占 31.4%），艺术类专业的大学生 29 名（占 10%）；参加思想政治类社团的大学生 4 名（占 1.4%），学术科技类社团的大学生 99 名（占 34.1%），创新创业类社团的大学生 5 名（占 1.7%），文化体育类社团的大学生 134 名（占 46.2%），志愿公益类社团的大学生 28 名（占

9.7%），自律互助及其他社团的大学生 20 名（占 6.9%）。

3. 主成分因子分析

该方法可将若干个原始观测变量聚类为几个公共因子，特征根的值越大，表示该因子的解释力越强。KMO 和 Bartlett 球形检验是判断问卷能否进行因子分析的前提和基础。[①] 本研究使用 X 市 6 所高校的 579 份有效问卷对大学生领导力进行探索与验证，把数据按照奇偶数分成两批，偶数进行验证性因素分析。因此，在进行探索性分析的过程中，通过对大学生领导力问卷 46 个题项进行 5 次主成分因子分析后，最终保留 17 个题项。第 5 次主成因子分析的相关结果见表 2-4。由表 2-4 可知，大学生领导力问卷的 KMO 值为 0.957，大于 0.95，Bartlett 球形检验统计量为 4 426.783，相应的显著性概率为 0.000。由此可见，各变量之间的共同因素较少，适宜做主成分因子分析。

表 2–4　大学生领导力问卷 KMO 检验和 Bartlett 球形检验结果

KMO 值	Bartlett 球形检验	
0.957	卡方值（χ^2）	4 426.783
	自由度（df）	136
	P 值（Sig.）	0.000

对 17 个题项进行共同度检验，17 个题项的共同度均高于 0.40。之后对这 17 个题项进行正交旋转，得出旋转因素负荷矩阵，最终确定了三个因素，即探索出三个维度，分别是自我认知与管理、社会实践与交往和人格魅力。

表 2-5 结果输出为最终主成分因子分析。总方差解释、旋转后因子载荷矩阵见表 2-6、表 2-7 和表 2-8。

① 张奇 . SPSS for Windows 在心理学与教育学中的应用 [M]. 北京：北京大学出版社 , 2009: 291.

表 2-5 大学生领导力问卷测量题项的共同度

题项	提取前	提取后
b1	1.000	0.798
b2	1.000	0.865
b3	1.000	0.815
b4	1.000	0.722
b17	1.000	0.691
b39	1.000	0.780
b40	1.000	0.782
b46	1.000	0.794
b26	1.000	0.634
b43	1.000	0.815
b44	1.000	0.811
b45	1.000	0.740
b32	1.000	0.752
b33	1.000	0.627
b20	1.000	0.721
b35	1.000	0.729
b36	1.000	0.797

表 2-6 大学生领导力问卷最终因子分析解释的总方差

因子	初始特征值			旋 转 前			旋 转 后		
	总计	变异率 %	总解释 %	总计	变异率 %	总解释 %	总计	变异率 %	总解释 %
1	10.612	62.424	62.424	10.612	62.424	62.424	4.705	27.679	27.679
2	1.140	6.704	69.128	1.140	6.704	69.128	4.527	26.627	54.306
3	1.122	6.601	75.730	1.122	6.601	75.730	3.642	21.423	75.730
4	0.584	3.435	79.165						
5	0.455	2.677	81.841						
6	0.399	2.350	84.191						
7	0.378	2.223	86.414						
8	0.340	1.997	88.412						
9	0.322	1.892	90.304						

续表

因子	初始特征值			旋　转　前			旋　转　后		
	总计	变异率 %	总解释 %	总计	变异率 %	总解释 %	总计	变异率 %	总解释 %
10	0.297	1.750	92.053						
11	0.247	1.452	93.505						
12	0.229	1.346	94.852						
13	0.214	1.258	96.109						
14	0.189	1.114	97.224						
15	0.171	1.005	98.229						
16	0.156	0.919	99.148						
17	0.145	0.852	100.000						

表 2-7　大学生领导力问卷最终旋转的因子矩阵

题项	主成因子		
	1	2	3
b32	0.855		
b39	0.845		
b40	0.845		
b44	0.823	−0.366	
b43	0.813	−0.391	
b36	0.811		
b17	0.802		
b46	0.802	−0.388	
b20	0.791		
b4	0.787		
b45	0.780		
b2	0.771		−0.506
b1	0.762		−0.452
b3	0.760		−0.465
b26	0.759		
b35	0.719		
b33	0.686		

表 2–8 大学生领导力问卷最终旋转后的因子矩阵

题项	主成因子		
	1	2	3
b43	0.807		
b46	0.794		
b44	0.790		
b45	0.756	0.366	
b40	0.725	0.394	
b39	0.720	0.406	
b35		0.799	
b36		0.780	
b33		0.719	
b20		0.698	0.397
b17	0.363	0.650	0.371
b26	0.398	0.640	
b32	0.461	0.630	0.379
b2			0.843
b3			0.809
b1			0.791
b4		0.386	0.677

根据对大学生领导力 46 个题项进行主成分因子分析，最终确定了 17 个题项为大学生领导力问卷的正式问卷，见表 2-9。

表 2–9 大学生领导力正式问卷

维 度	内 容	原题项	现题项
自我认知与管理	善于自我观察与自我评价	1	1
	能清楚认知到自己与他人和环境的关系	2	2
	面对问题能够分析利弊关系和因果关系	3	3
	能够运用以往的知识和经验对新事物进行分析	4	4
社会实践与交往	具有与社团目标及定位相一致的专业能力	17	5
	能通过实践，提高自身对客观世界的认知能力	20	6
	在社团中遇到冲突时，能有技巧地进行处理	26	7
	面对突发事件能沉着冷静地采取应对措施	32	8
	自己的思想和行为能够影响到周围人	33	9
	具有主动打破陈规陋习的魄力	35	10
	能根据环境的变化，大胆做出尝试性变通	36	11

续表

维　度	内　容	原题项	现题项
人格魅力	能做到严于律己、知行统一、以身正人	39	12
	能按照社会道德规范来行事	40	13
	内心有一股强大的信念，信念力量能激励自己与他人	43	14
	有坚定的理想信念，并能为理想信念努力奋斗	44	15
	在社团中能起到凝聚力量、鼓舞士气的作用	45	16
	提出的意见和建议能得到大多数人的支持	46	17

4. 问卷的信效度检验

问卷的信度检验。本书通过采用内部一致性信度和分半信度统计方法对 17 个题项的大学生领导力问卷进行信度检验，检验结果见表 2-10，由表可知，大学生领导力总问卷及三个维度的内部一致性系数和分半信度系数均高于 0.9，说明该问卷的信度较好。

表 2–10　大学生领导力问卷的信度（*n*=290）

检验方法	自我认知与管理	社会实践与交往	人格魅力	总问卷
内部一致性系数	0.935	0.954	0.959	0.977
分半信度系数	0.920	0.932	0.950	0.965

问卷的效度检验。本书研究运用 Pearson 相关系数对大学生领导力问卷进行效度检验，检验结果见表 2-11。由表 2-11 可知，问卷总分与各因子的相关系数为 0.870~0.935，各因子之间的相关系数为 0.711~0.773。整体而言，大学生领导力问卷各维度之间的相关性要低于各因子与总分之间的相关性，说明该问卷的结构效度良好。

表 2–11　大学生领导力各因子分与总分的皮尔逊相关分析（*n*=290）

	自我认知与管理	社会实践与交往	人格魅力	总问卷
自我认知与管理	1			
社会实践与交往	0.723**	1		
人格魅力	0.711**	0.773**	1	
总问卷	0.870**	0.935**	0.913**	1

5. 验证性因子分析

验证性因子分析（CFA）是一种验证性程序，通过结构方程模型（SEM）进行检验，本研究的测量模型均为斜交模型。结合主成分因子分析的结论，大学生领导力包含自我认知与管理、社会实践与交往和人格魅力三个潜在变量和 17 个测量变量。运用 Amos 构建大学生领导力验证性因子分析假设模型，分析结果见图 2-5。由图 2-5 可知，该模型的标准化回归系数没有出现大于 1 的情况，说明模型可收敛。

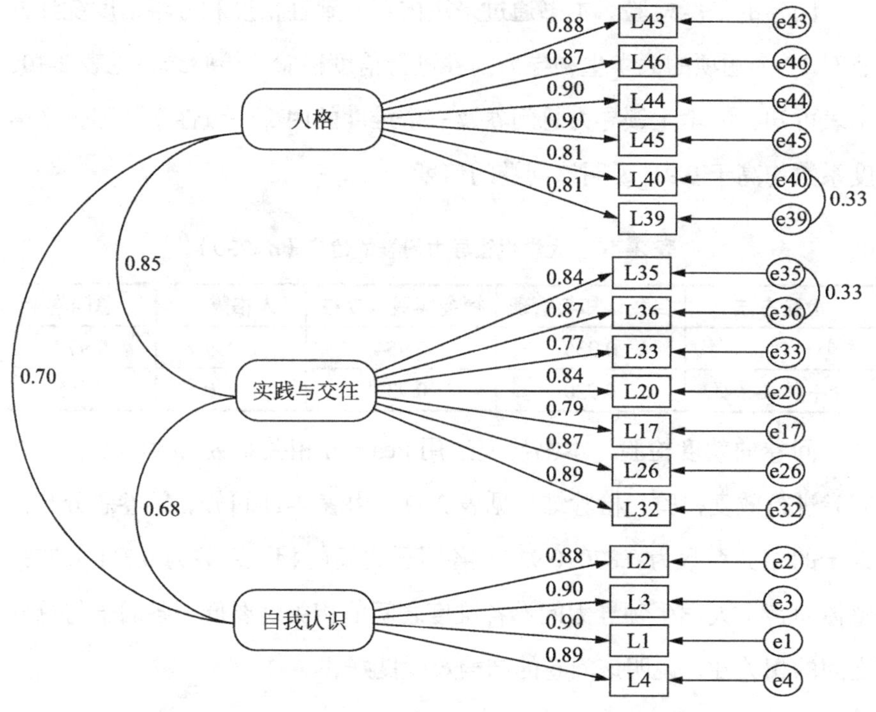

图 2-5　大学生领导力问卷 CFA 标准化估计值模型图

自我认知与管理潜在变量的四个测量变量的因素负荷量分别为 0.88、0.90、0.90、0.89；社会实践与交往潜在变量的七个测量变量的因素负荷量分别为 0.84、0.87、0.77、0.84、0.70、0.87、0.89；人格潜在变量的六个测量指标的因素负荷量分别为 0.88、0.87、0.90、0.90、0.81、

0.81；自我认知与管理和人格魅力潜在变量间的相关为0.70，人格魅力和社会实践与交往潜在变量间的相关为0.85，实践与交往和自我认知与管理潜在变量间的相关为0.68。由此可知，各个测量题项的标准化因子负荷值均大于0.50，说明该数据与模型的拟合度良好。

表2-12显示，模型整体适配度卡方值为316.572，模型自由度114，IFI、CFI、TLI、NFI、GFI指标的系数分别为0.960、0.954、0.952、0.938、0.959，均在0.9以上；RMSEA值为0.079，小于0.08，RMR值为0.015，小于0.050，卡方与自由度比值χ^2/df为2.777，小于5，各项拟合指标总体达到了建议值，说明该模型的适配效果理想。

表2–12　大学生领导力测量模型的适配指数

指标	χ^2	df	χ^2/df	IFI	CFI	TLI	NFI	RMSEA	RMR	GFI
实值	316.572	114	2.777	0.960	0.954	0.952	0.938	0.079	0.015	0.959

（二）社团氛围问卷选取

1. 问卷维度

由于本研究是从大学生层面探讨社团氛围是如何影响大学生领导力的培养和提升的，根据Bock等人对组织氛围的界定，认为社团氛围是参加社团的大学生对社团的环境或背景情形等因素的认知和体验，是能够被社团成员直接或间接感受到的，是可以测量的。也即是说，社团成员在参加社团的过程中，其社团环境或背景情形以及与之相联系的社团成员的思想、感受和行为都是可以被测量的。社团氛围划分为友好型氛围、创新型氛围和公平型氛围三个维度。在社团氛围问卷中，友好型氛围5道题（18—22）、创新型氛围6道题（23—28）、公平型氛围5道题（29—33），共计16道题，具体指标维度见表2-13。

表 2-13　社团氛围问卷维度

维　度	指　　标	题　项
友好型氛围	个体对共同合作的认知、对社团成员友好关系的感知；感受到周围同学之间的相互关心、帮助、支持和信任	18—22
创新型氛围	社团成员之间能够感受到自身的创新想法和思想能够得到大家的支持和鼓励	23—28
公平型氛围	社团成员能够在社团中感受到被公平和公正的对待，可以在社团中感受到被公平对待的一种认知	29—33

2. 研究对象

本研究采取整群分层取样的方法，选取 W 市 6 所高校的 600 名参加社团的大学生作为研究对象，对不同类型的社团进行调查。调查回收有效样本 562 份，回收率为 95.3%，用作各研究变量的探索性因素分析和验证性因素分析。其中男生 161 名（占 28.6%），女生 401 名（占 71.4%）；汉族学生 407 名（占 72.4%），维吾尔族学生 70 名（占 12.5%），哈萨克族学生 37 名（占 6.6%），回族学生 13 名（占 2.3%），其他民族学生 35 名（占 6.2%）；大一学生 23 名（占 4.1%），大二学生 367 名（占 65.3%），大三学生 128 名（占 22.8%），大四学生 44 名（占 7.8%）；专业方面，文科类专业的大学生 348 名（占 61.9%），理工科专业的大学生 164 名（占 29.2%），艺术类专业的大学生 50 名（占 8.9%）。

3. 主成分因子分析

由表 2-14 可知，社团氛围问卷的 KMO 值为 0.931，Bartlett 球形检验统计量为 8 567.504，相应的显著性概率为 0.000，说明该问卷适宜做主成分因子分析。

表 2-14　社团氛围问卷 KMO 检验和 Bartlett 球形检验结果

KMO 值	Bartlett 球形检验	
0.931	卡方值（χ^2）	8 567.504
	自由度（df）	120
	P 值（Sig.）	0.000

4. 问卷信效度检验

通过对社团氛围问卷进行信度检验，结果见表 2-15。由表 2-15 可知，社团氛围总问卷和三个维度问卷的内部一致性系数和分半信度系数都在 0.91 以上，说明社团氛围问卷具有非常好的信度水平。

表 2–15 社团氛围问卷的信度

检 验 方 法	友好型氛围	创新型氛围	公平型氛围	总问卷
内部一致性系数	0.965	0.970	0.967	0.998 7
分半信度系数	0.924	0.968	0.918	0.970

运用 Pearson 相关系数对社团氛围问卷进行效度检验，检验结果见表 2-16。社团氛围问卷总分与各维度因子分的相关系数处为 0.70~0.90，各维度因子之间的相关系数为 0.31~0.63。社团氛围问卷各维度之间的相关系数要低于总分与各维度因子分的相关系数，说明社团氛围问卷具有良好的结构效度。两种检验方法都证明社团氛围问卷具有良好的效度。

表 2–16 社团氛围问卷各因子分与总分的皮尔逊相关分析

	友好型氛围	创新型氛围	公平型氛围	总问卷
友好型氛围	1			
创新型氛围	0.630**	1		
公平型氛围	0.571**	0.317**	1	
总问卷	0.896**	0.849**	0.697**	1

5. 验证性因子分析

由于社团氛围问卷是借鉴国内外已有的具有良好信效度、并广泛应用的量表。因此，为了评估该问卷在本书中的结构效度，故运用 Amos21.0 构建社团氛围测量模型，其包三个潜在变量和十六个测量变量，三个潜在变量分别为友好型氛围、创新型氛围和公平型氛围。检测模型见图 2-6，据分析结果显示，标准化回归系数没有出现大于 1 情况，模型可以收敛。友好型氛围潜在变量的五个测量指标因素负荷量分别为0.79、0.86、0.94、0.94、0.89；创新型氛围潜在变量的六个测量指标因素负荷量分别为0.87、0.85、0.90、0.89、0.90、0.88；公平型氛围潜在变量的五个测量变量指标因素负荷量分别为0.79、0.84、0.82、0.77、0.69；友好型氛围和公平型氛围潜在变量间的相关系数为0.62，友好型氛围和创新型氛围潜在变量间的相关系数为0.66，创新型氛围和公平型氛围潜在变量间的相关系数为0.35，表明所构建的社团氛围测量模型适配程度较好。社团氛围问卷的拟合指数见表2-17。

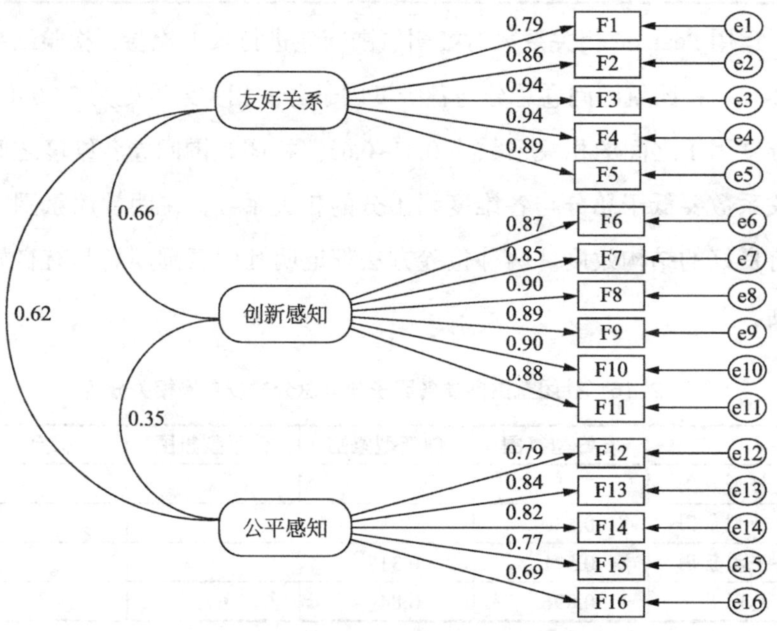

图2-6 社团氛围问卷CFA标准化估计值模型图

由表2-17可知，社团氛围模型整体适配度卡方值为497.105，模型自由度为101，IFI、CFI、TLI、NFI、GFI指标的系数分别为0.954、0.954、0.945、0.943、0.900，均在0.9以上；RMSEA值为0.084，小于0.10，RMR值为0.013，小于0.050。以上各项拟合指标总体达到了建议值，说明该模型拟合度较高。由此得出结论，社团氛围的三个维度结构模型比较理想。总体而言，社团氛围问卷有较高的信效度，同时具有一定的实践价值。

表 2–17　社团氛围测量模型的拟合指数

指标	χ^2	df	χ^2/df	IFI	CFI	TLI	NFI	RMSEA	RMR	GFI
实值	497.105	101	4.922	0.954	0.954	0.945	0.943	0.084	0.013	0.900

（三）自我效能感问卷选取

1. 问卷维度

由于本研究视角是从学生层面探讨社团氛围是如何影响大学生领导力行为的，所以本研究认为大学生自我效能感是一种稳定的个性特质，是参加社团的大学生应对处理遇到困难时的自信程度，它涉及人们自信心的一种人格变量，是指参加社团的大学生特有的、稳定的认知，是参加社团的大学生面对挑战或新事物时的一种总体的自信心。基于此，作者特选用德国心理学家Schwarzer和同事编制的一般自我效能感量表(以下简称 GSES)。该问卷的信度和效度在大量研究中得到有效证实，其适用性受到广泛推崇。国内学者王才康、胡中锋、刘勇（2001）对中文版的信效度进行了检验，发现中文版和其他文字版本的同样具有较高的信度和很好的预测效度，并认为自我效能感是个体对自己能力的自信，不以不同的领域或任务所转移，是单维的，并证实了其单维度性。本研究的大学生自我效能感是单维度的，共 10 道题项，主要围绕参加社团的大学生针对其在参加社团活动的过程中，是否能够顺利解决遇到的问题、是否能够达到自身目的、是否能够克服社团中遇到的一切困难并能采取相应措施，问卷 10 道题项的题号是 51-60，详情见附录 2。

2. 研究对象

采取整群分层取样的方法，选取 W 市 6 所高校的 600 名参加社团的大学生作为研究对象，回收有效样本 579 份，回收率为 96.5%，用作各研究变量的探索性和验证性因素分析。其中男生 165 名（占 28.5%），女生 414 名（占 71.5%）；汉族学生 416 名（占 71.9%），维吾尔族学生 72 名（占 12.4%），哈萨克族学生 40 名（占 6.9%），回族学生 13 名（占 2.2%），其他民族学生 38 名（占 6.6%）；大一学生 23 名（占 4.0%），大二学生 378 名（占 65.3%），大三学生 134 名（占 23.1%），大四学生 44 名（占 7.6%）；文科类专业的大学生 360 名（占 62.2%），理工科专业的大学生 166 名（占 28.7%），艺术类专业的大学生 53 名（占 9.2%）。

3. 主成分因子分析

自我效能感主成分因子分析结果见表 2-18，自我效能感问卷的 KMO 是 0.935，大于 0.8，Bartlett 球形检验统计量为 5 428.490，相应的结果显著，适合做主成分因子分析。

表 2–18　自我效能感问卷 KMO 检验和 Bartlett 球形检验结果

KMO 值	Bartlett 球形检验	
0.935	卡方值（χ^2）	5 428.490
	自由度（df）	45
	P 值（Sig.）	0.000

4. 问卷的信效度检验

通过采用内部一致性信度和分半信度对 10 个题项的自我效能感问卷信度进行检验。由表 2-19 可知，自我效能感的内部一致性系数和分半信度系数均高于 0.9，说明该问卷的信度比较好。由于自我效能感是单维度的，问卷具有良好的效度。

表 2–19　自我效能感问卷信度

检 验 方 法	总问卷
内部一致性系数	0.967
分半信度系数	0.946

5. 验证性因子分析

从统计学意义上，自我效能感单维度符合理论预设，故运用 Amos

构建自我效能感测量模型，对十个测量变量进行验证，标准化估计值模型图见图 2-7。结果显示，标准化回归系数没有出现大于 1 情况，模型可以收敛。十个测量变量指标的因素负荷量分别为 0.76、0.73、0.78、0.87、0.87、0.80、0.88、0.89、0.86、0.86。由此可知，数据与模型的拟合度良好。

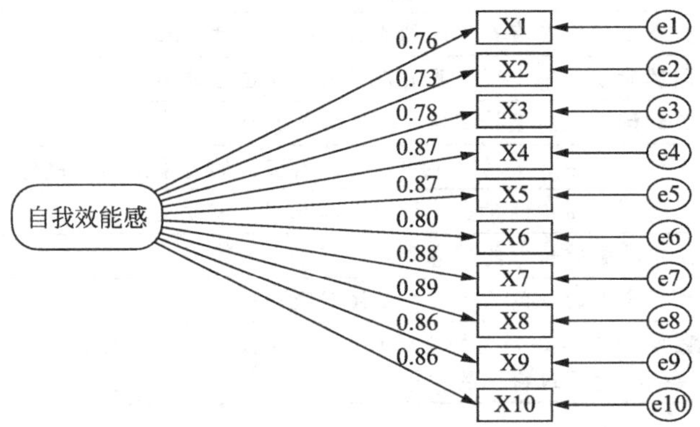

图 2-7 大学生自我效能感问卷 CFA 标准化估计值模型图

表 2-20 可知，自我效能感模型整体适配度卡方值为 349.329，模型自由度 35，IFI、CFI、TLI、NFI 指标的系数分别为 0.942、0.942、0.925、0.936，均在 0.9 以上；GFI 值为 0.883，大于 0.850；RMSEA 值等于 0.125，小于 0.150；RMR 值为 0.017，小于 0.050。以上各项拟合指标总体达到了建议值，说明该模型拟合度较高。由此得出结论：自我效能感的单维度结构模型比较理想。

表 2-20 自我效能感测量模型的适配指数

指标	χ^2	df	χ^2/df	IFI	CFI	TLI	NFI	RMSEA	RMR	GFI
实值	349.329	35	9.981	0.942	0.942	0.925	0.936	0.125	0.017	0.883

（四）社团投入问卷选取

1. 问卷维度

由于本研究中的社团投入是指大学生在参加社团和社团活动中表现出的一种持续、专注和奉献的充满积极情绪的一种状态，故将社团投入划分为三个维度，其中活力投入6道题（34—39）、奉献投入5道题（40—44）、专注投入6道题（45—50），具体指标维度见表2-21。

表2-21 社团投入问卷维度

维度	指　标	题　项
活力	大学生在社团中具有充沛的精力和韧性，愿意在社团付出	34—39
	在社团的时候心情愉悦，具有很强的心理适应能力	
	即使遇到困难也能坚持不懈，具有极强的容忍力	
奉献	大学生在社团参加活动时集中精力，有极高的自豪感和挑战感	40—44
	能够感受到社团中的付出，认为参加社团很有意义	
	在社团中非常热情，能够感受到社团带来的热情和挑战	
专注	大学生将全部的注意力集中在社团实践中；	45—50
	在社团活动中能做到全神贯注和全身心投入，并感觉到在社团时非常愉悦，时间过得很快，很难将自身与社团相脱离。	

2. 研究对象

本研究采取整群分层取样的方法，选取W市6所高校的600名参加社团的大学生作为研究对象，对不同类型的社团进行调查，回收有效样本562份，回收率为93.7%，用作各研究变量的探索性因素分析和验证性因素分析。其中男生161名（占28.6%），女生401名（占71.4%）；汉族学生407名（占72.4%），维吾尔族学生70名（占12.5%），哈萨克族学生37名（占6.6%），回族学生13名（占2.3%），其他民族学生35名（占6.2%）；大一学生23名（占4.1%），大二学生367名（占65.3%），大三学生128名（占22.8%），大四学生44名（占7.8%）；专业方面，文科类专业的大学生348名（占61.9%），理工科专业的大学生164名（占29.2%），艺术类专业的大学生50名（占8.9%）。

3. 主成分因子分析

社团投入问卷主成分因子分析结果见表2-22。社团投入问卷的KMO是0.955，大于0.9，Bartlett球形检验统计量为9 286.375，相应的显著性概率为0.000，适宜做主成分因子分析。

表 2–22　社团投入问卷 KMO 检验和 Bartlett 球形检验结果

KMO 值	Bartlett 球形检验	
0.955	卡方值（χ^2）	9 286.375
	自由度（df）	136
	P 值（Sig.）	0.000

4. 问卷信效度检验

通过采用内部一致性信度和分半信度统计方法对 17 个题项的社团投入问卷信度进行检验。由表 2-23 可知，社团投入总问卷及三个维度的内部一致性系数和分半信度系数均高于 0.9，说明此问卷的信度比较好。

表 2–23　社团投入问卷的信度

检验方法	活力	奉献	专注	总问卷
内部一致性系数	0.963	0.966	0.953	0.982
分半信度系数	0.956	0.917	0.938	0.956

问卷的效度检验。检验结果见表 2-24，社团投入问卷总分与各因子之间的相关系数为 0.90~0.92，各因子之间的相关系数为 0.69~0.77。整体上，社团投入各因子之间的相关性低于各因子与问卷总分的相关性，说明本问卷具有良好的结构效度。

表 2–24　社团投入问卷各因子与总分的皮尔逊相关分析

	活力	奉献	专注	总问卷
活力	1	0.766**	0.699**	0.901**
奉献		1	0.760**	0.915**
专注			1	0.912**
总问卷				1

5. 验证性因子分析

经过主成分因子分析，从统计学意义上来说，社团投入的三个亚维度符合理论预设，故运用 Amos 构建社团投入的三个潜在变量和 17 个测量模型，验证结果见图 2-8。由表 2-9 可知，标准化回归系数没有出现大于 1 情况，模型可以收敛。活力潜在变量的六个测量指标因素的负荷量分别为 0.69、0.83、0.82、0.75、0.85、0.92；奉献潜在变量的五个测量指标因素的负荷量分别为 0.88、0.87、0.93、0.85、0.87；专注潜在变量的六个测量指标因素的负荷量分别为 0.80、0.84、0.85、0.75、0.82、0.84；活力与奉献、专注潜在变量间的相关分别为 0.83 和 0.76，奉献与专注潜在变量间的相关为 0.82。由此可知，数据与模型的拟合度良好。

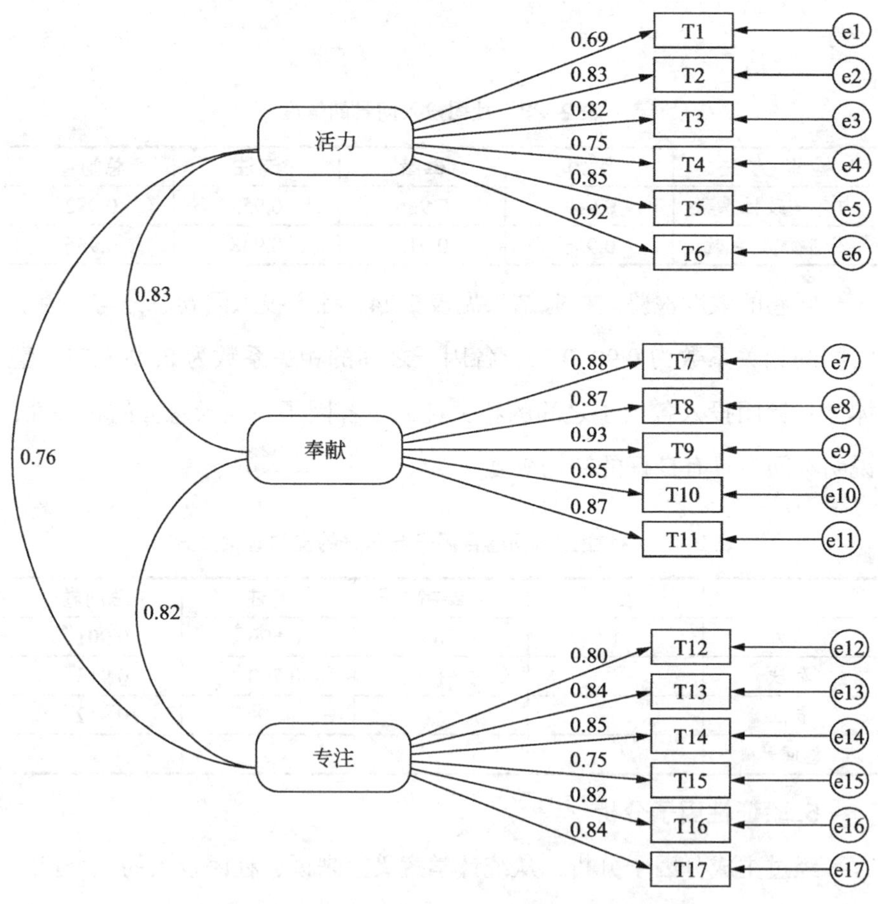

图 2-8　社团投入问卷 CFA 标准化估计值模型图

表 2-25 显示，社团投入模型整体适配度卡方值为 773.090，模型自由度 116，IFI、CFI、TLI、NFI 指标的系数分别为 0.929、0.929、0.917、0.918，均在 0.9 以上;GFI 值为 0.845，大于 0.80;RMSEA 值等于 0.100，小于 0.150；RMR 值为 0.020，小于 0.050。以上各项拟合指标总体达到了建议值，说明该模型拟合度较高。由此得出结论，社团投入的三维度结构模型比较理想。

表 2-25　社团投入测量模型的拟合指数

指标	χ^2	df	χ^2/df	IFI	CFI	TLI	NFI	RMSEA	RMR	GFI
实值	773.090	116	6.665	0.929	0.929	0.917	0.918	0.100	0.020	0.845

通过对大学生领导力、社团氛围、参加社团大学生的自我效能感和社团投入各问卷进行维度、研究对象、主成分因子分析、信效度检验、验证性因子等分析，证明各问卷具有良好的信效度，可以进行正式问卷的调查。同时，运用修订后的 17 个题项的大学生领导力问卷进行大学生领导力现状调查，为定量研究奠定坚实基础。

二、质性研究设计

质性研究是不断演化、不断反复的一个过程，它允许研究者在研究过程中根据实际情况对预设的方案进行修改。因此，质性研究设计不像量化研究那样确定和固定。① 质性研究在一定程度上确保了研究结论的可验证性，验证了量化研究结论是科学和真实的，质性研究可以和量化研究相互验证。

（一）质性研究方法的选择

质性研究方法通常包括访谈法、观察法、行动研究、叙事分析、焦点团体讨论、扎根理论、民族志等多种方法，具体选择什么研究方法要

① 陈向明 . 质的研究方法与社会科学研究 [M]. 北京：教育科学出版社，2002: 67.

结合研究目的、研究问题等内容确定。本书围绕社团氛围对大学生领导力的影响研究这一主题提出了研究目的和研究问题，确定了质性研究方法主要采用访谈法和观察法来收集研究资料。具体的研究方法已在前面的内容中进行了介绍，此处不再赘述。

（二）访谈提纲与问题设计

访谈提纲通常分为单层次和双层次两类。单层次提纲是事前列出的需要访谈的主要问题，双层次提纲是在进行了不同层次上的比较之后，通过研究列出需要访谈的所有问题。[①] 访谈采用半结构式访谈和深度访谈两种方式。在访谈之后，将先前设计好的单层次访谈提纲给被访谈对象，在访谈的过程中，根据被访谈者陈述的相关问题，针对某些具体问题进行延伸，最终形成一份双层次访谈提纲。在访谈中针对不同的被访谈者访谈的相关内容，会对不同的问题进行延伸和完善，从而形成对所有被访谈者通用的访谈提纲。在访谈的过程中，对于提供重要信息的被访谈者，会单独进行深度访谈。作者结合大学生参加社团的情况、社团氛围情况、大学生领导力情况及社团氛围对大学生领导力影响的直接效应及中介效应等情况，初步形成了社团氛围影响大学生领导力的访谈提纲，访谈提纲分为三部分：一是针对社团指导教师的，二是针对社团负责人的，三是针对社团成员的。

（三）确定访谈对象

在质性研究中，采取的是目的性抽样，样本量一般比较小。[②] 本书根据研究需要，质性研究开展了两次，一次是 2021 年 5 月份，在对大学生领导力问卷进行修订时，对 X 省 6 所高校的 20 名社团相关主体进

① 宋林飞 . 社会调查研究方法 [M]. 南京 : 江苏教育出版社 , 2009: 184.

② Light, R. J., Singer, J., &Willett, J. By design: Conducting research on higher education[M]. Cambridge, MA: Harvaed University Press, 1990: 3.

行目的访谈，最终确定了大学生领导力问卷，此处不再做过多陈述；另一次是2021年6月、7月和11月份，在个案研究的过程中，选取X省W市A高校创新创业类社团的3名指导教师、4名社团负责人和18名社团成员作为本次访谈的抽样对象，进行个案研究的材料收集。在收集材料的过程中，由于作者负责高校学生社团工作，在日常的工作往来中，与X省团委学校部负责人以及A高校学生社团负责人建立了友好关系。因此，在访谈中收集相关资料较为方便，且真实性和准确程度较高。

作者作为W市S高校学生社团的负责人，负责学生社团长达8年，对S高校学生社团的相关负责人和社团成员较为熟悉。因工作原因，负责“创青春”全国大学生创业大赛的组织和申报，对W市A高校创新创业类社团中的创新精英社团的运行和管理有丰富的经验，因此，本研究选取A高校创新精英社团作为个案研究对象，对A高校的相关人员进行访谈，访谈人员基本信息见表2-26。

表2–26　W市A高校创新精英社团访谈人员信息表

	代码	性别	民族	职务或年级	学位/专业	曾获荣誉
指导教师	AT1	女	汉族	教授	博士，集成电路	“挑战杯”全国银奖优秀指导教师
	AT2	男	维吾尔族	副教授	硕士，思想政治学	省级优秀教师
	AT3	男	汉族	讲师	硕士，人工智能	省级优秀教师
负责人	AL1	男	汉族	大三	本科在读，公共管理	全国专业类比赛银奖
	AL2	男	汉族	大三	本科在读，电气工程及其自动化	全国专业类比赛铜奖
	AL3	女	汉族	大三	本科在读，计算机	全国专业类比赛铜奖
	AL4	男	维吾尔族	大三	本科在读，美术设计	全国专业类比赛铜奖
成员	AM1	女	汉族	大二	本科在读，物理学	全国专业类比赛优秀奖
	AM2	女	维吾尔族	大三	本科在读，农学	省级专业比赛银奖
	AM3	男	哈萨克族	大二	本科在读，动物医学	省级专业比赛铜奖
	AM4	男	汉族	大三	本科在读，林学	大学生创新创业省级结项

续表

	代码	性别	民族	职务或年级	学位 / 专业	曾获荣誉
成员	AM5	女	汉族	大二	本科在读，自动化	RoboCon 全国大学生机器人大赛
	AM6	男	汉族	大二	本科在读，网络与新媒体	校级优秀学生干部
	AM7	男	回族	大二	本科在读，电子信息工程	全国大学生数学竞赛三等奖
	AM8	男	蒙古族	大一	本科在读，旅游管理	全国大学生英语竞赛优秀奖
	AM9	男	土家族	大二	本科在读，生物信息学	计算机设计大赛省级一等奖
	AM10	女	汉族	大二	本科在读，物联网工程	省级专业比赛优秀奖
	AM11	男	汉族	大二	本科在读，网络工程	ACM-ICPC 国际大学生程序设计竞赛三等奖
	AM12	男	苗族	大一	本科在读，化学工程与工艺	全国大学生化学实验邀请赛
	AM13	女	汉族	大三	本科在读，通信工程	电子设计大赛省级一等奖
	AM14	男	汉族	大二	本科在读，法学	省级辩论公开赛优秀奖
	AM15	女	满族	大二	本科在读，食品质量安全	全国大学生英语竞赛三等奖
	AM16	男	蒙古族	大二	本科在读，历史学	省级专业比赛优秀奖
	AM17	女	土家族	大二	本科在读，小学教育	省级专业比赛优秀奖
	AM18	男	回族	大一	本科在读，财务管理	无

在与访谈对象进行访谈前，为确保访谈质量，要做好充分的准备工作。要设计好访谈提纲、确定访谈对象、商议好访谈的时间和地点，还需了解访谈对象的学习及社团相关经历等情况，与访谈对象建立友好关系，确保访谈资料的准确性。

（四）质性研究信度、效度

在质性研究中，要对收集到的质性材料进行质量检验。质性研究是以研究者作为研究工具来进行的一种研究，为确保材料收集、整理和分析的客观性，需要对质性研究过程进行信度和效度检验。

信度检验。在质性研究中，研究结论是否具有可靠性，需要进行信度检验。研究者可以通过检验质性材料来源的多样性来确保资料的一致，还可以通过获取质性资料的程序及访谈人员提供资料的可靠性来验证。作者选用检验质性材料来源的多样性来确保资料的一致性，将大量访谈的共识程度作为质性研究的信度依据，并邀请两名从事质性研究的教师和博士研究生参与到访谈资料的收集、整理和分析中，提高质性材料的信度。

效度检验。质性研究中的效度检验是用来评价其研究结论是否符合客观事实，主要体现在对收集材料的合理性解释上，以及这种解释是否符合研究对象的客观实际。Maxwell J A 将质性研究的效度分为描述型、解释型、理论型、推论型、评估型五种。本书根据研究需要，侧重其中的描述型和解释型效度。描述型效度是对可观察的现象或事物进行描述的准确程度。描述的事物或现象必须是具体的、是可观可见或者可闻的。本研究的效度检验主要通过三角互证的方式来实现。首先，作者通过参加学生社团活动，以“局内人”和“局外人”的身份转换，通过多方面、多方位进行访谈收集和分析资料，防止资料收集出现偏差。其次，对参加学生社团的不同年级、不同专业的社团成员和社团负责人进行社团氛围、大学生领导力、大学生自我效能感和社团投入等相关变量的访谈资料进行比较和验证，并邀请两名从事质性研究的教师和博士研究生参与到访谈资料的收集、整理和分析中，对相关资料进行编码、分类和提炼，确保资料的客观公正。将质性研究结论与量化研究结论相互验证的范式讨论社团氛围对大学生领导力的影响，不管是社团氛围还是大学生领导力，其最终目的都是大学生的全面发展。

三、质性研究过程

本研究围绕社团氛围对大学生领导力的影响，以质性研究结论与量化研究结论相互验证的方式讨论社团氛围对大学生领导力的影响，并对访谈内容进行解释性分析。质性材料的收集、整理和分析在“访谈、观察、整理及分析”的过程中不断反复和深入。

（一）资料收集

资料收集主要是通过访谈法和观察法获得。其中访谈法采用半结构式访谈和深度访谈相结合的方式，资料收集分为三个阶段：第一个阶段是于2021年5月20—25日对11所高校具有代表性的6名社团指导教师、7名社团负责人和7名社团成员进行关于大学生领导力的访谈，主要围绕“什么是大学生领导力，大学生领导力包括哪些内容”对社团指导教师、社团负责人和社团成员进行访谈；第二个阶段是于2021年6月28日—7月10日及11月上旬对A高校创新精英社团的3名指导教师、4名社团负责人和18名社团成员进行访谈，主要是通过参与学生社团活动，在参与和观察学生社团活动的过程中，围绕大学生领导力现状、社团氛围对大学生领导力产生影响等内容进行访谈。

（二）资料整理

资料整理主要是对收集到的原始资料进行初步核实，确保资料收集的完整性和真实性。核查收集到的资料内容是否合理，对相关内容进行再次求证。在整理资料的过程中，对访谈资料的准确性和可靠性进行整合，查看是否存在答非所问或者不合理的访谈资料，对这些资料进行剔除。其次，需要对收集到的资料根据现状和本质进行分类。针对本研究，现象分类主要是将访谈资料划分为社团指导教师、社团负责人和社团成员三部分。本研究是将社团指导教师对大学生领导力及社团氛围与大学生领导力关系的访谈、社团负责人对大学生领导力及社团氛围与大学生领导力关系的访谈、社团成员对大学生领导力及社团氛围与大学生领导力关系的访谈进行分类。此外，还需要对访谈内容涉及的被访者信息、时间、地点等进行标注，在资料整理中用字母符号代替，确保被访者的信息安全。

（三）资料分析

质性研究的资料编码是将研究资料以某种方式分开，资料编码的类型分为开放式编码（Open Coding）、轴心式编码（Axial Coding）、选择式编码（Selective Coding）三种。① 三种编码可以根据研究实际选择。

本书研究通过对 11 所高校学生社团指导教师、社团负责人和社团成员访谈文本的研读，依据预设编码指标，分别对应相关维度的信息编码。具体而言，“SZ”代表思想政治类社团、“XK”代表学术科技类社团、“CC”代表创新创业类社团、“WT”代表文化体育类社团、“ZG”代表志愿公益类社团、“ZH”代表自律互助类社团；“T”代表指导教师、“L”代表社团负责人、“M”代表社团成员；“SF”代表社团氛围、“YH”代表友好型氛围、“GP”代表公平型氛围、“CX”代表创新型氛围、“DL”代表大学生领导力、“RG”代表自我认知与管理、“SJ”社会实践与交往、“RM”代表人格魅力、“XT”代表学生投入、“HL”代表活力、“FX”代表奉献、“ZZ”代表专注。如，对思想政治类社团指导教师进行大学生领导力向度的第一条佐证信息被标记为 SZ-T-DL-1，即“SZ-T-”开头的文本资料编码是思想政治类型社团指导教师特有标志；对学术科技类社团负责人进行友好型氛围向度的第二条佐证信息被标记为 XK-L-YH-2，即“XK-L-”开头的文本资料编码是学术科技类社团负责人特有标志。

① Strauss, A. L. Qualitative Analysis for Social Scientists[M]. Cambridge: Cambridge University Press, 1987: 29.

通过对 11 所高校学生社团的指导教师、社团负责人和社团成员的访谈和交流，在征求被访谈对象同意的前提下对访谈内容进行录音，然后将录音内容转换成文本资料共计 109 631 字。后期经研究设计，并根据研究需要，共编码获得有效文本信息 102 条。为确保研究资料的信度，特邀请对文本资料编码熟悉的教师对编码信息进行校对，核查编码信息是否与维度相一致。在收集资料的过程中，还收集了与本书学生社团相关的活动视频和资料。

在质性研究中，主要对收集到的文本资料进行抽象分析。诚如莱茵和舍恩所说：一个自然的个案进程需要先说出某种情境的故事，将故事的元素抽出定型，将相关变量给予定位，然后运用相关理论或建立一个解释模式，来说明和揭示相关变量是如何关联和彼此影响的。质性分析的思路运用不同分析方法将资料整理成具有一定结构和条理性的、具有内在关联性的系统，运用卡内（Carney）线性分析模式，将相关文本资料进行整理。整理资料的过程分为三个阶段：首先，将收集到的相关录音转换成文字，按照相关变量和相关人员的角色找相应的字母进行代替；其次，将 4 个相关变量有关的资料进行辨别和抽取，并分类整理；最后，分析相关变量之间的关系，运用理论基础和解释框架对社团氛围如何影响大学生领导力背后的成因进行提炼和阐释。鉴于此，本书研究通过质性分析来印证定量研究中的理论模型和结论，并从中找出大学生领导力经由社团氛围等影响因素作用的解释框架，在形成文本的过程中根据编码结果找到相关变量的关联，并对比量化研究结论，与质性研究形成相互印证，为大学生领导力的提升和改进提供思考。

第三章

大学生领导力的现状分析

前面两个章节回答了“为什么研究”“研究的是什么”和“如何研究”的问题。本章节主要对“研究的是什么”当中的大学生领导力现状进行分析。具体而言，就是对位于 X 省 6 个地区的 11 所高校参加学生社团的大学生领导力的现状进行整体情况分析，主要对基于人口学变量中的性别、年级、专业和家庭所在地进行差异分析。本书的研究对象是参加学生社团的大学生，大学生参加社团的类型、加入社团的年限和每周参加社团的时长差异有可能会对大学生领导力产生影响。因此，本书基于人口学变量和学生社团的相关因素对大学生领导力进行差异分析，全面了解大学生领导力发展现状。

第一节　大学生领导力的整体现状分析

本书采取目的抽样和整群分层取样的方法，选取 X 省 6 个地区的 11 所高校的 4 400 名参加社团的大学生作为研究对象，对不同类型的社团进行调查，回收有效问卷 4 205 份，回收率达 95.6%，对参加高校学生社团的大学生领导力现状及其各维度状况进行调查分析。

一、大学生领导力的调查状况

对参加高校学生社团的 4 205 位大学生的领导力总体状况进行分析，分析结果见表 3-1。由表 3-1 所示，11 所高校参加学生社团的 4 205 名大学生的领导力总体得分为 3.99，高于中间值“3”，处于中等偏上水平，其中自我认知与管理、社会实践与交往和人格魅力三个维度的平均得分均高于中间值“3”，三个维度的水平均处于中等偏上。大学生领导力的三个维度的得分由高到低依次为：人格魅力（4.03 ± 0.73）> 自我认知与管理（3.99 ± 0.79）> 社会实践与交往（3.96 ± 0.73）。

表 3–1　大学生领导力的总体状况（n=4 205）

总问卷	维度	平均数	标准差
大学生领导力	自我认知与管理	3.99	0.79
	社会实践与交往	3.96	0.73
	人格魅力	4.03	0.73
	总分	3.99	0.71

在对大学生领导力整体状况进行问卷调查的同时，作者对 X 省 11 所高校的 14 名参加各类社团的大学生围绕大学生领导力的概念和维度划分进行了团体访谈。其中一名社团成员说：“我参加社团已经 3 年多了，我认为大学生领导力是一种综合素质和能力，现在的大学生不仅要学会专业知识，更多的是要学会生存的技能，也就是社会实践当中需要的各种生存技能，光有学习能力是远远不够的，人际交往和解决问题的能力尤为重要。最重要的是要不断完善自身的价值观，要有自己的理想信念，学会管理好自己。”另一位社团成员说：“我参加社团已经 2 年多了，我也认为大学生领导力是一种综合素质和能力，而不是狭隘的单单指领导能力，目前的社会发展需要大学生不断完善自身，在完成学业的前提下，多参加社团实践，在实践中历练，到实践中提升自身短板，在提升能力的同时注重品德修养和价值观的养成，德才兼备才是大学生领导力。”还有的社团成员说：“大学生领导力是各种能力的总称。我加入社团一年多，以前认为只有当了社团负责人才能具备很多能力，后来通过实践发现，大学生领导力是可以在不断实践中培养出来的，而

且正确价值观的养成非常重要。”还有一些社团成员说：“大学生领导力是领导别人的能力，我加入社团还不到一年，我认为我暂时还不具备大学生领导力，希望可以通过参加社团活动实践来培养自己的大学生领导力。”

通过对参加社团的大学生进行大学生领导力的访谈可以看出，参加社团的大学生大都认为大学生领导力就是指大学生的综合素质和能力，大学生领导力需要从参加社团活动实践中获得。由此可见，参加社团的大学生对大学生领导力的认识是较为全面和准确的，趋于中上水平。尤其是对于加入社团 2 年以上的大学生而言，都认为大学生领导力是一种综合能力，是知识、技能、品德和认知的集合。

关于大学生领导力的维度划分，其中一名社团成员说：“大学生领导力应该划分为学习能力、社会实践能力、管理情绪的能力和解决问题的能力四个方面，更重要的是需具备良好的素质和自我认知方面的能力。”另一位社团成员说：“大学生领导力应该划分为人格、价值观和社会实践与交往的能力三个方面。”另一位社团成员说：“大学生领导力应该划分为社会责任感、知识、能力和价值观四个方面。”有的社团成员说：“大学生领导力应该划分为良好的品德、正确的价值观、正确的认知和解决问题的能力四个方面。”还有的社团成员说：“大学生领导力应该划分为优秀的品德、领导能力、适应社会的能力和解决问题的能力。”有位社团负责人说：“大学生领导力应该划分为自我认知与管理、优秀的品质、社会实践与交往三个方面的能力。”

通过对参加社团的大学生进行大学生领导力维度的访谈得知，大家都认为大学生领导力的培养要注重对人格、价值观、品德方面的培养。对于社会实践与交往维度包含的内容说法不一，有的认为学习能力较为重要、有的认为社会实践能力较为重要、有的认为专业能力比较重要、有的认为解决问题的能力较为重要，参加社团的大学生们还不能达成统一的见解。对于自我认知与管理维度的内容，参加社团的大学生们认为对自我的认识和管理还是相对重要的，尤其是社团负责人直接提出了自我认知与管理这一维度，说明参加社团的大学生对自己有清晰的认知和管理非常重要。由此看出，参加学生社团的大学生对大学生领导力的认知和维度的划分是比较全面的。

二、自我认知与管理维度的调查状况

自我认知与管理维度共有四个题项(1—4)，见表3-2。由表3-2显示，11所高校参加学生社团的4 205名大学生在自我认知与管理维度的四个题项得分均高于中间值“3”，处于中等偏上水平，四个题项的得分由高到低依次为:2（4.025 ± 0.858）>1（3.971 ± 0.867）>3（3.977 ± 0.857）>4（3.972 ± 0.860）。进而言之，能清楚认知自己与他人及环境之间的关系是四个题项当中得分最高的。

表3-2　自我认知与管理维度的总体状况（n=4 205）

维　度	题项内容	题号	平均数	标准差
自我认知与管理	善于自我观察与自我评价	1	3.971	0.867
	能清楚认知自己与他人、环境的关系	2	4.025	0.858
	面对问题时，能够分析利弊、因果关系	3	3.977	0.857
	面对新事物时，能运用以往的知识与经验去分析	4	3.972	0.860

在对自我认知与管理维度状况进行问卷调查的同时，作者对X省11所高校的14名参加各类社团的大学生围绕该维度的4个题项进行了团体访谈。其中一名社团成员说:“我加入社团后，首先学会了观察社团其他成员是如何在社团活动中开展工作的，以及他们做什么，怎么做。通过参加社团活动使自己快速融入社团环境，了解其他社团成员的情况，进而清楚自己的位置，明白自己要做什么，能做什么。”另一名社团成员补充说:“我也是这样，在适应社团环境和了解社团成员的前

提下，才能根据自身需要去做一些力所能及的事情。刚进入社团，一切都是崭新的，尤其是在开展社团活动时，要处理活动中遇到的相关问题，这时候就会用以往经验去解决，解决不了就请教社团的学长。所以，要多参加社团活动才能提升能力。”还有一名社团成员说：“我加入社团后，最大的体会就是学会了自我观察和评价。以前对自己的认识不完善，通过与社团成员在参与活动时进行协作与交流，学会了观察自己，善于在活动结束后给自己进行评价，这样才能在下次活动中不犯同样的错误，对于自身弱项的提升有很大改善。”还有的社团成员说：“我认为自我管理非常重要，我参加社团学会了如何正确管理自己的时间，这是对我最大的帮助，如何在有限的时间做最有意义的事情，是我最大的收获。”还有一名社团成员说：“我对自我认知与管理以前不是很关注，通过这次访谈，我会多关注这些方面的内容，来不断提升自己。”

从调查情况来看，“能清楚认知自己与他人及环境的关系”得分最高，说明参加社团的大学生能正确认识自身、他人和环境。“面对新事物时，能运用以往的知识与经验去分析”得分较低，说明参加社团的大学生对新事物的认知、分析和解决的能力较为薄弱，对新事物的认识不能及时运用以往的知识和经验进行分析，以至于遇到自己不熟悉的事和物时举手无措，这与大学生的年龄和身心发展特征也有密切关系。通过对参加社团的大学生进行自我认知与管理相关题项内容的访谈可以看出，参加社团的大学生对该维度题项内容的认知较为全面，甚至有的社团成员谈及参加社团的目的就是为了能学会管理好自己的时间，并合理地规划自己的时间，这些访谈内容从一定程度上丰富了该维度的内容。自我认知与管理的自我管理维度，就包含了参加学生社团的大学生对于时间、计划及计划执行等方面的管理，很多参加社团的大学生没有清晰地认识到这一点，但实际上在谈及对自我管理的内容中就包含着对时间的管理。总体而言，参加社团的大学生对自我认知与管理维度的相关内容了解得较为全面，但对于自身技能如何提升和管理、时间如何规划和管理等方面的认知有待进一步提升。

三、社会实践与交往维度的调查状况

社会实践与交往维度共有七个题项（5—11），见表 3-3。由表 3-3 显示，11 所高校参加学生社团的 4 205 名大学生在社会实践与交往维度的七个题项的得分均高于中间值“3”，处于中等偏上水平，七个题项的得分由高到低依次为：6（4.030 ± 0.775）>8（3.980 ± 0.812）>7（3.963 ± 0.834）>11（3.956 ± 0.826）>5（3.939 ± 0.834）>10（3.927 ± 0.845）>9（3.898 ± 0.869）。进而言之，能通过实践，提高自身对客观世界的认知能力是七个题项当中得分最高的。

表 3–3　社会实践与交往维度的总体状况（*n*=4 205）

维　　度	题 项 内 容	题号	标准差	标准差
社会实践与交往	具有与社团目标及定位相一致的专业能力	5	3.939	0.834
	能通过实践，提高自身对客观世界的认知能力	6	4.030	0.775
	在社团中遇到冲突时，能有技巧地进行处理	7	3.963	0.834
	在突发事件中，能沉着冷静地采取应对措施	8	3.980	0.812
	自己的思想、行为会影响到周围人	9	3.898	0.869
	具有主动打破陈规陋习的魄力	10	3.927	0.845
	能根据环境的变化，大胆做出尝试性变通	11	3.956	0.826

在对社会实践与交往维度状况进行问卷调查的同时，作者对 X 省 11 所高校的 14 名参加各类社团的大学生围绕该维度的七个题项内容进行团体访谈。其中一名社团成员说：“我对社会缺乏了解，平时除了家人和班里的同学，很少接触到其他人，很想通过社团更多地了解他人和社会，增加社会实践的机会，为将来走向社会打好基础。”另一位社团成员说：“我加入社团就是为了锻炼自身处理事情的能力和交际能力。我的性格较为内向，想多交朋友，在与朋友交流交往的过程中提高自身的

交际能力和语言表达能力。”另一名社团成员说：“我加入社团主要想通过参加社团活动来提升其创新能力和应变能力。我有很多好的想法，就是苦于没有实践平台，社团活动为我创新想法的实现提供了机会，想通过参加社团活动尝试我的创新想法是否可行。”还有一位社团成员说：“我主要想提高自己的专业能力。因为社团的性质与其所学的专业很相近，想通过社团多学一些专业知识，多参加一些专业实践，将课本中学到的知识及时转化到实践当中，这样一来可以及时查漏补缺，促进其提升专业能力。”还有一些社团成员说：“我加入社团 3 年多了，我想让社团变得更好，因为我自己就是非常优秀的案例，想通过自身案例，影响更多的大学生加入社团，一起做喜欢的事情，一起努力成为最优秀的人。”

通过对参加社团的大学生进行社会实践与交往相关内容的访谈可以看出，参加社团的大学生对社会实践与交往方面所要锻炼的能力不尽相同，这源于社团成员不同的教育背景和经历，正如大家加入社团的目的不同，所以想通过参加学生社团提升的能力也不同。从访谈的结果可以看出，参加社团的大学生对社会实践与交往维度各题项内容当中的“遇到突发事件和打破陋习”和“自己的思想、行为会影响到周围人”的谈论相对较少，这可能跟目前社团的类型和社团举办的活动有关系。尤其对于学术科技类型的社团，举办社团活动的形式和载体相对有限，加之参加社团活动的人数相比文化体育类社团的人数较少，其影响力的影响范围和程度有限。参加学生社团的大学生对“能通过实践，提高自身对客观世界的认知能力”的谈论相对较多，可见，参加社团的大学生对社团实践能提高自身对客观世界的认知能力是持肯定态度的。对于其专业能力、打破陈规的能力及影响力的认识较为薄弱。相对而言，参加社团的大学生对社会实践与交往维度内容的认知有待进一步提升。

四、人格魅力维度的调查状况

人格魅力维度共有六个题项（12—17），见表 3-4。由表 3-4 显示，11 所高校参加学生社团的 4 205 名大学生在人格魅力维度的六个题项中的得分均高于中间值“3”，处于中等偏上水平，六个题项的得分由高到低依次为：13（4.120 ± 0.774）>15（4.047 ± 0.794）>12（4.032 ± 0.803）>14（4.023 ± 0.796）>16（3.985 ± 0.836）>17（3.979 ± 0.816）。进而言之，能按照社会道德规范来行事是六个题项当中得分最高的。

表 3-4　人格魅力维度的总体状况（n=4 205）

维度	题项内容	题号	平均数	标准差
人格魅力	能做到严于律己、知行统一、以身正人	12	4.032	0.803
	能按照社会道德规范来行事	13	4.120	0.774
	内心有一股强大的信念，信念力量能激励自己与他人	14	4.023	0.796
	有坚定的理想信念，并能为之努力奋斗	15	4.047	0.794
	在社团中能起到凝聚力量，鼓舞士气的作用	16	3.985	0.836
	提出的意见能得到大多数人的支持	17	3.979	0.816

在对人格魅力维度状况进行问卷调查的同时，作者对 X 省 11 所高校的 14 名参加各类社团的大学生围绕该维度的六个题项内容进行团体访谈。其中一名社团成员说：“我认为人格魅力主要体现在道德品质上，作为一名新时代的大学生，要具备较高的素质，必须要有道德底线，要有正确的价值观，要有对事物最基本的判断力。正是因为社团成员都是愿意做志愿公益的，所以坚信社团成员们有很好的服务意识和奉献社会的意识。所以我也想成为这样的人。”另一位社团成员说：“我认为一个人的人格魅力在于有坚定的信念，并能为之努力奋斗的人。我身边的很多同学过一段时间就改变一个信念，所以很多人都没有坚持自己的理想，后来他们都很后悔。我就不一样了，我参加社团是我小时候的梦想，现在梦想有机会实现了，我就一定要坚持下去，这样的人才是具有人格

魅力的人。”还有社团成员说：“我参加社团是因为愿意做志愿服务的人都是三观正确的人，都是具有正义感、能助人为乐的人，我也想成为这样的人，成为一名严于律己、知行统一的人，只有这样，才能不断完善自己，不断挑战自己。”

通过对参加社团的大学生进行人格魅力维度题项内容的访谈可以看出，参加社团的大学生们对人格魅力维度的认知比较高，说明高校对大学生价值观的教育是非常到位的，参加社团的大学生对自己想成为什么样的人有较为清晰的认知。参加学生社团的经历可以促使大学生们做到严于律己，知行合一，能按照社会的道德规范来要求自己，能确立自身的理想信念，能用自己的正向能量影响他人。但是，大部分社团成员对于“在社团中能起到凝聚力量，鼓舞士气的作用”及“提出的意见能得到大多数人的支持”谈及较少，只有相关社团的负责人提及了相关内容，大部分社团成员对此方面的内容涉及较少，这与参加社团的时间及实践经历相关。因此，社团成员对人格魅力维度的有些内容有待提升。

从大学生领导力及其三个维度的现状调查得分情况来看，参加社团的 4 205 名大学生均认为，正确的价值观、坚定的理想信念、高尚的品德修养、知行合一的能力、凝聚力及共情能力等对其全面发展影响作用最大。也即是说，参加社团这一行为对其人格魅力产生的作用最大，其次是自我认知和管理，最后是社会实践与交往。从一定程度上来说，参加社团的 4 205 名大学生均认为，目前其社会实践与交往维度的能力水平相对较低，社会实践与交往维度存在的问题最为突出。按照领导力理论当中的社会变革型领导力发展模型，团体层面主要突出的是社会实践与交往的能力，说明参加社团的大学生在团体层面的能力有待进一步提升，正如青年社会性发展理论所讲的，社会能力有待进一步培养和提升，才能为成为一名具有人格魅力的人奠定基础。

第二节 大学生领导力的差异分析

国内很多学者以人口学变量为基础来研究差异分析。本书将对参加学生社团的大学生领导力进行性别、年级、社团干部经历、专业、家庭所在地、社团类型、加入社团年限、每周参加社团时间等 8 个变量进行差异分析，从以上 8 个层面的变量来对比参加学生社团的大学生的大学生领导力，基本信息见表 3-5。

表 3–5 大学生领导力基本信息

变 量	类别	样本量	占比 %
性别	男性	1 306	31.1
	女性	2 899	68.9
年级	大一	512	12.2
	大二	2 336	55.6
	大三	907	21.6
	大四	450	10.6
社团干部经历	有	2 013	47.9
	无	2 192	52.1
专业	文科类	1 239	29.5
	理工科类	2 946	29.2
	艺术类	20	0.5
家庭所在地	农村	2 099	49.9
	小城镇	1 294	30.8
	中等城市	620	29.2
	大城市	148	3.5
	其他	44	1.0
社团类别	思想政治类	182	4.3
	学术科技类	673	16.0
	创新创业类	115	2.7
	文化体育类	2 547	60.6
	志愿公益类	279	6.6
	自律互助类	409	9.7

续表

变　　量	类别	样本量	占比 %
加入社团年限	半年之内	1 723	40.98
	半年～1 年	1 489	35.41
	1 年～1 年半	542	12.89
	1 年半～2 年	181	4.3
	2 年～3 年	190	4.52
	3 年以上	80	1.9
每周参加社团的时间	1 小时以内	1 761	41.88
	1~2 小时	1 209	28.75
	2~3 小时	563	13.39
	3~4 小时	215	5.11
	4 小时以上	457	10.87

一、大学生领导力在性别层面的差异

本书对不同性别参加社团的大学生在领导力及其各维度上的差异进行描述性统计，分析结果见表 3-6。总体而言，参加社团的男生和女生的大学生领导力均值分别为 68.48、67.53，且二者存在显著性差异（$p<0.05$），说明参加学生社团的男生的大学生领导力要高于女生。具体而言，在自我认知与管理维度，男生的均值为 16.1，女生的均值为 15.88，说明参加学生社团的男生在自我认知与管理方面更注重对自身能力的要求，存在显著性差异（$p<0.05$）；在社会实践与交往维度，男生的均值为 28.09，女生的均值为 27.51，说明参加学生社团的男生在社会实践与交往维度更注重自身能力的提升，存在显著性差异（$p<0.05$）；在人格魅力维度，男生的均值为 24.29，女生的均值为 24.14，说明参加社团的男生更注重在人格魅力方面对自身的提升和完善。当然，女生在人格魅力方面对自身能力的要求也比较高，但相较男生而言略低，所以不存在显著性差异（$p>0.05$）。

从以上数据可以看出，男生和女生在大学生领导力上存在显著差异，尤其在社会实践与交往维度差异最为显著。从具体维度上看，在自我认知与管理维度，男生相较女生存在显著性差异，男生更注重在自我认知与管理方面提升自身能力；在社会实践与交往维度，男生相较女生存在显著性差异，说明男生相较女生而言，认为更需要培养和提升社会实践与交往方面的能力，这与大学生领导力整体状况中的调查结果是一致的。在人格魅力维度，虽然男生在人格魅力维度的均值要高于女生0.2，但差异不显著，这说明参加学生社团的男生和女生都认为，参加学生社团对自身人格会产生非常重要的影响，会对其自身价值观、品德修养等方面产生重要作用。

表 3-6　大学生领导力在性别层面的描述性统计分析（n=4 205）

	性别	样本量	均值	标准差	标准误差平均值	t 值
大学生领导力	男性	1 306	68.477	13.210	0.365	2.245***
	女性	2 899	67.529	11.417	0.212	
自我认知与管理	男性	1 306	16.096	3.432	0.094	1.981***
	女性	2 899	15.878	3.008	0.055	
社会实践与交往	男性	1 306	28.091	5.527	0.152	3.242***
	女性	2 899	27.512	4.938	0.091	
人格魅力	男性	1 306	24.290	4.749	0.131	0.995
	女性	2 899	24.138	4.212	0.078	

注："*" 表示多重比较后的显著性水平。"*" 越多，显著性水平越高。

二、大学生领导力在社团干部经历层面的差异

本书对参加社团的大学生是否具有社团干部经历，即参加社团的大学生是否以前或现在担任过相关学生社团领导角色，担任相关学生社团领导角色的经历对其大学生领导力及其各维度上的差异是否有影响进行了描述性统计分析，结果见表 3-7。总体而言，有社团干部经历和无社团干部经历的大学生其领导力均值分别为 69.46、66.93，且二者存在

显著性差异，说明有社团干部经历的大学生其领导力要高于无社团干部经历的大学生。具体而言，在自我认知与管理维度，有社团干部经历的大学生的均值为16.36，无社团干部经历的大学生的均值为15.72，说明参加学生社团有社团干部经历的大学生在自我认知与管理方面更注重对自身能力的要求，存在显著性差异；在社会实践与交往维度，有社团干部经历的大学生的均值为28.36，无社团干部经历的大学生的均值为27.33，存在显著性差异，说明有社团干部经历的大学生在社会实践与交往维度更注重自身能力的提升，想通过参加学生社团活动来进一步提升其社会实践交往方面的能力；在人格魅力维度，有社团干部经历的大学生的均值为24.74，无社团干部经历的大学生的均值为23.88，说明有社团干部经历的大学生更注重在人格魅力方面对自身的提升和完善，有社团干部经历的大学生在人格魅力维度对自身的要求要更高，且存在显著性差异。

从以上数据可以看出，有社团干部经历的大学生其领导力及其三个维度的整体水平相较无社团干部经历的大学生而言，存在显著性差异。这从一定程度上说明，在学生社团担任相关负责人，有助于其领导力的培养和提升。尤其在社会实践与交往维度的差异最为明显，其次是自我认识与管理，最后是人格魅力维度。这说明有社团干部经历的大学生在社会实践与交往维度的能力培养和提升方面最为突出，他们善于在社会实践中与周围的人和事多交往交流，在交往、协调、组织和处理突发事件的过程中锻炼了自身各方面的实践能力，在交往中尤其在事情的处理方式、思维方式上较无社团干部经历的大学生要更为成熟稳重。从一定意义上来说，担任学生社团干部，非常有助于大学生领导力的培养和提升。如果参加学生社团的每一位大学生都有机会担任学生社团干部，其大学生领导力的水平将会有显著提升。

表 3-7　大学生领导力在学生干部经历层面的描述性统计分析（n=4 205）

	学生干部经历	样本量	均值	标准差	标准误差平均值	t 值
大学生领导力	有	1 486	69.460	11.357	0.295	6.565***
	无	2 719	66.929	12.262	0.235	
自我认知与管理	有	1 486	16.361	2.910	0.076	6.346***
	无	2 719	15.719	3.248	0.063	
社会实践与交往	有	1 486	28.361	4.863	0.126	6.076***
	无	2 719	27.327	5.243	0.101	
人格魅力	有	1 486	24.738 9	4.165	0.108	6.267***
	无	2 719	23.882 7	4.475	0.086	

三、大学生领导力在年级层面的差异

本书根据参加学生社团的学生年级整体情况，将参加社团的大学生所在年级划分为大一年级、大二年级、大三年级和大四年级。为方便起见，1 代表大一年级，2 代表大二年级，3 代表大三年级，4 代表大四年级。参加社团不同年级的大学生在其领导力和三个维度上的描述性分析见表 3-8。总体而言，大一、大二、大三、大四年级的大学生其领导力的均值分别为 4.12、4.00、3.90、3.95，存在显著性差异。相比较而言，大一年级参加社团的大学生对领导力的感知最强，其次是大二年级、大四年级和大三年级的大学生。具体而言，在自我认知与管理维度，大一、大二、大三、大四年级的社团大学生的均值分别为 4.13、4.00、3.88、3.96，存在显著性差异。说明大一年级参加社团的大学生对自我认知与管理方面的能力要求较高，其次是大二年级、大四年级和大三年级；在社会实践与交往维度，大一、大二、大三、大四年级的社团大学生的均值分别为 4.07、3.96、3.89、3.92，存在显著性差异。说明大一年级参加社团的大学生对社会实践与交往方面的能力要求较高，其次是大二年级、大四年级和大三年级；在人格魅力维度，大一、大二、大三、大四年级的社团大学生的均值分别为 4.18、4.04、3.94、3.99，存在显著性差异。说明大一年级参加社团的大学生对人格魅力方面的能力要求较高，其次是大二年级、大四年级和大三年级。

表 3-8 大学生领导力在年级层面的差异分布（n=4 205）

	年级	样本量	均值	标准差	F 值
大学生领导力	1	512	4.123 3^{2*3*4*}	0.629 7	11.279***
	2	2 336	4.000 7^{3*}	0.687 4	
	3	907	3.903 2	0.791 0	
	4	450	3.954 2	0.681 1	
自我认知与管理	1	512	4.130 9^{2*3*4*}	0.701 5	11.887***
	2	2 336	4.001 4^{3*}	0.761 0	
	3	907	3.879 3	0.889 0	
	4	450	3.961 1	0.762 1	
社会实践与交往	1	512	4.071 1^{2*3*4*}	0.662 0	7.348***
	2	2 336	3.964 2^{3*}	0.719 7	
	3	907	3.886 4	0.809 6	
	4	450	3.923 5	0.704 1	
人格魅力	1	512	4.179 0^{2*3*4*}	0.670 1	12.695***
	2	2 336	4.042 9^{3*}	0.708 2	
	3	907	3.938 8	0.810 8	
	4	450	3.985 6	0.716 3	

注：“*”表示多重比较后的显著性水平。“*”越多，显著性水平越高。

由表 3-8 可知，不同年级参加社团的大学生在其领导力和三个维度之间的 F 值均有显著性差异，其中人格魅力维度的差异最为显著。大学生领导力在年级层面方差具有齐性，对各组均值进行多重比较发现，大一年级与大二、大三、大四年级之间存在显著性差异，大二年级的大学生与大三年级的大学生之间存在显著性差异。这说明，对于大一年级参加社团的大学生而言，要比其他年级参加社团的大学生更注重对自身领导力的培养。大一年级的大学生刚进入高校，高考后对自身发展和追求目标以及对自身有清晰的认知，对自身想成为什么样的人有详细的规划。大二年级参加社团的大学生相对于大三年级参加社团的大学生更注重对自身大学生领导力的培养，大二年级的大学生在完成了大一年级的课业后，对自身的发展有相应的认知，对自身能力的发展有一定的认识和提升的要求。

具体而言，在自我认知与管理、社会与实践与交往和人格魅力维度，大一年级参加社团的大学生与其他三个年级参加社团的大学生之间都存在显著性差异，说明大一年级参加社团的大学生相对于其他年级参加社团的大学生更注重对自我认知与管理方面能力、社会与实践与交往方面的能力和人格魅力方面能力的培养，他们对自身发展有清晰的规划，对自身能力的培养有清晰的认知，对将来想要成为什么样的人以及未来如何实现自身理想有明确的追求。

四、大学生领导力在专业层面的差异

按照 11 所高校的专业设置，将参加学生社团的大学生所学专业类别划分为文科类、理科类和艺术类三种，其中，1 代表文科类，2 代表理科类，3 代表艺术类，分别对不同专业类型的大学生领导力及其各维度进行差异分析，结果见表 3-9。总体而言，参加社团的文科类、理科类和艺术类的大学生其领导力的均值分别为 66.76、68.26、68.80，相比较而言，来自不同专业的参加社团的大学生在其大学生领导力水平方面相差不大，其中艺术类专业的社团大学生领导力最佳，其次是理科类社团大学生和文科类社团大学生。

具体而言，在自我认知与管理维度，参加文科类、理科类、艺术类专业的社团大学生的均值分别为 15.66、16.06、16.25，相较而言，艺术类专业的大学生对该维度的能力认知最高，其次是参加理科类和文科类社团的大学生。在社会实践与交往维度，参加文科类、理科类、艺术类专业的社团大学生的均值分别为 27.25、27.87、28.30，相较而言，艺术类专业的大学生对该维度能力的认知最高，其次是理科类社团大学生和文科类社团大学生。在人格魅力维度，参加文科类、理科类、艺术类专业的社团大学生的均值分别为23.85、24.33、24.25，相较而言，参加理科类专业社团的大学生对该维度能力的认知最高，其次是参加艺术类和文科类社团的大学生。

表 3–9 大学生领导力在专业层面的差异分布（n=4 205）

	专业类型	样本量	均值	标准差	F值
大学生领导力	1	1 239	66.761 9^{2*}	11.635 9	6.905**
	2	2 946	68.263 7	12.123 7	
	3	20	68.800 0	14.277 7	
自我认知与管理	1	1 239	15.664 2^{2*}	3.047 8	7.095**
	2	2 946	16.062 5	3.179 4	
	3	20	16.250 0	3.492 4	
社会实践与交往	1	1 239	27.250 2^{2*}	5.017 9	6.603**
	2	2 946	27.874 4	5.168 0	
	3	20	28.300 0	5.921 4	
人格魅力	1	1 239	23.847 5^{2*}	4.308 2	5.222**
	2	2 946	24.326 9	4.405 36	
	3	20	24.250 0	5.427 76	

（注："*"表示多重比较后的显著性水平。"*"越多，显著性水平越高。）

由表3-9可知，社团中不同专业的大学生的领导力及其三个维度之间的F值均有显著性差异，其中自我认知与管理维度的差异最显著。大学生领导力在专业层面方差具有齐性，对各组均值进行多重比较发现，文科类和理工科类参加社团的大学生在其领导力方面存在显著性差异。因参加社团的大学生所学专业的不同，文科类社团大学生相较理科类社团大学生而言，更加注重自身在大学生领导力方面的培养和提升。

具体而言，在自我认知与管理维度，参加社团的文科类大学生与理工科类大学生有显著性差异。相对于理科生连续性、延续性和分析性的思维方式而言，文科生的思维方式具有无序性、跳跃性和直觉性等特征，尤其在自我管理和时间管理及制定计划方面都存在明显的差异。

在社会实践与交往维度，参加社团的文科类大学生与理工科类大学生有显著性差异。因参加社团的文科类和理科类的大学生因学习内容不同、学习方法有差异，其在能力的提升方面也存在很大差别。文科类参加社团的大学生非常注重其在人文素养方面能力的培养和提升，理科类参加社团的大学生更加注重在逻辑思维、推理、科学性等方面能力培养和提升。

在人格魅力维度，参加社团的文科类大学生与理工科类大学生有显著性差异。尤其是在态度、动机和共情等能力方面，因学科差异，文科类参加社团的大学生与理科类参加社团的大学生有很大差异。

五、大学生领导力在社团大学生家庭所在地层面的差异

本书将参加社团的大学生的家庭所在地划分为农村、小城镇、中等城市、大城市和其他五类，其中 1 代表农村，2 代表小城镇，3 代表中等城市，4 代表大城市，5 代表其他。社团中不同家庭所在地的大学生在领导力及其各维度上的差异分析见表 3-10。总体而言，家庭所在地为农村、小城镇、中等城市、大城市和其他的大学生领导力的均值分别为 67.24、68.04、68.47、72.22、65.41，相比较而言，家庭所在地为大城市的社团大学生对其领导力的感知最强，其次是中等城市、小城镇、农村和其他。

具体而言，在自我认知与管理维度，家庭所在地为农村、小城镇、中等城市、大城市和其他的社团大学生的均值分别是 15.80、16.00、16.11、16.96、15.36，这说明家庭所在地为大城市的社团大学生对自我认知与管理方面的能力感知最强，对自身要求的最高；在社会实践与交往维度，家庭所在地为农村、小城镇、中等城市、大城市和其他的社团大学生的均值分别是 27.43、27.78、28.02、29.64、26.59，这说明家庭

所在地为大城市的社团大学生对社会实践与交往方面能力感知最强；在人格魅力维度，家庭所在地为农村、小城镇、中等城市、大城市和其他的社团大学生的均值分别是 24.01、24.25、24.34、25.62、23.45，这说明家庭所在地为大城市的社团大学生对人格魅力需具备的能力感知最强。

表 3-10 大学生领导力在社团成员家庭所在地的差异分布（n=4 205）

	家庭所在地	样本量	均值	标准差	F 值
大学生领导力	1	2 099	67.242 0^{3*4*}	11.893 33	7.223***
	2	1 294	68.035 5^{4*}	11.878 55	
	3	620	68.474 2^{4*}	12.309 46	
	4	148	72.216 2^{5*}	11.949 18	
	5	44	65.409 1	13.825 02	
自我认知与管理	1	2 099	15.800 9^{3*4*}	3.134 17	5.913***
	2	1 294	16.004 6^{4*}	3.126 12	
	3	620	16.114 5^{4*}	3.138 40	
	4	148	16.959 5^{5*}	3.172 75	
	5	44	15.363 6	3.698 47	
社会实践与交往	1	2 099	27.430 2^{3*4*}	5.106 42	7.934***
	2	1 294	27.777 4^{4*}	5.089 90	
	3	620	28.017 7^{4*}	5.174 63	
	4	148	29.635 1^{5*}	5.128 48	
	5	44	26.590 9	5.637 57	
人格魅力	1	2 099	24.011 0^{4*}	4.366 15	5.399***
	2	1 294	24.253 5^{4*}	4.289 85	
	3	620	24.341 9^{4*}	4.509 82	
	4	148	25.621 6^{5*}	4.551 15	
	5	44	23.454 5	4.953 06	

（注："*" 表示多重比较后的显著性水平。"*" 越多，显著性水平越高。）

由表 3-10 可知，不同家庭所在地的社团大学生在其领导力及各维度上存在显著性差异，其中社会实践与交往维度差异性最为显著，说明不同家庭所在地的参加社团的大学生对社会实践与交往维度的能力需求最为强烈。下面，将对其进行两两多重比较分析，对不同家庭所在地的社团大学生进行比较。

总体而言，家住在农村的与家住在大城市的社团大学生在其领导力提升方面存在显著性差异；家住在小城镇的与家住在大城市的社团大学生在其领导力提升方面存在显著性差异；家住在中等城市的与家住在大城市的社团大学生在其领导力提升方面存在显著性差异；家住在大城市的与家住在其他地方的社团大学生在其领导力方面进行比较时都有显著性差异。说明家住在大城市的大学生要比家住在农村、小城镇、中等城市和其他的社团大学生更注重自身在领导力方面的培养和提升。

六、大学生领导力在社团类型层面的差异

按照团中央对学生社团的分类，本书将高校社团分为思想政治类、学术科技类、创新创业类、文化体育类、志愿公益类、自律互助类等六类。为研究方便起见，1 代表思想政治类、2 代表学术科技类、3 代表创新创业类、4 代表文化体育类、5 代表志愿公益类、6 代表自律互助类。参加不同类型社团的大学生在其领导力和各维度上的差异分析见表 3-11。总体而言，参加思想政治类、学术科技类、创新创业类、文化体育类、志愿公益类、自律互助类社团的大学生领导力的均值分别为 65.77、69.59、70.14、67.44、68.32、67.24，说明参加创新创业类社团的大学生对其领导力的感知最高，其次是学术科技类、志愿公益类、文化体育类、自律互助类和思想政治类，创新创业类社团更有利于大学生领导力的培养。

具体而言，在自我认知与管理维度，参加思想政治类、学术科技类、创新创业类、文化体育类、志愿公益类、自律互助类社团的大学生其均值分别为 15.36、16.34、16.50、15.88、16.10、15.70，说明参加创新创业类社团的大学生对自我认知与管理维度的能力要求最高；在社会实

践与交往维度，参加思想政治类、学术科技类、创新创业类、文化体育类、志愿公益类、自律互助类社团的大学生其均值分别为 26.97、28.44、28.59、27.52、27.87、27.45，说明参加创新创业类社团的大学生对社会实践与交往维度的能力要求最高；在人格魅力维度，参加思想政治类、学术科技类、创新创业类、文化体育类、志愿公益类、自律互助类社团的大学生其均值分别为 23.44、24.80、25.04、24.03、24.35、24.08，说明参加创新创业类社团的大学生对人格魅力维度的能力要求最高。质言之，创新创业类社团的大学生在大学生领导力及其各维度的均值均高于其他五类社团的大学生，说明大学生参加创新创业类社团，非常有助于其大学生领导力的培养和提升。从一定意义上来讲，创新创业类社团在社团形成、活动的组织、创新想法的形成与实施等过程中，面临着更多的挑战和困难，在接受挑战、克服困难的过程中促使大学生在自我认知与管理、社会实践与交往和人格魅力等方面都有非常显著的能力提升，无论是综合素养还是综合能力，参加社团的大学生都有非常明显的变化。

表 3–11　大学生领导力在社团类型层面的差异分析（n=4 205）

	社团类型	样本量	均值	标准差	F 值
	1	182	65.769 2^{2*3*5*}	13.941 14	
	2	673	69.589 9^{4*6*}	10.263 70	
大学生领导力	3	115	70.139 1^{4*6*}	11.454 63	5.673***
	4	2 547	67.438 6	12.452 03	
	5	279	68.319 0	10.810 77	
	6	409	67.242 1	11.515 02	
	1	182	15.357 1^{2*3*4*5*}	3.366 87	
	2	673	16.341 8^{4*6*}	2.811 91	
自我认知与管理	3	115	16.504 3^{4*6*}	2.959 89	4.989***
	4	2 547	15.880 3	3.226 00	
	5	279	16.100 4	2.895 79	
	6	409	15.704 2	3.210 43	

续表

	社团类型	样本量	均值	标准差	*F* 值
社会实践与交往	1	182	26.972 5^{2*3*}	5.862 54	5.121***
	2	673	28.444 3^{4*6*}	4.383 10	
	3	115	28.591 3^{4*6*}	4.797 47	
	4	2 547	27.523 8	5.330 67	
	5	279	27.867 4	4.625 58	
	6	409	27.454 8	4.980 70	
人格魅力	1	182	23.439 6^{2*3*5*}	5.168 35	5.362***
	2	673	24.803 9^{4*6*}	3.789 10	
	3	115	25.043 5^{4*6*}	4.255 83	
	4	2 547	24.034 6	4.549 24	
	5	279	24.351 3	3.912 52	
	6	409	24.083 1	4.107 97	

（注：“*”表示多重比较后的显著性水平。“*”越多，显著性水平越高。）

由表 3-11 可知，参加不同类型社团的大学生在其领导力及各维度上差异较为显著，其中大学生领导力维度差异性最为显著。而后，选用 LSD 法进行各组均值之间的多重比较。总体而言，参加思想政治类社团的大学生与参加学术科技类社团、创新创业类社团、志愿公益类社团的大学生在其领导力方面存在显著性差异；参加学术科技类社团的大学生与参加文化体育类社团、自律互助类社团的大学生在其领导力方面存在显著性差异；参加创新创业类社团的大学生与参加文化体育类社团、自律互助类社团的大学生在其领导力方面存在显著性差异。

具体而言，在自我认知与管理维度，参加思想政治类社团的大学生与参加学术科技类社团、创新创业类社团、文化体育类社团、志愿公益类社团的大学生之间存在显著性差异，说明参加思想政治类社团的大学生在自我认知和管理方面有显著的能力提升；参加学术科技类社团的大学生与参加文化体育类社团、自律互助类社团的大学生之间存在显著性差异，说明参加学术科技类社团的大学生在自我认知与管理方面有自己独特的认知；参加创新创业类社团的大学生与参加文化体育类社团、自律互助类社团的大学生之间存在显著性差异。

在社会实践与交往维度，参加思想政治类社团的大学生与参加学术科技类社团、创新创业类社团的大学生之间存在显著性差异；参加学术科技类社团的大学生与参加文化体育类社团、自律互助类社团的大学生之间存在显著性差异；参加创新创业类社团的大学生与参加文化体育类社团、自律互助类社团的大学生之间存在显著性差异，说明参加不同类型社团的大学生对社会实践与交往维度所要提升的素养和能力有差异。

在人格魅力维度，参加思想政治类社团的大学生与参加学术科技类社团、创新创业类社团、志愿公益类社团的大学生之间存在显著性差异；参加学术科技类社团的大学生与参加文化体育类社团、自律互助类社团的大学生之间存在显著性差异；参加创新创业类社团的大学生与参加文化体育类社团、自律互助类社团的大学生之间存在显著性差异，说明思想政治类社团、学术科技类社团和创新创业类社团在培养和提升大学生人格魅力方面更为显著和突出。

七、大学生领导力在加入社团年限层面的差异

按照大学生加入社团年限的不同结合实地访谈，将加入社团的年限划分为半年及半年之内、半年至1年、1年至1年半、1年半至2年、2年至3年和3年以上六类。为研究方便起见，1代表半年及半年之内，2代表半年至1年，3代表1年至1年半，4代表1年半至2年，5代表2年至3年，6代表3年以上。加入社团年限不同的大学生在其领导力各维度上的差异分析如表3-12。总体而言，加入时间为半年及半年之内、半年至1年、1年至1年半、1年半至2年、2年至3年、3年以上的大学生领导力均值分别为66.90、67.87、69.33、67.39、70.64、71.08，说明参加社团时间在3年以上的大学生对领导力的感知最高，其次是2年至3

年、1年至1年半、半年至1年、1年半至2年，最后是半年及半年之内。

具体而言，在自我认知与管理维度，加入时间为半年及半年之内、半年至1年、1年至1年半、1年半至2年、2年至3年、3年以上的社团大学生的均值分别为15.73、15.98、16.20、15.75、16.65、16.88，说明参加社团时间在3年以上的大学生对自我认知与管理方面的能力感知最高；在社会实践与交往维度，加入时间为半年及半年之内、半年至1年、1年至1年半、1年半至2年、2年至3年、3年以上的社团大学生的均值分别为27.30、27.67、28.39、27.57、28.96、29.06，说明参加社团时间到3年以上的大学生对社会实践与交往方面的能力感知最高，他们在持续参加学生社团活动的过程中提升了社会实践与交往方面的能力；在人格魅力维度，加入时间为半年及半年之内、半年至1年、1年至1年半、1年半至2年、2年至3年、3年以上的社团大学生的均值分别为23.86、24.22、24.73、24.07、25.03、25.14，说明参加社团时间达到3年以上的大学生对人格魅力方面的能力感知最高。

表3-12　大学生领导力在加入社团年限层面的差异分析（n=4 205）

	加入社团年限	样本量	均值	标准差	F值
大学生领导力	1	1 723	$66.899\,6^{2*3*5*6*}$	12.609 24	7.102^{***}
	2	1 489	$67.865\,0^{3*5*6*}$	11.296 29	
	3	542	69.328 4	11.638 54	
	4	181	$67.386\,7^{5*6*}$	12.408 99	
	5	190	70.636 8	10.851 07	
	6	80	71.075 0	13.477 38	
自我认知与管理	1	1 723	$15.734\,8^{2*3*5*6*}$	3.305 73	5.783^{***}
	2	1 489	$15.981\,2^{5*6*}$	2.945 91	
	3	542	16.204 8	3.193 76	
	4	181	$15.745\,9^{5*6*}$	3.150 23	
	5	190	16.647 4	2.805 30	
	6	80	16.875 0	3.250 61	

续表

	加入社团年限	样本量	均值	标准差	F 值
社会实践与交往	1	1 723	27.302 4^{2*3*5*6*}	5.387 94	7.568***
	2	1 489	27.666 9^{3*5*6*}	4.877 45	
	3	542	28.394 8	4.883 39	
	4	181	27.574 6^{5*6*}	5.254 76	
	5	190	28.963 2	4.635 24	
	6	80	29.062 5	5.662 10	
人格魅力	1	1 723	23.862 4^{2*3*5*6*}	4.620 59	5.756***
	2	1 489	24.216 9^{3*5*}	4.129 21	
	3	542	24.728 8	4.192 05	
	4	181	24.066 3^{5*}	4.467 91	
	5	190	25.026 3	4.053 13	
	6	80	25.137 5	5.033 42	

（注："*"表示多重比较后的显著性水平。"*"越多，显著性水平越高。）

由表 3-12 可知，加入社团年限不同的大学生在其领导力及各维度上差异较为显著，其中社会实践与交往维度差异性最为显著，说明加入社团年限不同的大学生在社会实践与交往维度能力的需求最为强烈。而后，将对其进行两两多重比较分析，对加入社团年限不同的大学生进行比较。总体而言，加入社团半年及半年之内的大学生与加入社团为半年至 1 年、1 年至 1 年半、2 年至 3 年、3 年以上的大学生在其领导力方面存在显著性差异；加入社团半年至 1 年的大学生与加入社团为 1 年至 1 年半、2 年至 3 年、3 年以上的大学生在其领导力方面存在显著性差异；加入社团 1 年半至 2 年的大学生与加入社团为 2 年至 3 年、3 年以上的大学生在其领导力方面存在显著性差异。

具体而言，在自我认知与管理维度，加入社团半年及半年之内的大学生与加入社团为半年至 1 年、1 年至 1 年半、2 年至 3 年、3 年以上的大学生之间存在显著性差异；加入社团半年至 1 年的大学生与加入社团为 2 年至 3 年、3 年以上的大学生之间存在显著性差异；加入社团为

1 年半至 2 年的大学生与加入社团为 2 年至 3 年、3 年以上的大学生之间存在显著性差异。

在社会实践与交往维度，加入社团半年及半年之内的大学生与加入社团为半年至 1 年、1 年至 1 年半、2 年至 3 年、3 年以上的大学生之间存在显著性差异；加入社团半年至 1 年的大学生与加入社团为 1 年至 1 年半、2 年至 3 年、3 年以上的大学生之间存在显著性差异；加入社团 1 年半至 2 年的大学生与加入社团为 2 年至 3 年、3 年以上的大学生之间存在显著性差异。

在人格魅力维度，加入社团半年及半年之内的大学生与加入社团为半年至 1 年、1 年至 1 年半、2 年至 3 年、3 年以上的大学生之间存在显著性差异；加入社团半年至 1 年的大学生与加入社团为 1 年至 1 年半、2 年至 3 年的大学生之间存在显著性差异；加入社团 1 年半至 2 年的大学生与加入社团为 2 年至 3 年的大学生之间存在显著性差异。

八、大学生领导力在每周参加社团时间层面的差异

按照访谈中大学生参加社团活动的时间，将参加社团活动的时间分为 1 小时之内、1~2 小时、2~3 小时、3~4 小时和 4 小时以上五类，其中 1 代表活动时间为 1 小时之内，2 代表活动时间为 1~2 小时，3 代表活动时间为 2~3 小时，4 代表活动时间为 3~4 小时，5 代表活动时间为 4 小时以上。每周参加社团活动时间不同的大学生在其领导力各维度上的描述性分析见表 3-13。总体而言，每周参加社团活动时间为 1 小时内、1~2 小时、2~3 小时、3~4 小时和 4 小时以上的大学生其领导力均值分别为 66.17、68.93、68.89、67.73、70.00，说明参加社团活动时间为 4 小时的大学生对大学生领导力的感知最高，其次是 1~2 小时、2~3 小时、3~4 小时，最后是 1 小时之内。

表 3-13 大学生领导力在每周参加社团时间层面的差异分析（n=4 205）

	每周参加社团时间	样本量	均值	标准差	F 值
大学生领导力	1	1 761	66.169 2*3*5*	12.918 88	16.008***
	2	1 209	68.931 1*	10.582 23	
	3	563	68.892 1*	11.529 66	
	4	215	67.735 5*	11.192 01	
	5	457	69.998 1*4*	12.095 65	
自我认知与管理	1	1 761	15.540 2*3*5*	3.375 34	13.921***
	2	1 209	16.274 1*	2.794 62	
	3	563	16.213 1*	2.966 73	
	4	215	15.837 5*	3.013 45	
	5	457	16.368 1*4*	3.218 04	
社会实践与交往	1	1 761	27.045 2*3*5*	5.517 76	14.276***
	2	1 209	28.060 1*	4.547 55	
	3	563	28.068 1*	5.005 59	
	4	215	28.757 5*	4.744 17	
	5	1 761	27.045 1*4*	5.517 76	
人格魅力	1	1 761	23.584 2*3*5*	4.702 50	15.360***
	2	1 209	24.597 1*	3.893 32	
	3	563	24.611 1*	4.121 34	
	4	215	24.191 5*	4.109 02	
	5	457	24.884 1*4*	4.524 99	

（注："*" 表示多重比较后的显著性水平。"*" 越多，显著性水平越高。）

具体而言，在自我认知与管理维度，每周参加社团活动时间为 1 小时内、1~2 小时、2~3 小时、3~4 小时和 4 小时以上的社团大学生的均值分别为 15.54、16.27、16.21、15.84、16.37，说明参加社团活动时间为 4 小时的大学生对自我认知与管理能力方面的感知最高；在社会实践与交往维度，每周参加社团活动时间为 1 小时内、1~2 小时、2~3 小时、3~4 小时和 4 小时以上的社团大学生的均值分别为 27.05、28.06、28.07、28.76、27.05，说明参加社团活动时间为 4 小时的大学生对社会实践与交往能力方面的感知最高，其次是 2~3 小时、1~2 小时、3~4 小时，最后是 1 小时之内；在人格魅力维度，每周参加社团活动时间为 1 小时内、1~2 小时、2~3 小时、3~4 小时和 4 小时以上的社团大学生的均值分别为 23.58、24.60、24.61、24.19、24.88，说明参加社团活动时间为 4 小时的大学生对人格魅力能力方面的感知最高。

由表 3-13 可知，每周参加社团时间不同的大学生在其领导力及各维度上差异较为显著，其中大学生领导力维度差异性最为显著，说明每周参加社团时间不同的大学生在其领导力提升方面的需求最为强烈。而后，将对其进行两两多重比较分析，对每周参加社团时间不同的社团成员进行比较。总体而言，每周参加社团时间为 1 小时之内的大学生与每周参加社团时间为 1~2 小时、2~3 小时、4 小时的大学生在其领导力提升方面存在显著性差异；每周参加社团时间为 3~4 小时的大学生与每周参加社团时间为 4 小时的大学生在其领导力提升方面存在显著性差异。

具体而言，在自我认知与管理维度，每周参加社团时间为 1 小时之内的大学生与每周参加社团时间为 1~2 小时、2~3 小时、4 个小时的大学生之间存在显著性差异；每周参加社团时间为 3~4 小时的大学生与每周参加社团时间为 4 小时的大学生之间存在显著性差异。

在社会实践与交往维度，每周参加社团时间为 1 小时之内的大学生与每周参加社团时间为 1~2 小时、2~3 小时、4 个小时的大学生之间存在显著性差异；每周参加社团的时间为 1~2 小时的大学生与每周参加社团时间为 4 小时以上的大学生之间存在显著性差异；每周参加社团的时间为 2~3 小时的大学生与每周参加社团时间为 4 小时以上的大学生之间存在显著性差异；每周参加社团的时间为 3~4 小时的大学生与每周参加社团时间为 4 小时以上的大学生之间存在显著性差异。

在人格魅力维度，每周参加社团时间为 1 小时之内的大学生与每周参加社团时间为 1~2 小时、2~3 小时、4 个小时的大学生之间存在显著性差异。

本章节通过对大学生领导力现状进行研究，得出以下研究结果：大学生领导力的整体水平处于中等偏上水平。在三个维度中，人格魅力维度的水平最高，其次是自我认知与管理和社会实践与交往。目前，参加学生社团的大学生对社会实践与交往维度的理解不够全面，在该维度能力提升方面存在的问题较大。在差异分析中，参加学生社团的男生的大学生领导力要高于女生；有社团干部经历的大学生其领导力要高于无社团干部经历的大学生，这说明在学生社团担任相关负责人，有助于其领导力的培养和提升。不同年级参加社团的大学生在其领导力及各维度之间均有显著性差异，其中人格魅力维度的差异最为显著，大一年级参加社团的大学生对领导力的感知最强，其次是大二年级、大四年级和大三年级的大学生；不同专业参加社团的大学生在其领导力及各维度之间均有显著性差异，其中自我认知与管理维度的差异最为显著，其中参加艺术类社团的大学生其领导力要高于理工科类和文科类参加社团的大学生；不同家住所在地的社团大学生在其领导力及各维度上均有显著性差异，其中社会实践与交往维度差异性最为显著，家庭居住地在大城市的社团大学生其领导力要高于中等城市、小城镇、农村和其他地区；参加不同类型社团的大学生在领导力及各维度之间存在显著性差异，其中大学生领导力维度差异性最为显著，参加创新创业类社团的大学生其领导力要高于参加其他类型社团的大学生；加入社团年限不同的大学生在其领导力及各维度上差异较为显著，其中社会实践与交往维度差异性最为显著，参加社团年限达 3 年以上的大学生其领导力要高于其他年限的大学生；每周参加社团时间不同的大学生在其领导力及各维度上差异较为显著，其中大学生领导力维度差异性最为显著，每周参加社团达 4 小时以上的大学生其领导力要高于其他每周参加社团时间的大学生。

从大学生领导力现状研究结果得出以下结论：目前 X 省 11 所高校的 4 205 名参加社团的大学生其领导力水平均处于中等偏上水平。参加学生社团实践对大学生正确价值观的形成、理想和信念的确定、高尚品德的修养、知行合一和共情等能力的提升发挥的影响最大，其次是自我认知和管理，最后是社会实践与交往。从一定程度上来说，目前参加学生社团的大学生其社会实践与交往维度的能力水平相对较低。参加社团的大学生在性别、社团干部经历、年级、专业、家庭所在地、社团类型、加入社团年限、每周参加社团时间等 8 个方面均存在显著性差异。其中男生的大学生领导力要高于女生；担任社团干部有利于大学生领导力的培养和提升，实行社团学生干部轮流制，可以增加社团大学生担任社团干部的机会；大一年级的大学生对于大学生领导力的感知最强，要抓住此特征对参加社团的大一年级的大学生进行大学生领导力的培养；艺术类专业的大学生更有利于其大学生领导力的培养，要充分利用此特点，充分发挥艺术类专业的大学生在社团中的作用；家住在大城市的社团大学生对大学生领导力的感知最强，要在培养中充分发挥此类大学生的作用；发挥创新创业类社团在整个社团发展中的优势；要针对参加社团时间达 3 年以上的大学生重点培养和关注，不断完善留人机制；社团每周都要举办相应的活动，且大学生参加社团活动的时间要达到 4 小时，要针对相关差异进行大学生领导力的培养和提升。

第四章

社团氛围对大学生领导力影响的量化分析

前面章节对大学生领导力、社团氛围、参加社团大学生的自我效能感和社团投入问卷的选取进行了主成分因子分析、信效度检验和验证性因子分析，确定了本书研究各变量的调查问卷，并对参加社团的大学生领导力现状进行了分析，对基于人口学的 8 个变量的大学生领导力进行差异分析。现需对社团氛围、大学生领导力、参加社团大学生的自我效能感和社团投入四个变量进行相关分析，并在此基础上进行回归分析，检验相关变量间的关系，运用 Amos 软件综合分析社团氛围对大学生领导力影响的直接效应和中介效应。

第一节　社团氛围和大学生领导力的关系分析

探究社团氛围与大学生领导力之间的关系，需要对友好型氛围、创新型氛围、公平型氛围、社团氛围与大学生领导力及各维度之间的关系进行验证探索，主要运用相关性和回归分析方法。由于社团氛围及各维度之间和大学生领导力及各维度之间均为连续变量，特采用皮尔逊（Pearson）积差相关方法来求两两变量之间的相关度。回归分析是研究概率水平上的自变量和因变量之间是否存在某种线性或非线性的关系，回归方程的解释率越高，代表性就越强。本章节主要探索两个变量之间的线性关系，因此选用回归分析中的一元线性回归。下面将对友好型氛围（yh）、创新型氛围（cx）、公平型氛围（gp）和社团氛围

（SF）与大学生领导力（DL）及各维度之间的关系进行相关性和回归分析。

一、友好型氛围与大学生领导力及各维度之间的关系分析

为了验证友好型氛围对大学生领导力及各维度之间有正向影响作用，下面将对友好型氛围（yh）和自我认知与管理（rg）、社会实践与交往（sj）、人格魅力（rm）及大学生领导力（DL）之间的关系进行相关性和回归分析。

（一）友好型氛围和自我认知与管理之间的关系

相关性分析。由表 4-1 可知，友好型社团氛围和自我认知与管理之间的相关系数为 0.737，它们之间的相关系数大于 0.70，说明友好型氛围和自我认知与管理之间的相关关系非常紧密。

表 4–1　友好型氛围和自我认知与管理的皮尔逊相关分析

	yh	rg	sj	rm	DL
yh	1	0.737**	0.849**	0.904**	0.886**
rg		1	0.814**	0.775**	0.893**
sj			1	0.911**	0.973**
rm				1	0.958**
DL					1

回归分析。为进一步探讨友好型氛围对自我认知与管理的具体解释情况，建立以友好型氛围作为自变量，以自我认知与管理作为因变量的回归方程，分析结果见表 4-2。由表 4-2 可知，R 值为 0.737，说明友好型氛围和自我认知与管理之间确实存在着较高的线性关系。调整后 R^2 值为 0.543，说明友好型氛围对自我认知与管理的预测力达到了 54.3%，拟合良好。估计值的标准化系数为 0.532，说明残差与友好型氛围相互独立。其中 F 值为 4 997.197，显著水平为 0.000（$p<0.001$），

说明友好型氛围和自我认知与管理之间的线性关系显著，可以建立回归方程。

表 4–2　友好型氛围和自我认知与管理的回归模型分析结果

变量顺序	复相关系数 R	决定系数 R^2	校正 R^2	F 值	Sig.	标准化系数
yh	0.737[a]	0.543	0.543	4 997.197***	0.000[b]	0.532

由表 4-3 可知，友好型氛围和自我认识与管理回归模型的常数为 0.829，友好型氛围的回归系数为 0.778，显著水平为 0.000（p<0.001），说明常数项与回归系数都具有统计学意义。回归分析一般采用非标准化的回归系数，建立的回归方程为 y=0.829+0.778x，其中 y 代表因变量，即自我认知与管理，x 代表自变量，即友好型氛围。

表 4–3　友好型氛围和自我认知与管理的方差分析

	非标准化系数		回归系数	t	Sig.
	B	标准误差	Beta		
常量	0.829	0.045	—	18.246	0.000
yh	0.778	0.011	0.737	70.691	0.000

通过对友好型氛围和自我认知与管理之间的关系进行相关性分析和回归分析，得出以下结论：友好型氛围和自我认知与管理之间的相关关系非常紧密。友好型氛围和自我认知与管理存在显著的线性关系，自变量“友好型氛围”可以解释因变量“自我认知与管理”54.3% 的变异性，建立的回归方程为 y=0.829+0.778x，其中 y 代表自我认知与管理，x 代表友好型氛围，可以用自我认知与管理预测友好型氛围。因此，友好型氛围对自我认知与管理有正向影响。

（二）友好型氛围和社会实践与交往的关系

相关性分析。由表 4-1 可知，友好型氛围和社会实践与交往之间的相关系数为 0.849，它们之间的相关系数大于 0.80，说明友好型氛围和社会实践与交往之间的相关关系非常紧密。

回归分析。为进一步探讨友好型氛围和社会实践与交往的具体解释情况，建立以友好型氛围作为自变量，以社会实践与交往作为因变量的回归方程，分析结果见表4-4。由表4-4可知，R值为0.849，说明友好型氛围和社会实践与交往之间确实存在着较高的线性关系。调整后R^2值为0.720，说明友好型氛围对社会实践与交往的预测力达到了72%，拟合良好。估计值的标准化系数为0.388，说明残差与友好型氛围相互独立。其中F值为10 807.545，显著水平为0.000（$p<0.001$），说明友好型氛围和社会实践与交往之间的线性关系显著，可以建立回归方程。

表4–4　友好型氛围和社会实践与交往的回归模型分析结果

变量顺序	复相关系数 R	决定系数 R^2	校正 R^2	F值	Sig.	标准化系数
yh	0.849[a]	0.720	0.720	10 807.545***	0.000[b]	0.388

由表4-5可知，友好型氛围和社会实践与交往回归模型的常数为0.567，友好型氛围的回归系数为0.835，显著水平为0.000（$p<0.001$），说明常数项与回归系数都具有统计学意义，显著水平可以进行线性回归分析，建立的线性回归方程为$y=0.567+0.835x$，其中y代表因变量，即社会实践与交往，x代表自变量，即友好型氛围。

表4–5　友好型氛围和社会实践与交往的方差分析结果

	非标准化系数		回归系数	t	Sig.
	B	标准误差	Beta		
常量	0.567	0.033	—	17.092	0.000
yh	0.835	0.008	0.849	103.959	0.000

通过对友好型氛围和社会实践与交往之间的关系进行相关性分析和回归分析，得出以下结论：友好型社团氛围和社会实践与交往之间的相

关关系非常紧密。友好型氛围和社会实践与交往存在显著的线性关系，自变量“友好型氛围”可以解释因变量“社会实践与交往”72% 的变异性，建立的回归方程为 y=0.567+0.835x，其中 y 代表社会实践与交往，x 代表友好型氛围，可以用社会实践与交往预测友好型氛围。因此，友好型氛围对社会实践与交往有正向影响。

（三）友好型氛围和人格魅力的关系

相关性分析。由表 4-1 可知，友好型氛围与人格魅力之间的相关系数为 0.904，它们之间的相关系数大于 0.90，说明友好型氛围与人格魅力之间的相关关系非常紧密。

回归分析。为进一步探讨友好型氛围对人格魅力的具体解释情况，建立以友好型氛围作为自变量，以人格魅力作为因变量的回归方程，分析结果见表 4-6。由表 4-6 可知，R 值为 0.904，说明友好型氛围与人格魅力确实存在着较高的线性关系。调整后 R^2 值为 0.817，大于 0.80，说明自变量“友好型氛围”对因变量“人格魅力”的预测力达到了 81.7%，拟合良好。估计值的标准化系数为 0.313，说明残差与友好型氛围相互独立。其中 F 值为 18 729.300，显著水平为 0.000（p<0.001），说明友好型氛围与人格魅力之间的线性关系显著，可以建立回归方程。

表 4–6　友好型氛围和人格魅力的回归模型分析结果

变量顺序	复相关系数 R	决定系数 R^2	校正 R^2	F 值	Sig.	标准化系数
yh	0.904[a]	0.817	0.817	18 729.300***	0.000[b]	0.313

由表 4-7 可知，模型的常数为 0.433，友好型氛围的回归系数为 0.886。由于 t 检验的结果均达到显著水平 0.000（p<0.001），说明友好型氛围与人格魅力的线性关系显著。建立的回归方程为 y=0.433+0.886x，其中 y 代表人格魅力，x 代表友好型氛围。

表 4–7　友好型氛围和人格魅力的方差分析结果

	非标准化系数		回归系数	t	Sig.
	B	标准误差	Beta		
常量	0.433	0.027	—	16.198	0.000
yh	0.886	0.006	0.904	136.855	0.000

通过对友好型氛围和人格魅力之间的关系进行相关性和回归分析，得出以下结论：友好型社团氛围和人格魅力之间的相关关系非常紧密。友好型氛围与人格魅力存在显著的线性关系，“友好型氛围”可以解释“人格魅力”81.7% 的变异性，建立的回归方程为 y=0.433+0.886x，其中 y 代表人格魅力，x 代表友好型氛围，可以用人格魅力预测友好型氛围。因此，友好型氛围对人格魅力有正向影响。

（四）友好型氛围和大学生领导力的关系

相关性分析。由表 4-1 可知，友好型社团氛围与大学生领导力之间的相关系数为 0.886，它们之间的相关系数大于 0.80，说明友好型氛围与大学生领导力之间的相关关系非常紧密。

回归分析。为进一步探讨友好型氛围对大学生领导力的具体解释情况，建立以友好型氛围作为自变量，以大学生领导力作为因变量的回归方程，分析结果见表 4-8。由分析结果可知，R 值为 0.886，说明友好型氛围与大学生领导力确实存在着较高的线性关系。调整后 R^2 值为 0.785，说明自变量“友好型氛围”对因变量“大学生领导力”的预测力达到了 78.5%，拟合良好。估计值的标准化系数为 0.328，说明残差与自变量相互独立。其中 F 值为 15 348.812，达到显著水平，p<0.001，说明友好型氛围与大学生领导力之间线性关系显著，可以建立回归方程。

表 4–8　友好型氛围和大学生领导力的回归模型分析结果

变量顺序	复相关系数 R	决定系数 R^2	校正 R^2	F 值	Sig.	标准化系数
yh	0.886^a	0.785	0.785	15 348.812***	0.000^b	0.328

由表4-9可知，模型的常数为0.581，友好型氛围的回归系数为0.839，显著水平为0.000（p<0.001），可以进行线性回归分析。建立的线性回归方程为y=0.581+0.839x，其中y代表因变量，即大学生领导力，x代表自变量，即友好型氛围。

表4–9 友好型氛围和大学生领导力的方差分析结果

	非标准化系数		回归系数	t	Sig.
	B	标准误差	Beta		
常量	0.581	0.028	—	20.774	0.000
yh	0.839	0.007	0.886	123.890	0.000

通过对友好型氛围和大学生领导力之间的关系进行相关性和回归分析，得出以下结论：友好型氛围与大学生领导力存在显著的线性关系，"友好型氛围"可以解释"大学生领导力"78.5%的变异性，建立的回归方程为y=0.581+0.839x，其中y代表大学生领导力，x代表友好型氛围，可以用大学生领导力预测友好型氛围。因此，友好型氛围对大学生领导力有正向影响。

由上可知，通过对友好型氛围和大学生领导力及其三个维度之间的相关性和回归分析结果可知，友好型氛围对自我认知与管理、社会实践与交往、人格魅力和大学生领导力均有正向影响，假设H1成立。

二、创新型氛围与大学生领导力及各维度之间的关系分析

为了验证创新型氛围对大学生领导力及各维度之间有正向影响作用，下面将对创新型氛围和自我认知与管理、社会实践与交往、人格魅力及大学生领导力之间的关系进行相关性和回归分析。

（一）创新型氛围和自我认知与管理之间的关系

相关性分析。由表4-10可知，创新型社团氛围和自我认知与管理

之间的相关系数为0.730，它们之间的相关系数大于0.70，说明创新型氛围和自我认知与管理之间的相关关系非常紧密。

表 4–10　创新型氛围和自我认知与管理的皮尔逊相关分析（n=4 205）

	cx	rg	sj	rm	DL
cx	1	0.730**	0.835**	0.881**	0.870**
rg		1	0.814**	0.775**	0.893**
sj			1	0.911**	0.973**
rm				1	0.958**
DL					1

回归分析。为进一步探讨创新型氛围对自我认知与管理的具体解释情况，建立以创新型氛围作为自变量，以自我认知与管理作为因变量的回归方程，分析结果见表4-11。由该表可知，R值为0.730，说明创新型氛围和自我认知与管理之间确实存在着较高的线性关系。调整后R^2值为0.533，说明自变量“创新型氛围”对因变量“自我认知与管理”的预测力达到了53.3%，拟合良好。估计值的标准化系数为0.538，说明残差与创新型氛围相互独立。其中F值为4 801.092，达到显著水平，$p<0.001$，说明创新型氛围和自我认知与管理之间的线性关系显著，可以建立回归方程。

表 4–11　创新型氛围和自我认知与管理的回归模型分析结果

变量顺序	复相关系数 R	决定系数 R^2	校正 R^2	F 值	Sig.	标准化系数
cx	0.730[a]	0.533	0.533	4 801.092***	0.000[b]	0.538

由表4-12可知，模型的常数为0.856，创新型氛围的回归系数为0.770，显著水平为0.000（$p<0.001$），说明创新型氛围和自我认知与管理的线性关系显著。建立的线性回归方程为$y=0.856+0.770x$，其中y代表因变量，即自我认知与管理，x代表自变量，即创新型氛围。

表 4–12　创新型氛围和自我认知与管理的方差分析

	非标准化系数		回归系数	t	Sig.
	B	标准误差	Beta		
常量	0.856	0.046	—	18.627	0.000
cx	0.770	0.011	0.730	69.290	0.000

通过对创新型氛围和自我认知与管理之间的关系进行相关性和回归分析，得出以下结论：创新型社团氛围和自我认知与管理之间的相关关系非常紧密。创新型氛围和自我认知与管理存在显著的线性关系，自变量“创新型氛围”可以解释因变量“自我认知与管理”53.3% 的变异性，建立的回归方程为 y=0.856+0.770x，其中 y 代表自我认知与管理，x 代表创新型氛围，可以用自我认知与管理预测创新型氛围。因此，创新型氛围对自我认知与管理有正向影响。

（二）创新型氛围和社会实践与交往的关系

相关性分析。由表 4-10 可知，创新型社团氛围和社会实践与交往之间的相关系数为 0.835，它们之间的相关系数大于 0.80，说明创新型氛围和社会实践与交往之间的相关关系非常紧密。

回归分析。为进一步探讨创新型氛围和社会实践与交往的具体解释情况，建立以创新型氛围作为自变量，以社会实践与交往作为因变量的回归方程，分析结果见表 4-13。由表可知，R 值为 0.835，说明创新型氛围和社会实践与交往之间确实存在着较高的线性关系。调整后 R^2 值为 0.697，说明自变量“创新型氛围”对因变量“社会实践与交往”的预测力达到了 69.7%，拟合良好。估计值的标准化系数为 0.404，说明残差与创新型氛围相互独立。其中 F 值为 9 659.737，达到显著水平，p<0.001，说明创新型氛围和社会实践与交往之间的线性关系显著，可以建立回归方程。

表 4–13　创新型氛围和社会实践与交往的回归模型分析结果

变量顺序	复相关系数 R	决定系数 R^2	校正 R^2	F 值	Sig.	标准化系数
cx	0.835[a]	0.697	0.697	9 659.737***	0.000[b]	0.404

由表 4-14 可知，模型的常数为 0.619，创新型氛围的回归系数为 0.821，显著水平为 0.000（p<0.001），说明创新型氛围和社会实践与交往的线性关系显著。建立的线性回归方程为 y=0.619+0.821x，其中 y 代表因变量，即社会实践与交往，x 代表自变量，即创新型氛围。

表 4–14　创新型氛围和社会实践与交往的方差分析结果

	非标准化系数		回归系数	t	Sig.
	B	标准误差	Beta		
常量	0.619	0.035	—	17.946	0.000
cx	0.821	0.008	0.835	98.284	0.000

通过对创新型氛围和社会实践与交往之间的关系进行相关性和回归分析，得出以下结论：创新型社团氛围和社会实践与交往之间的相关关系非常紧密。创新型氛围和社会实践与交往存在显著的线性关系，“创新型氛围”可以解释“社会实践与交往”69.7% 的变异性，建立的回归方程为 y=0.619+0.821x，其中 y 代表社会实践与交往，x 代表创新型氛围，可以用社会实践与交往预测创新型氛围。因此，创新型氛围对社会实践与交往有正向影响。

（三）创新型氛围和人格魅力的关系

相关性分析。由表 4-10 可知，创新型社团氛围与人格魅力之间的相关系数为 0.881，它们之间的相关系数大于 0.80，说明创新型氛围与人格魅力之间的相关关系非常紧密。

回归分析。为进一步探讨创新型氛围对人格魅力的具体解释情况，建立以创新型氛围作为自变量，以人格魅力作为因变量的回归方程，分析结果见表 4-15。由表可知，R 值为 0.881，说明创新型氛围与人格魅力确实存在着较高的线性关系。调整后 R^2 值为 0.776，说明创新型氛围对人格魅力的预测力达到了 77.6%，拟合良好。估计值的标准化系数为 0.346，说明残差与创新型氛围相互独立。其中 F 值为 14 567.128，达到显著水平，p<0.001，说明创新型氛围与人格魅力之间的线性关系显著，可以建立回归方程。

表 4–15　创新型氛围和人格魅力的回归模型分析结果

变量顺序	复相关系数 R	决定系数 R^2	校正 R^2	F 值	Sig.	标准化系数
cx	0.881[a]	0.776	0.776	14 567.128***	0.000[b]	0.346

由表 4-16 可知，模型的常数为 0.521，创新型氛围的回归系数为 0.864，显著水平为 0.000（p<0.001），说明创新型氛围和人格魅力的线性关系显著。建立的线性回归方程为 y=0.521+0.864x，其中 y 代表因变量，即人格魅力，x 代表自变量，即创新型氛围。

表 4–16　创新型氛围和人格魅力的方差分析结果

	非标准化系数		回归系数	t	Sig.
	B	标准误差	Beta		
常量	0.521	0.030	—	17.634	0.000
cx	0.864	0.007	0.881	120.694	0.000

通过对创新型氛围和人格魅力之间的关系进行相关性和回归分析，得出以下结论：创新型社团氛围和人格魅力之间的相关关系非常紧密。创新型氛围与人格魅力存在显著的线性关系，“创新型氛围”可以解释“人格魅力”77.6% 的变异性，建立的回归方程为 y=0.521+0.864x，其中 y 代表人格魅力，x 代表创新型氛围，说明可以用人格魅力预测创新型氛围。因此，创新型氛围对人格魅力有正向影响。

（四）创新型氛围和大学生领导力的关系

相关性分析。由表 4-10 可知，创新型社团氛围与大学生领导力之间的相关系数为 0.870，它们之间的相关系数大于 0.80，说明创新型氛围与大学生领导力之间的相关关系非常紧密。

回归分析。为进一步探讨创新型氛围对大学生领导力的具体解释情况，建立以创新型氛围作为自变量，以大学生领导力作为因变量的回归方程，分析结果见表 4-17。由分析结果可知，R 值为 0.870，说明创新型氛围与大学生领导力确实存在着较高的线性关系。调整后 R^2 值为 0.757，说明创新型氛围对大学生领导力的预测力达到了 75.7%，拟合良好。估计值的标准化系数为 0.348，说明残差与创新型氛围相互独立。其中 F 值为 13 090.795，达到显著水平，$p<0.001$，说明创新型氛围与大学生领导力之间的线性关系显著，可以建立回归方程。

表 4–17 创新型氛围和大学生领导力的回归模型分析结果

变量顺序	复相关系数 R	决定系数 R^2	校正 R^2	F 值	Sig.	标准化系数
cx	0.870[a]	0.757	0.757	13 090.795***	0.000[b]	0.348

由表 4-18 可知，模型的常数为 0.640，创新型氛围的回归系数为 0.824。建立的线性回归方程为 $y=0.640+0.824x$，其中 y 代表因变量，即大学生领导力，x 代表自变量，即创新型氛围。

表 4–18 创新型氛围和大学生领导力的方差分析结果

	非标准化系数		回归系数	t	Sig.
	B	标准误差	Beta		
常量	0.640	0.030	—	21.518	0.000
cx	0.824	0.007	0.870	114.415	0.000

通过对创新型氛围和大学生领导力之间的关系进行相关性和回归分析，得出以下结论：创新型氛围与大学生领导力存在显著的线性关系，“创新型氛围”可以解释“大学生领导力”75.7% 的变异性，建立的回归方程为 $y=0.640+0.824x$，其中 y 代表大学生领导力，x 代表创新型氛围，可以用大学生领导力预测创新型氛围。因此，创新型氛围对大学生领导力有正向影响。

由上可知，通过对创新型氛围和大学生领导力及其三个维度之间的相关性和回归分析结果可知，创新型氛围对自我认知与管理、社会实践与交往、人格魅力和大学生领导力均有正向影响，假设 H2 成立。

三、公平型氛围与大学生领导力及各维度之间的关系分析

为了验证公平型氛围对大学生领导力及各维度之间有正向影响作用，以下将对公平型氛围和自我认知与管理、社会实践与交往、人格魅力及大学生领导力之间的关系进行相关性和回归分析。

（一）公平型氛围和自我认知与管理之间的关系

相关性分析。由表 4-19 可知，公平型社团氛围和自我认知与管理之间的相关系数为 0.719，它们之间的相关系数大于 0.70，说明公平型氛围和自我认知与管理之间的相关关系非常紧密。

表 4-19　公平型氛围和自我认知与管理的皮尔逊相关分析

	gp	rg	sj	rm	DL
gp	1	0.719**	0.804**	0.847**	0.842**
rg		1	0.814**	0.775**	0.893**
sj			1	0.911**	0.973**
rm				1	0.958**
DL					1

回归分析。为进一步探讨公平型氛围对自我认知与管理的具体解释情况，建立以公平型氛围作为自变量，以自我认知与管理作为因变量的回归方程，分析结果见表 4-20。由该表可知，R 值为 0.719，说明公平型氛围和自我认知与管理之间确实存在着较高的线性关系。调整后 R^2 值为 0.517，说明公平型氛围对自我认知与管理的预测力达到了 51.7%，拟合良好。估计值的标准化系数为 0.547，说明残差与公平型氛围相互独立。其中 F 值为 4 500.431，达到显著水平，$p<0.001$，说

明公平型氛围和自我认知与管理之间的线性关系显著，可以建立回归方程。

表 4-20　公平型氛围和自我认知与管理的回归模型分析结果

变量顺序	复相关系数 R	决定系数 R^2	校正 R^2	F 值	Sig.	标准化系数
gp	0.719[a]	0.517	0.517	4 500.431***	0.000[b]	0.547

由表 4-21 可知，模型的常数为 0.899，公平型氛围的回归系数为 0.758，公平型氛围和自我认知与管理的线性关系显著。可建立线性回归方程 y=0.899+0.758x，其中 y 代表因变量，即自我认知与管理，x 代表自变量，即公平型氛围。

表 4-21　公平型氛围和自我认知与管理的方差分析

	非标准化系数		回归系数	t	Sig.
	B	标准误差	Beta		
常量	0.899	0.047	—	19.206	0.000
gp	0.758	0.011	0.719	67.085	0.000

通过对公平型氛围和自我认知与管理之间的关系进行相关性和回归分析，得出以下结论：公平型社团氛围和自我认知与管理之间的相关关系非常紧密。公平型氛围和自我认知与管理存在显著的线性关系，“公平型氛围”可以解释“自我认知与管理”51.7% 的变异性，建立的回归方程为 y=0.899+0.758x，其中 y 代表自我认知与管理，x 代表公平型氛围，可以用自我认知与管理预测公平型氛围。因此，公平型氛围对自我认知与管理有正向影响。

（二）公平型氛围和社会实践与交往的关系

相关性分析。由表 4-19 可知，公平型社团氛围和社会实践与交往之间的相关系数为 0.804，它们之间的相关系数大于 0.80，说明公平型氛围和社会实践与交往之间的相关关系非常紧密。

回归分析。为进一步探讨公平型氛围和社会实践与交往的具体解释情况，建立以公平型氛围作为自变量，以社会实践与交往作为因变量的回归方程，分析结果见表 4-22。由表可知，R 值为 0.804，说明公平型氛围和社会实践与交往之间确实存在着较高的线性关系。调整后 R^2 值为 0.647，说明自变量“公平型氛围”对因变量“社会实践与交往”的预测力达到了 64.7%，拟合良好。估计值的标准化系数为 0.436，说明残差与自变量相互独立。其中 F 值为 7 700.499，达到显著水平，$p<0.001$，说明公平型氛围和社会实践与交往之间的线性关系显著，可以建立回归方程。

表 4-22　公平型氛围和社会实践与交往的回归模型分析结果

变量顺序	复相关系数 R	决定系数 R^2	校正 R^2	F 值	Sig.	标准化系数
gp	0.804[a]	0.647	0.647	7 700.499***	0.000[b]	0.436

由表 4-23 可知，模型的常数为 0.736，公平型氛围的回归系数为 0.790，显著水平为 0.000（$p<0.001$），说明公平型氛围和社会实践与交往的线性关系显著。可建立线性回归方程 $y=0.736+0.790x$，其中 y 代表社会实践与交往，x 代表公平型氛围。

表 4-23　公平型氛围和社会实践与交往的方差分析结果

	非标准化系数		回归系数	t	Sig.
	B	标准误差	Beta		
常量	0.736	0.037	—	19.737	0.000
gp	0.790	0.009	0.804	87.752	0.000

通过对公平型氛围和社会实践与交往之间的关系进行相关性和回归分析，得出以下结论：公平型社团氛围和社会实践与交往之间的相关关系非常紧密。公平型氛围和社会实践与交往存在显著的线性关系，“公平型氛围”可以解释“社会实践与交往”64.7% 的变异性，建立的回归方程为 $y=0.736+0.790x$，其中 y 代表社会实践与交往，x 代表公平型氛围，

可以用社会实践与交往预测公平型氛围。因此，公平型氛围对社会实践与交往有正向影响。

（三）公平型氛围和人格魅力的关系

相关性分析。由表4-19可知，公平型社团氛围与人格魅力之间的相关系数为0.847，它们之间的相关系数大于0.80，说明公平型氛围与人格魅力之间的相关关系非常紧密。

回归分析。为进一步探讨公平型氛围对人格魅力的具体解释情况，建立以公平型氛围作为自变量，以人格魅力作为因变量的回归方程，分析结果见表4-24。由表可知，R值为0.847，说明公平型氛围与人格魅力确实存在着较高的线性关系。调整后R^2值为0.717，说明自变量“公平型氛围”对因变量“人格魅力”的预测力达到了71.7%，拟合良好。估计值的标准化系数为0.389，说明残差与自变量相互独立。其中F值为10 666.290，达到显著水平，$p<0.001$，说明可以建立回归方程。

表4–24　公平型氛围和人格魅力的回归模型分析结果

变量顺序	复相关系数 R	决定系数 R^2	校正 R^2	F值	Sig.	标准化系数
gp	0.847[a]	0.717	0.717	10 666.290***	0.000[b]	0.389

由表4-25可知，模型的常数为0.652，公平型氛围的回归系数为0.830，显著水平为0.000（$p<0.001$），说明公平型氛围和人格魅力的线性关系显著。建立回归方程$y=0.652+0.830x$。其中y代表人格魅力，x代表公平型氛围。

表4–25　公平型氛围和人格魅力的方差分析结果

	非标准化系数		回归系数	t	Sig.
	B	标准误差	Beta		
常量	0.652	0.033	—	19.589	0.000
gp	0.830	0.008	0.847	103.278	0.000

通过对公平型氛围和人格魅力之间的关系进行相关性和回归分析，得出以下结论：公平型社团氛围和人格魅力之间的相关关系非常紧密。公平型氛围与人格魅力存在显著的线性关系，自变量“公平型氛围”可以解释因变量“人格魅力”71.7%的变异性，建立的回归方程为 y=0.652+0.830x，其中 y 代表人格魅力，x 代表公平型氛围，说明可以用人格魅力预测公平型氛围。因此，公平型氛围对人格魅力有正向影响。

（四）公平型氛围和大学生领导力的关系

相关性分析。由表 4-19 可知，公平型社团氛围与大学生领导力之间的相关系数为 0.719，它们之间的相关系数大于 0.70，说明公平型氛围与大学生领导力之间的相关关系非常紧密。

回归分析。为进一步探讨公平型氛围对大学生领导力的具体解释情况，建立以公平型氛围作为自变量，以大学生领导力作为因变量的回归方程，分析结果见表 4-26。由分析结果可知，R 值为 0.842，说明公平型氛围与大学生领导力确实存在着较高的线性关系。调整后 R^2 值为 0.708，说明自变量“公平型氛围”对自变量“大学生领导力”的预测力达到了 70.8%，拟合良好。估计值的标准化系数为 0.382，说明残差与公平型氛围相互独立。其中 F 值为 10 212.391，达到显著水平，p<0.001，说明公平型氛围与大学生领导力之间的线性关系显著，可以建立回归方程。

表 4–26 公平型氛围和大学生领导力的回归模型分析结果

变量顺序	复相关系数 R	决定系数 R^2	校正 R^2	F 值	Sig.	标准化系数
gp	0.842[a]	0.708	0.708	10 212.391***	0.000[b]	0.382

由表 4-27 可知，模型的常数为 0.745，公平型氛围的回归系数为 0.797，显著水平为 0.000（p<0.001），说明公平型氛围和大学生领导力

线性关系显著。可建立线性回归方程 $y=0.745+0.797x$，其中 y 代表因变量，即大学生领导力，x 代表自变量，即公平型氛围。

表 4-27 公平型氛围和大学生领导力的方差分析结果

	非标准化系数		回归系数	t	Sig.
	B	标准误差	Beta		
常量	0.745	0.033	—	22.809	0.000
gp	0.797	0.008	0.842	101.056	0.000

通过对公平型氛围和大学生领导力之间的关系进行相关性和回归分析，得出以下结论：公平型氛围与大学生领导力存在显著的线性关系，自变量“公平型氛围”可以解释因变量“大学生领导力”70.8% 的变异性，建立的回归方程为 $y=0.745+0.797x$，其中 y 代表大学生领导力，x 代表公平型氛围，说明可以用大学生领导力预测公平型氛围。因此，公平型氛围对大学生领导力有正向影响。

由上可知，通过对公平型氛围和大学生领导力及其三个维度之间的相关性和回归分析结果可知，公平型氛围对自我认知与管理、社会实践与交往、人格魅力和大学生领导力均有正向影响，假设 H3 成立。

四、社团氛围与大学生领导力及各维度之间的关系分析

为了验证社团氛围对大学生领导力及各维度之间有正向影响作用，以下将对社团氛围和自我认知与管理、社会实践与交往、人格魅力及大学生领导力之间的关系进行相关性和回归分析。

（一）社团氛围和自我认知与管理之间的关系

相关性分析。由表 4-28 可知，社团氛围和自我认知与管理之间的相关系数为 0.747，它们之间的相关系数大于 0.70，说明社团氛围和自我认知与管理之间的相关关系非常紧密。

表 4–28 社团氛围和自我认知与管理的皮尔逊相关分析

	SF	rg	sj	rm	DL
SF	1	0.747**	0.851**	0.900**	0.888**
rg		1	0.814**	0.775**	0.893**
sj			1	0.911**	0.973**
rm				1	0.958**
DL					1

回归分析。为进一步探讨社团氛围对自我认知与管理的具体解释情况，建立以社团氛围作为自变量，以自我认知与管理作为因变量的回归方程，分析结果见表 4-29。由该表可知，R 值为 0.747，说明社团氛围和自我认知与管理之间确实存在着较高的线性关系。调整后 R^2 值为 0.559，说明自变量“社团氛围”对因变量“自我认知与管理”的预测力达到了 55.9%，拟合良好。估计值的标准化系数为 0.523，说明残差与社团氛围相互独立。其中 F 值为 5 320.182，达到显著水平，$p<0.001$，说明社团氛围和自我认知与管理维度之间存在显著的线性关系，可以建立回归方程。

表 4–29 社团氛围和自我认知与管理的回归模型分析结果

变量顺序	复相关系数 R	决定系数 R^2	校正 R^2	F 值	Sig.	标准化系数
SF	0.747[a]	0.559	0.559	5 320.182***	0.000[b]	0.523

由表4-30可知，模型的常数为0.699，社团氛围的回归系数为0.808。由于 t 检验的结果均达到显著水平 $p<0.001$，说明常数项与回归系数都具有统计学意义。采用非标准化回归系数进行线性回归分析，建立线性回归方程为 $y=0.699+0.808x$，其中 y 代表因变量，即自我认知与管理，x 代表自变量，即社团氛围。

表 4-30 社团氛围和自我认知与管理的方差分析结果

	非标准化系数		回归系数	t	Sig.
	B	标准误差	Beta		
常量	0.699	0.046	—	15.274	0.000
SF	0.808	0.011	0.747	72.940	0.000

通过对社团氛围和自我认知与管理之间的关系进行相关性和回归分析，得出以下结论：社团氛围和自我认知与管理之间的相关关系非常紧密。社团氛围和自我认知与管理之间存在显著的线性关系，“社团氛围”可以解释“自我认知与管理”55.9% 的变异性，建立的回归方程为 y=0.699+0.808x，其中 y 代表自我认知与管理，x 代表社团氛围，说明可以用自我认知与管理预测社团氛围。因此，社团氛围对自我认知与管理有正向影响。

（二）社团氛围和社会实践与交往的关系

相关性分析。由表 4-28 可知，社团氛围和社会实践与交往之间的相关系数为 0.851，它们之间的相关系数大于 0.80，说明社团氛围和社会实践与交往之间的相关关系非常紧密。

回归分析。为进一步探讨社团氛围和社会实践与交往的具体解释情况，建立以社团氛围作为自变量，以社会实践与交往作为因变量的回归方程，分析结果见表 4-31。由表可知，R 值为 0.851，说明社团氛围和社会实践与交往之间确实存在着较高的线性关系。调整后 R^2 值为 0.724，说明自变量“社团氛围”对因变量“社会实践与交往”的预测力达到了 72.4%，拟合良好。估计值的标准化系数为 0.386，说明残差与自变量相互独立。其中 F 值为 11 006.552，达到显著水平，$p<0.001$，说明社团氛围和社会实践与交往之间的线性关系是显著的，可以建立回归方程。

表 4-31 社团氛围和社会实践与交往的回归模型分析结果

变量顺序	复相关系数 R	决定系数 R^2	校正 R^2	F 值	Sig.	标准化系数
SF	0.851[a]	0.724	0.724	11 006.552***	0.000[b]	0.386

由表 4-32 可知，模型的常数为 0.468，社团氛围的回归系数为 0.858。由于 t 检验的结果均达到显著水平 $p<0.001$，说明常数项与回归系数都具有统计学意义，社团氛围和社会实践与交往的线性关系显著。建立线性回归方程为 $y=0.468+0.858x$，其中 y 代表因变量，即社会实践与交往，x 代表自变量，即社团氛围。

表 4-32 社团氛围和社会实践与交往的方差分析结果

	非标准化系数		回归系数	t	Sig.
	B	标准误差	Beta		
常量	0.468	0.034	—	13.861	0.000
SF	0.858	0.008	0.851	104.912	0.000

通过对社团氛围和社会实践与交往之间的关系进行相关性和回归分析，得出以下结论：社团氛围和社会实践与交往之间的相关关系非常紧密。社团氛围和社会实践与交往存在显著的线性关系，“社团氛围”可以解“社会实践与交往”72.4% 的变异性，建立的回归方程为 $y=0.468+0.858x$，其中 y 代表社会实践与交往，x 代表社团氛围，说明可以用社会实践与交往预测社团氛围。因此，社团氛围对社会实践与交往有正向影响。

（三）社团氛围和人格魅力的关系

相关性分析。由表 4-28 可知，社团氛围与人格魅力之间的相关系数为 0.900，它们之间的相关系数大于 0.80，说明社团氛围与人格魅力之间的相关关系非常紧密。

回归分析。为进一步探讨社团氛围对人格魅力的具体解释情况，建立以社团氛围为自变量，以人格魅力为因变量的回归方程，分析结果见

表4-33。由表可知，R 值为0.900，说明社团氛围与人格魅力确实存在着较高的线性关系。调整后 R^2 值为0.810，说明自变量“社团氛围”对因变量“人格魅力”的预测力达到了81%，拟合良好。估计值的标准化系数为0.319，说明残差与自变量相互独立。其中 F 值为17 877.341，达到显著水平，$p<0.001$，说明社团氛围与人格魅力之间的线性关系是显著的，可以建立回归方程。

表4–33　社团氛围和人格魅力的回归模型分析结果

变量顺序	复相关系数 R	决定系数 R^2	校正 R^2	F 值	Sig.	标准化系数
SF	0.900[a]	0.810	0.810	17 877.341***	0.000[b]	0.319

由表4-34可知，模型的常数为0.354，社团氛围的回归系数为0.904。由于 t 检验的结果均达到显著水平 $p<0.001$，说明常数项与回归系数都具有统计学意义，社团氛围与人格魅力的线性关系显著。建立回归方程为 $y=0.354+0.904x$。其中 y 代表因变量，即人格魅力，x 代表自变量，即社团氛围。

表4–34　社团氛围和人格魅力的方差分析结果

	非标准化系数		回归系数	t	Sig.
	B	标准误差	Beta		
常量	0.354	0.028	—	12.666	0.000
SF	0.904	0.007	0.900	133.706	0.000

通过对社团氛围和人格魅力之间的关系进行相关性和回归分析，得出以下结论：社团氛围和人格魅力之间的相关关系非常紧密。社团氛围与人格魅力存在显著的线性关系，“社团氛围”可以解释“人格魅力”81%的变异性，建立的回归方程为 $y=0.354+0.904x$，其中 y 代表人格魅力，x 代表社团氛围，说明可以用人格魅力预测社团氛围。因此，社团氛围对人格魅力有正向影响。

（四）社团氛围和大学生领导力的关系

相关性分析。由表 4-28 可知，社团氛围与大学生领导力之间的相关系数为 0.888，它们之间的相关系数大于 0.80，说明社团氛围与大学生领导力之间的相关关系非常紧密。

一元线性回归分析。为进一步探讨社团氛围对大学生领导力的具体解释情况，建立以社团氛围为自变量，以大学生领导力为因变量的回归方程，分析结果见表 4-35。由分析结果可知，R 值为 0.888，说明社团氛围与大学生领导力确实存在着较高的线性关系。调整后 R^2 值为 0.789，说明自变量“社团氛围”对因变量“大学生领导力”的预测力达到了 78.9%，拟合良好。估计值的标准化系数为 0.325，说明残差与自变量相互独立。其中 F 值为 15 714.591，达到显著水平，$p<0.001$，说明社团氛围与大学生领导力之间的线性关系是显著的，可以建立回归方程。

表 4–35　社团氛围和大学生领导力的回归模型分析结果

变量顺序	复相关系数 R	决定系数 R^2	校正 R^2	F 值	Sig.	标准化系数
SF	0.888[a]	0.789	0.789	15 714.591***	0.000[b]	0.325

由表 4-36 可知，模型的常数为 0.482，社团氛围的回归系数为 0.863。由于 t 检验的结果均达到显著水平 $p<0.001$，说明常数项与回归系数都具有统计学意义，社团氛围与大学生领导力的线性关系显著。建立线性回归方程为 $y=0.482+0.863x$，其中 y 代表因变量，即大学生领导力，x 代表自变量，即社团氛围。

表 4–36　社团氛围和大学生领导力的方差分析结果

	非标准化系数		回归系数	t	Sig.
	B	标准误差	Beta		
常量	0.482	0.028	—	16.964	0.000
SF	0.863	0.007	0.888	125.358	0.000

通过对社团氛围和大学生领导力之间的关系进行相关性和回归分析，得出以下结论：社团氛围与大学生领导力存在显著的线性关系，“社团氛围”可以解释“大学生领导力”78.9%的变异性，建立的回归方程为y=0.482+0.863x，其中y代表大学生领导力，x代表社团氛围，说明可以用大学生领导力预测社团氛围。因此，社团氛围对大学生领导力有正向影响。

由上可知，通过对社团氛围和大学生领导力及其三个维度之间的相关性和回归分析结果可知，社团氛围对自我认知与管理、社会实践与交往、人格魅力和大学生领导力均有正向影响，假设H4成立。

第二节　社团氛围与大学生领导力的中介关系分析

本章节为了进一步验证社团氛围对大学领导力的影响，依据社会认知理论，结合作者的访谈和已有文献研究，自我效能感和学习投入在环境和个体的行为之间发挥着中介作用，也即是说，大学生自我效能感和社团投入在社团氛围和大学生领导力之间具有中介作用。因此，本书将大学生自我效能感（ZX）和社团投入（XT）作为中介因素，来检验其作为社团氛围和大学生领导力之间的中介效应。

一、自我效能感的中介分析

社会认知理论认为，个体的认知在环境和行为之间发挥着重要作用。班杜拉（Bandura）的社会认知理论强调社会认知性因素，个人的社会认知因素特别强调个体的自我效能，他把个体的自我效能感看作是社会认知的唯一要素，自我效能是个人对于他自己完成特定组织或任务时的一种能力判断，[①]个体的自我效能是由其所处的外在环境、个人的

① 陈俊．社会认知理论的研究进展[J]. 社会心理科学，2007(Z1): 59-62.

自我规范机制和个体的能力倾向、过去的成败经验、过去所取得的成就表现等共同起作用的结果。社团氛围作为社团的一种环境影响大学生领导力这种行为，在这个影响的过程中，自我效能感在社团氛围和大学生领导力之间发挥着重要作用。

通过作者的大量访谈得知，社团氛围越好，参加社团的大学生就越愿意留在社团，并在社团学习和实践的过程中，不断积累自身知识和经验，逐渐形成了一种对自身能够完成某项任务的预测和信心，认为自己有能力、有信心完成某项任务和工作。在这种认识的作用下，参加社团的大学生不断获取成功经验，在成功经验的基础上提升自身综合素质和能力。已有研究表明，大学生自我效能感是影响大学生领导力发展和提升的重要因素。大学生自我效能感如何在社团氛围和大学生领导力之间发挥中介作用。本小节基于社团氛围，分析社团氛围、大学生自我效能感和大学生领导力之间的关系，采用依次检验法进行回归分析，揭示大学生自我效能感对大学生领导力的影响机制。

（一）中介效应

中介效应是指变量间的影响关系（X→Y）不是直接的因果链关系，而是通过一个或多个变量（M）的间接影响产生的。也即是说，M是X的函数，Y是M的函数，此时称M为中介变量，而X通过M对Y产生的间接影响称为中介效应。当模型中只有一个中介变量时，中介效应等于间接效应；在中介变量不止一个的情况下，中介效应不等于间接效应，此时间接效应可以是部分中介效应的和或所有中介效应的总和。中介效应的基本原理是：中介效应是指变量间的影响关系（X→Y）不是直接的因果链关系，而是通过一个或一个以上的变量M间接影响产生，此时称M为中介变量，X通过M对Y的间接影响称为中介效应。

以下将对基本模型和回归方程进行变量之间关系的描述。

本书将采用依次检验法（causual steps），分别检验（1）、（2）、（3）三个方程中的回归系数，程序如下（图 4-1）。

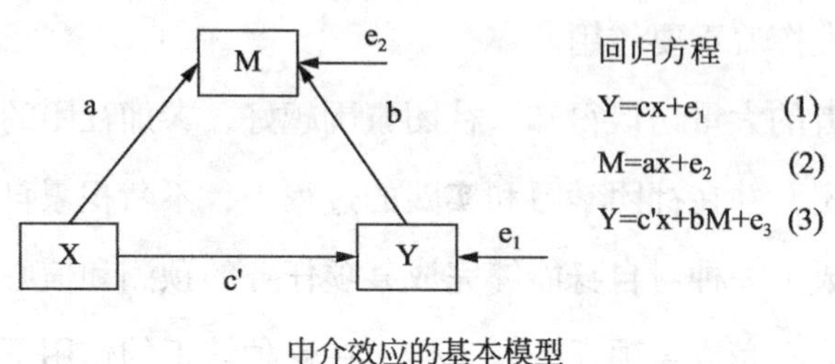

中介效应的基本模型

图 4-1　中介变量示意图

第一步，检验方程（1）$y=cx+e_1$，如果 c 显著（H_0：c=0 被拒绝），则继续检验方程（2），如果 c 不显著（说明 X 对 Y 无影响），则停止中介效应检验；

第二步，在 c 显著性检验通过后，继续检验方程（2）$M=ax+e_2$，如果 a 显著（H_0：a=0 被拒绝），则继续检验方程（3）；如果 a 不显著，则停止检验；

第三步，在方程（1）和（2）都通过显著性检验后，检验方程（3），即 $y=c'x+bM+e_3$，检验 b 的显著性，若 b 显著（H_0：b=0 被拒绝），则说明中介效应显著。此时检验 c'，若 c' 显著，则说明是不完全中介效应；若不显著，则说明是完全中介效应，x 对 y 的作用完全通过 M 来实现。

具体分析步骤，本书采用温忠麟等提出了一个新的检验中介效应的程序，具体程序如图 4-2 所示：[①]

① 温忠麟，张雷，侯杰泰，刘红云．中介效应检验程序及其应用 [J]. 心理学报，2004(05): 614-620.

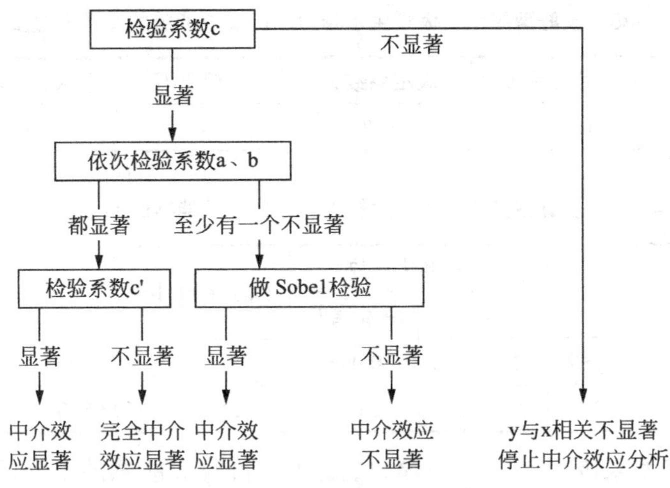

图 4-2 中介效应检验程序

如图 4-2 所示，步骤一：X 对 Y 的回归，检验回归系数 c 的显著性；步骤二：X 对 M 的回归，检验回归系数 a 的显著性；步骤三：X 和 M 对 Y 的回归，检验回归系数 b 和 c'的显著性。

（二）社团氛围对大学生领导力的影响：自我效能感的中介分析

1. 友好型氛围对大学生领导力的影响：自我效能感的中介分析

首先，将自变量友好型氛围（X）、中介变量自我效能感（M）、因变量大学生领导力（Y）对应的潜在变量的项目得分合并取均值并中心化，结果见表 4-37。

表 4-37 友好型氛围、大学生领导力、自我效能感的统计量表

		友好氛围平均值	大学生领导力平均值	自我效能感平均值
样本量	有效	4 205	4 205	4 205
	缺失	0	0	0
均值		4.060 9	3.989 6	3.004 5

其次，进行第一步检验，检验 c 是否显著，检验结果见表 4-38、表 4-39。

表 4-38　友好型氛围、大学生领导力、自我效能感的模型汇总量表

模型	多元相关系数 R	决定系数 R^2	校正 R^2	标准估计的误差
1	0.886	0.785	0.785	0.327 58

表 4-39　友好型氛围、大学生领导力、自我效能感的系数分析量表

模型		非标准化系数		标准系数	t	Sig.
		B	标准误差			
1	（常量）	5.106E-005	0.005		0.010	0.992
	yhPZ	0.839	0.007	0.886	123.890	0.000

友好型氛围对大学生领导力的影响：自我效能感的中介回归分析结果见表 4-38、表 4-39，1 个变量预测效标变量进入方程式的有 1 个，是社团氛围。其多元相关系数为 0.886，高于 0.80，联合解释变异量为 0.785。由上表可知，方程 y=cx+e 的回归效应显著，标准化系数为 0.886，显著性为 0.000（$p<0.001$），可以进行第二步检验。

再次，进行第二步检验，分别检验 a 和 b 的显著性，如果都显著，则继续检验部分中介效应和完全中介效应；如果都不显著，则停止检验；如果 a 或 b 其中只有一个较显著，则进行 sobel 检验，检验结果见表 4-40。

表 4-40　友好型氛围、自我效能感的模型汇总量表

模型	多元相关系数 R	决定系数 R^2	校正 R^2	标准估计的误差
1	0.666[a]	0.444	0.444	0.470 60

表 4-41　友好型氛围、自我效能感的系数分析量表

模型		非标准化系数		标准系数	t	Sig.
		B	标准误差			
1	（常量）	−1.780E−005	0.007		−0.002	0.998
	yhPZ	0.564	0.010	0.666	57.920	0.000

由表 4-40 和表 4-41 可知，第二步检验结果显著，标准化系数 a=0.666，p=0.000。可继续检验另外一个方程。

最后，进行第三步检验，分别检验系数 b 和 c' 是否显著，将领导力作为因变量，自我效能感和友好氛围维度同时作为自变量，进行线性拟合检测，检验结果见表 4-42。

表 4–42　友好型氛围、大学生领导力、自我效能感的模型汇总量表

模型	多元相关系数 R	决定系数 R^2	校正 R^2	标准估计的误差
1	0.904[a]	0.818	0.817	0.301 82

表 4–43　友好型氛围、大学生领导力、自我效能感的系数分析量表

模型		非标准化系数		标准系数	t	Sig.
		B	标准误差			
1	（常量）	5.588E–005	0.005		0.012	0.990
	yhPZ	0.687	0.008	0.725	82.040	0.000
	ZXPZ	0.271	0.010	0.242	27.372	0.000

由表 4-42 和表 4-43 可知，第三步检验结果显著，标准化系数 b=0.242，p=0.000，系数显著。系数 c'=0.725，p=0.000，达到显著水平，所以自我效能感在友好型氛围和大学生领导力之间的中介属于部分中介效应。即自变量“友好型氛围”部分通过中介变量“自我效能感”影响因变量“大学生领导力”。

由上表可知，自我效能感在友好型氛围和大学生领导力之间起部分中介作用，即“友好型氛围”对“大学生领导力”的影响不完全通过变量“自我效能感”的中介来达到，“友好型氛围”对“大学生领导力”还有部分直接效应。中介效应对总效应的贡献率为：M=a × b/c= 0.666 × 0.242/0.886=0.182，即 18.2%，假设 H5 成立。

2. 创新型氛围对大学生领导力的影响：自我效能感的中介分析

首先，将创新型氛围（X）、自我效能感（M）和大学生领导力（Y）对应的潜变量的项目得分合并取均值并中心化，结果见表4-44。

表4-44　创新型氛围、大学生领导力、自我效能感的统计量表

		创新型氛围中心化
样本量	有效	4 205
	缺失	0
均值		4.064 3
极大值		5.00

其次，进行第一步检验，检验c是否显著，检验结果见表4-45和表4-46。

表4-45　创新型氛围、大学生领导力、自我效能感的模型汇总量表

模型	多元相关系数 R	决定系数 R^2	校正 R^2	标准估计的误差
1	0.887 0	0.757	0.757	0.348 31

表4-46　创新型氛围、大学生领导力、自我效能感的系数分析量表

模型		非标准化系数		标准系数	t	Sig.
		B	标准误差			
1	（常量）	4.363E–005	0.005		0.008	0.994
	cxPZ	0.824	0.007	0.870	114.415	0.000

创新型氛围对大学生领导力的影响：自我效能感的中介回归分析结果见表4-45和表4-46结果显示，其多元相关系数为0.887 0，高于0.80，联合解释变异量为0.757。由上表可知，第一步检验效果显著，标准化系数为0.870，显著性为0.000（p<0.001），可以进行第二步显著性检验。

再次，进行第二步sobel检验，分别检验a和b的显著性，检验结果见表4-47。

表 4–47　创新型氛围、自我效能感的模型汇总量表

模型	多元相关系数 R	决定系数 R^2	校正 R^2	标准估计的误差
1	0.656	0.430	0.430	0.476 44

表 4–48　创新型氛围、自我效能感的系数分析量表

模型		非标准化系数		标准系数	t	Sig.
		B	标准误差			
1	（常量）	–2.278E–005	0.007		–0.003	0.998
	cxPZ	0.555	0.010	0.656	56.309	0.000

由表 4-47 和表 4-48 可知，标准化系数 a=0.656，p=0.000，标准系数 a 显著。可进行下一步检验。

最后，将大学生领导力作为因变量，自我效能感和创新型氛围同时作为自变量，进行线性拟合检测，检测结果见表 4-49。

表 4–49　创新型氛围、大学生领导力、自我效能感的模型汇总量表

模型	多元相关系数 R	决定系数 R^2	校正 R^2	标准估计的误差
1	0.894	0.799	0.799	0.317 01

表 4–50　创新型氛围、大学生领导力、自我效能感的系数分析量表

模型		非标准化系数		标准系数	t	Sig.
		B	标准误差			
1	（常量）	5.053E–005	0.005		0.010	0.992
	cxPZ	0.656	0.009	0.693	75.547	0.000
	ZXPZ	0.303	0.010	0.271	29.527	0.000

由表 4-49 和表 4-50 可知，标准化系数 b=0.271，p=0.000；系数 c'=0.693，p=0.000，标准化系数 b 和 c' 均显著，所以自我效能感在创新新氛围和大学生领导力之间的中介属于部分中介效应。即“创新型氛围”部分通过“自我效能感”影响“大学生领导力”。

由上表可知，自我效能感在创新型氛围和大学生领导力之间起部分中介作用，即“创新型氛围”对“大学生领导力”的影响不完全通

过变量“自我效能感”的中介来实现，“创新型氛围”对“大学生领导力”还有部分直接效应。中介效应对总效应的贡献率为：M=a*b/c=0.656*0.271/0.870=0.204，即20.4%，假设H6成立。

3. 公平型氛围对领导力的影响：自我效能感的中介分析

首先，将公平型氛围（X）、自我效能感（M）和大学生领导力（Y）对应的潜变量的项目得分合并取均值并中心化，见表4-51。

表4-51　公平型氛围、大学生领导力、自我效能感的统计量表

		公平型氛围中心化
样本量	有效	4 205
	缺失	0
均值		4.073 3
极大值		5.00

其次，进行第一步检验，检验c是否显著，检验结果见表4-52和表4-53。

表4-52　公平型氛围、大学生领导力、自我效能感的模型汇总量表

模型	多元相关系数 R	决定系数 R^2	校正 R^2	标准估计的误差
1	0.842	0.708	0.708	0.381 50

表4-53　公平型氛围、大学生领导力、自我效能感的系数分析量表

模型		非标准化系数		标准系数	t	Sig.
		B	标准误差			
1	（常量）	1.319E–006	0.006		0.008	1.000
	gpPZ	0.797	0.008	0.842	101.056	0.000

公平型氛围对领导力的影响：自我效能感的中介回归分析结果见表4-52和表4-53，其多元相关系数为0.842，高于0.80，联合解释变异量为0.708。由上表可知，第一步检验显著，显著性为0.000（p<0.001），可以进行第二步检验。

再次，进行第二步检验，分别检验 a 和 b 的显著性，检验结果见表 4-54。

表 4-54　公平型氛围、自我效能感的模型汇总量表

模型	多元相关系数 *R*	决定系数 R^2	校正 R^2	标准估计的误差
1	0.648	0.420	0.420	0.480 43

表 4-55　公平型氛围、自我效能感的系数分析量表

模型		非标准化系数		标准系数	*t*	Sig.
		B	标准误差			
1	（常量）	-5.175E-005	0.007		-0.007	0.994
	gpPZ	0.548	0.010	0.648	55.215	0.000

由表 4-54 和表 4-55 可知，标准化系数 a=0.648，p=0.000，标准系数 a 显著。可进行下一步检验。

最后，将大学生领导力作为因变量，自我效能感和公平型氛围同时作为自变量，进行线性拟合检测，检测结果见表 4-56。

表 4-56　公平型氛围、大学生领导力自我效能感的模型汇总量表

模型	多元相关系数 *R*	决定系数 R^2	校正 R^2	标准估计的误差
1	0.874	0.764	0.764	0.343 45

表 4-57　公平型氛围、大学生领导力、自我效能感的系数分析量表

模型		非标准化系数		标准系数	*t*	Sig.
		B	标准误差			
1	（常量）	1.922E-005	0.005		0.004	0.997
	gpPZ	0.607	0.009	0.641	65.120	0.000
	ZXPZ	0.346	0.011	0.309	31.369	0.000

由表 4-56 和表 4-57 可知，标准化系数 b=0.309，p=0.000；系数 c'=0.641，p=0.000，标准化系数 b 和 c' 均显著。所以自我效能感在公平型氛围和大学生领导力之间属于部分中介效应，即“公平型氛围”部分

通过“自我效能感”影响“大学生领导力”。

由上表可知，自我效能感在公平型氛围和大学生领导力之间起部分中介作用，即“公平型氛围”对“大学生领导力”的影响不完全通过“自我效能感”的中介来达到，“公平型氛围”对“大学生领导力”还有部分直接效应。中介效应对总效应的贡献率为：M=a*b/c=0.648*0.309/0.842=0.238，即 23.8%，假设 H7 成立。

4. 社团氛围对大学生领导力的影响：自我效能感的中介分析

首先，将自变量社团氛围（X）、中介变量自我效能感（M）、因变量大学生领导力（Y）对应的潜变量的项目得分合并取均值并中心化，结果见表 4-58。

表 4–58　社团氛围、大学生领导力、自我效能感的统计量表

		社团氛围中心化
样本量	有效	4 205
	缺失	0
均值		4.066 1
极大值		5.00

其次，进行第一步检验，检验结果见表 4-59、表 4-60。

表 4–59　社团氛围、大学生领导力、自我效能感的模型汇总量表

模型	多元相关系数 R	决定系数 R^2	校正 R^2	标准估计的误差
1	0.888	0.789	0.789	0.324 56

表 4–60　社团氛围、大学生领导力、自我效能感的系数分析量表

模型		非标准化系数		标准系数	t	Sig.
		B	标准误差			
1	（常量）	7.532E–005	0.005		0.015	0.988
	SFPZ	0.863	0.007	0.888	125.358	0.000

社团氛围对大学生领导力的影响：自我效能感的中介回归分析结果见表4-59和表4-60，其多元相关系数为0.888，高于0.80，联合解释变异量为0.789。由上表可知，第一步检验结果显著，显著性为0.000（$p<0.001$），可以进行第二步检验。

再次，进行第二步sobel检验，检验a和b的显著性，检验结果见表4-61。

表4–61　社团氛围、自我效能感的模型汇总量表

模型	多元相关系数R	决定系数R^2	校正R^2	标准估计的误差
1	0.673	0.454	0.453	0.466 49

表4–62　社团氛围、自我效能感的系数分析量表

模型		非标准化系数		标准系数	t	Sig.
		B	标准误差			
1	（常量）	–1.278E–006	0.007		0.000	1.000
	SFPZ	0.584	0.010	0.673	59.064	0.000

由表4-61和表4-62可知，标准化系数a=0.673，$p=0.000<0.001$，系数a显著。可进行下一步检验。

最后，将大学生领导力作为因变量，自我效能感和公平型氛围同时作为自变量，进行线性拟合检测，结果见表4-63。

表4–63　社团氛围、大学生领导力、自我效能感的模型汇总量表

模型	多元相关系数R	决定系数R^2	校正R^2	标准估计的误差
1	0.905	0.818	0.818	0.301 19

表4–64　社团氛围、大学生领导力、自我效能感的系数分析量表

模型		非标准化系数		标准系数	t	Sig.
		B	标准误差			
1	（常量）	7.565E–005	0.005		0.016	0.987
	SFPZ	0.711	0.009	0.732	82.314	0.000
	ZXPZ	0.259	0.010	0.232	26.046	0.000

由表 4-63 和表 4-64 可知，标准化系数 b=0.232，p=0.000<0.001；系数 c'=0.732，p=0.000<0.001，标准化系数 b 和 c' 均显著。所以自我效能感在社团氛围和大学生领导力之间的中介属于部分中介效应，即“社团氛围”部分通过“自我效能感”影响“大学生领导力”。

由上表可知，自我效能感在社团氛围和大学生领导力之间起部分中介作用，即自变量“社团氛围”对因变量“大学生领导力”的影响不完全通过变量“自我效能感”的中介来实现，“社团氛围”对“大学生领导力”还有部分直接效应。中介效应对总效应的贡献率为：$M=a\times b/c=0.673\times 0.232/0.888=0.176$，即 17.6%，假设 H8 成立。

结论：自我效能感在友好型氛围和大学生领导力之间起到部分中介作用，中介贡献率为 18.2%；自我效能感在创新型氛围和大学生领导力之间起到部分中介作用，中介贡献率为 20.4%；自我效能感在公平型氛围和大学生领导力之间起到部分中介作用，中介贡献率为 23.8%；自我效能感在社团氛围和大学生领导力之间起到部分中介作用，中介贡献率为 17.6%。

二、社团投入的中介分析

学习投入作为个体认知中的一种感觉和状态，是情境因素作用于个体行为的中介变量，它具体体现为学生的努力、兴趣、享受和全身心投入。[①] 已有研究表明，学习投入是指个体与所处的社会和自然环境之间产生的、主动的、带有目标导向的、弹性的、建构性的、持久的、专注的交互，[②] 是个体与所处环境（自然和社会环境）之间产生的主动的、

① Lam, S. -f., Jimerson, S., Wong B, P. H., Kikas, E., Shin, H. et al. Understanding and measuring student engagement in school: The results of an international study from 12 countries[J]. School Psychology Quarterly, 2014, 29(2): 213-232.

② Furrer, C., Skinner, E. Sense of relatedness as a factor in children's academic engagement and performance[J]. Journal of Educational Psychology, 2003, 95(1): 148-162.

带有目的性的、持久的专注交互的过程，学生在教育活动中投入的时间越长，付出的努力和精力越多，收获也就越大。[①] 大学生在参加社团这一教育活动的过程中，与教师和朋辈的相处、学习实践的环境等有密切的关系。也即是说，大学生参加社团的投入状况能够反映大学生个体与环境之间互动的程度和质量，这种互动的程度和质量会影响大学生领导力的培养和提升。

作者在访谈中得知，良好的社团氛围是大学生愿意留在社团的主要原因。在社团的学习和实践过程中，参加社团的大学生会投入更多时间和精力到社团中，来满足自身兴趣。尤其是友好型的社团氛围，会极大激发大学生奉献时间与智慧的热情，让他们全身心地投入到社团的学习实践中，从而提升自身的大学生领导力。已有研究表明，学习投入是影响大学生领导力的重要因素。而学习投入会受到环境的影响。由此，本小节基于社团氛围的相关研究，分析社团氛围、社团投入和大学生领导力之间的关系，研究采用依次检验法进行回归分析，揭示社团投入对大学生领导力的影响机制。

（一）友好型氛围对大学生领导力的影响：社团投入的中介分析

已有相关研究表明，大学生社团投入是影响大学生领导力提升的重要因素之一。

首先，将自变量友好型氛围（X）、中介变量社团投入（M）、因变量大学生领导力（Y）对应的潜变量的项目得分合并取均值并中心化，见表 4-65。

① 朱莲花．课堂环境对大学生学习成果的影响——以学习投入为中介的实证研究[D]. 大连理工大学博士学位论文，2019: 43.

表 4–65　友好型氛围、大学生领导力、社团投入的统计量表

		友好型氛围中心化
样本量	有效	4 205
	缺失	0
均值		3.990 4
极大值		5.00

其次，进行第一步检验，检验 c 是否显著，检验结果见表 4-66 和表 4-67。

表 4–66　友好型氛围、大学生领导力、社团投入的模型汇总量表

模型	多元相关系数 R	决定系数 R^2	校正 R^2	标准估计的误差
1	0.886	0.785	0.785	0.328

表 4–67　友好型氛围、大学生领导力、社团投入的系数分析量表

模　型		非标准化系数		标准系数	t	Sig.
		B	标准误差			
1	（常量）	5.106E–005	0.005		0.010	0.992
	yhPZ	0.839	0.007	0.886	123.890	0.000

友好型氛围对领导力的影响：社团投入的中介回归分析结果见表 4-66、表 4-67。1 个变量预测效标变量进入方程式的有 1 个，是友好型氛围。其多元相关系数为 0.886，高于 0.80，联合解释变异量为 0.785。由上表可知，第一步检验效应显著，显著性为 p=0.000<0.001，可以进行方程第二步检验。

再次，进行第二步 sobel 检验，分别检验 a 和 b 的显著性，检验结果见表 4-68。

表 4–68　友好型氛围、社团投入的模型汇总量表

模型	多元相关系数 R	决定系数 R^2	校正 R^2	标准估计的误差
1	0.856	0.748	0.748	0.378

表 4–69　友好型氛围、社团投入的系数分析量表

模　型		非标准化系数		标准系数	t	Sig.
		B	标准误差			
1	（常量）	–16.847E–006	0.006		–0.001	0.999
	yhPZ	0.873	0.008	0.865	111.805	0.000

由表 4-68 和 4-69 可知，标准化系数 a=0.865，高于 0.80，p=0.000<0.001，标准系数 a 显著。可进行下一步检验。

最后，将大学生领导力作为因变量，社团投入和友好氛围维度同时作为自变量，进行线性拟合检测，检测结果见表 4-70。

表 4–70　友好型氛围、大学生领导力、社团投入的模型汇总量表

模型	多元相关系数 R	决定系数 R^2	校正 R^2	标准估计的误差
1	0.900	0.810	0.810	0.308

表 4–71　友好型氛围、大学生领导力、社团投入的系数分析量表

模　型		非标准化系数		标准系数	t	Sig.
		B	标准误差			
1	（常量）	5.309E–005	0.005		0.011	0.991
	yhPZ	0.580	0.013	0.612	45.674	0.000
	XTPZ	0.298	0.013	0.317	23.673	0.000

由表 4-70 和表 4-71 可知，标准化系数 b=0.317，p=0.000<0.001；系数 c'=0.612，p=0.000，标准化系数 b 和 c' 均显著。所以社团投入在友好型氛围和大学生领导力之间属于部分中介效应，即“友好型氛围”部分通过“社团投入”影响“大学生领导力”。

由上表可知，社团投入在友好型氛围和大学生领导力之间起部分中介作用，即自变量“友好型氛围”对因变量“大学生领导力”的影响不完全通过变量“社团投入”的中介来实现，“友好型氛围”对“大学生领导力”还有部分直接效应。中介效应对总效应的贡献率为：M=a×b/c=0.865×0.317/0.886=0.309 5，即 30.95%，假设 H9 成立。

（二）创新型氛围对大学生领导力的影响：社团投入的中介分析

首先，将自变量创新型氛围（X）、中介变量社团投入（M）、因变量大学生领导力（Y）对应的潜变量的项目得分合并取均值并中心化，见表4-72。

表4–72　创新型氛围、大学生领导力、社团投入的统计量表

		创新型氛围中心化
样本量	有效	4 205
	缺失	0
均值		4.064 3
极大值		5.00

其次，进行第一步检验，检验c是否显著，检验结果见表4-73和表4-74。

表4–73　创新型氛围、大学生领导力、社团投入的模型汇总量表

模型	多元相关系数 R	决定系数 R^2	校正 R^2	标准估计的误差
1	0.870	0.757	0.757	0.348

表4–74　创新型氛围、大学生领导力、社团投入的系数分析量表

模　型		非标准化系数		标准系数	t	Sig.
		B	标准误差			
1	（常量）	4.363E–005	0.005		0.008	0.994
	cxPZ	0.824	0.007	0.870	114.415	0.000

创新型氛围对大学生领导力的影响：社团投入的中介回归分析结果见表4-73、表4-74，其多元相关系数为0.870，高于0.80，联合解释变异量为0.757。由上表可知，第一步检验效应显著，显著性为p=0.000<0.001，可以进行方程第二步检验。

再次，进行第二步sobel检验，分别检验a和b的显著性，检验结果见表4-75。

表 4–75　创新型氛围、社团投入的模型汇总量表

模型	多元相关系数 R	决定系数 R^2	校正 R^2	标准估计的误差
1	0.875	0.766	0.766	0.364 06

表 4–76　创新型氛围、社团投入的系数分析量表

模型		非标准化系数		标准系数	t	Sig.
		B	标准误差			
1	（常量）	–1.428E–005	0.007		–0.003	0.998
	cxPZ	0.883	0.008	0.875	117.358	0.000

由表 4-75 和表 4-76 可知，标准化系数 a=0.875，$p=0.000<0.001$，标准化系数 a 显著。可进行下一步检验。

最后，将大学生领导力作为因变量，社团投入和创新型氛围同时作为自变量，进行线性拟合检测，检测结果见表 4-77。

表 4–77　创新型氛围、大学生领导力、社团投入的模型汇总量表

模型	多元相关系数 R	决定系数 R^2	校正 R^2	标准估计的误差
1	0.887	0.788	0.788	0.325 62

表 4–78　创新型氛围、大学生领导力、社团投入的系数分析量表

模型		非标准化系数		标准系数	t	Sig.
		B	标准误差			
1	（常量）	4.848E–005	0.005		0.010	0.992
	cxPZ	0.524	0.014	0.553	37.610	0.000
	XTPZ	0.340	0.014	0.362	24.642	0.000

由表 4-77 和表 4-78 可知，标准化系数 b=0.362，$p=0.000<0.001$；系数 c'=0.553，$p=0.000<0.001$，标准化系数 b 和 c' 均显著。所以社团投入在创新型氛围和大学生领导力之间的中介属于部分中介效应，即“创新型氛围”部分通过“社团投入”影响“大学生领导力”。

由上表可知，社团投入在创新型氛围和大学生领导力之间起部分中介作用，即自变量“创新型氛围”对因变量“大学生领导力”的影响不完全通过变量“社团投入”的中介来实现，“创新型氛围”对“大学生领导力”还有部分直接效应。中介效应对总效应的贡献率为：M=a*b/c=0.875*0.362/0.870=0.364 1，即 36.41%，假设 H10 成立。

（三）公平型氛围对大学生领导力的影响：社团投入的中介分析

首先，将自变量公平型氛围（X）、中介变量社团投入（M）、因变量大学生领导力（Y）对应的潜变量的项目得分合并取均值并中心化，见表 4-79。

表 4-79　公平型氛围、大学生领导力、社团投入的统计量表

		公平型氛围中心化
样本量	有效	4 205
	缺失	0
均值		4.073 3
极大值		5.00

其次，进行第一步检验，检验 c 是否显著，检验结果见表 4-80 和表 4-81。

表 4-80　公平型氛围、大学生领导力、社团投入的模型汇总量表

模型	多元相关系数 R	决定系数 R^2	校正 R^2	标准估计的误差
1	0.842	0.708	0.708	0.381 50

a. 预测变量：gpPZ

表 4-81　公平型氛围、大学生领导力、社团投入的系数分析量表

模型		非标准化系数		标准系数	t	Sig.
		B	标准误差			
1	（常量）	1.319E-006	0.006		0.008	1.000
	gpPZ	0.797	0.008	0.842	101.056	0.000

公平型氛围对大学生领导力的影响：社团投入的中介回归分析结果见表 4-80 和表 4-81，两表显示，其多元相关系数为 0.842，联合解释变异量为 0.708。由表 4-81 可知，第一步检验效应显著，标准化系数为 0.842，高于 0.80。显著性为 p=0.000<0.001，可以进行第二步检验。

再次，进行第二步 sobel 检验，分别检验 a 和 b 的显著性，检验结果见表 4-82。

表 4–82 公平型氛围、社团投入的模型汇总量表

模型	多元相关系数 R	决定系数 R^2	校正 R^2	标准估计的误差
1	0.895	0.801	0.801	0.336

表 4–83 公平型氛围、社团投入的系数分析量表

模型		非标准化系数		标准系数	t	Sig.
		B	标准误差			
1	（常量）	–6.165E–005	0.005		–0.012	0.990
	gpPZ	0.903	0.007	0.895	130.194	0.000

由表 4-82 和表 4-83 可知，标准化系数 a=0.895，p=0.000<0.001，标准化系数 a 显著。可进行下一步检验。

最后，将大学生领导力作为因变量，社团投入和公平型氛围同时作为自变量，进行线性拟合检测，检测结果见表 4-84。

表 4–84 公平型氛围、大学生领导力、社团投入的模型汇总量表

模型	多元相关系数 R	决定系数 R^2	校正 R^2	标准估计的误差
1	0.867	0.752	0.752	0.352 03

由表 4-84 和表 4-85 可知，标准化系数 b=0.467，p=0.000；系数 c'=0.423，p=0.000，标准化系数 b 和 c' 均显著。所以社团投入在公平型氛围和大学生领导力之间的中介属于部分中介效应，即“公平型氛围”部分通过“社团投入”影响“大学生领导力”。

表 4–85 公平型氛围、大学生领导力、社团投入的系数分析量表

模型		非标准化系数		标准系数	t	Sig.
		B	标准误差			
1	（常量）	2.835E–005	0.005		0.005	0.996
	gpPZ	0.401	0.016	0.423	24.562	0.000
	ZXPZ	0.438	0.016	0.467	27.096	0.000

由上表可知，社团投入在公平型氛围和大学生领导力之间起部分中介作用，即自变量“公平型氛围”对因变量“大学生领导力”的影响不完全通过变量“社团投入”的中介来实现，“公平型氛围”对“大学生领导力”还有部分直接效应。中介效应对总效应的贡献率为：M=a × b/c= 0.895 × 0.467/0.842=0.496 4，即 49.64%，假设 H11 成立。

（四）社团氛围对大学生领导力的影响：社团投入的中介分析

首先，将自变量社团氛围（X）、中介变量社团投入（M）、因变量大学生领导力（Y）对应的潜变量的项目得分合并取均值并中心化，结果见表 4-86。

表 4–86 社团氛围、大学生领导力、社团投入的统计量表

		社团氛围中心化
样本量	有效	4 205
	缺失	0
均值		4.066 1
极大值		5.00

其次，进行第一步检验，检验 c 是否显著，检验结果见表 4-87 和表 4-88。

表 4–87 社团氛围、大学生领导力、社团投入的模型汇总量表

模型	多元相关系数 R	决定系数 R^2	校正 R^2	标准估计的误差
1	0.888	0.789	0.789	0.324 56

表 4–88　社团氛围、大学生领导力、社团投入的系数分析量表

模　型		非标准化系数		标准系数	t	Sig.
		B	标准误差			
1	（常量）	7.532E–005	0.005		0.015	0.988
	SFPZ	0.863	0.007	0.888	125.358	0.000

社团氛围对大学生领导力的影响：社团投入的中介回归分析结果见表 4-87 和表 4-88，其多元相关系数为 0.888，联合解释变异量为 0.789。由上表可知，第一步检验显著，标准化系数为 0.888，显著性为 p=0.000<0.001，可以进行第二步检验。

再次，进行第二步 sobel 检验，分别检验 a 和 b 的显著性，检验结果见表 4-89。

由表 4-89 和表 4-90 可知，标准化系数 a=0.901，p=0.000<0.001，标准化系数 a 显著。可进行下一步检验。

表 4–89　社团氛围、社团投入的模型汇总量表

模型	多元相关系数 R	决定系数 R^2	校正 R^2	标准估计的误差
1	0.901	0.811	0.811	0.327 07

表 4–90　社团氛围、社团投入的系数分析量表

模　型		非标准化系数		标准系数	t	Sig.
		B	标准误差			
1	（常量）	2.005E–005	0.005		0.004	0.997
	SFPZ	0.932	0.007	0.901	134.422	0.000

最后，将大学生领导力作为因变量，社团投入和公平型氛围同时作为自变量，进行线性拟合检测，结果见表 4-91。由表 4-91、表 4-92 可知，标准化系数 b=0.245，p=0.000<0.001；系数 c'=0.668，p=0.000<0.001，标准化系数 b 和 c' 均显著。

表 4–91　社团氛围、大学生领导力、社团投入的模型汇总量表

模型	多元相关系数 R	决定系数 R^2	校正 R^2	标准估计的误差
1	0.895	0.800	0.800	0.315 78

表 4–92　社团氛围、大学生领导力、社团投入的系数分析量表

模　型		非标准化系数		标准系数	t	Sig.
		B	标准误差			
1	（常量）	7.071E–005	0.005		0.015	0.988
	SFPZ	0.648	0.015	0.668	42.073	0.000
	ZXPZ	0.230	0.015	0.245	15.430	0.000

根据以上分析结果，社团投入在社团氛围和大学生领导力之间的中介属于部分中介效应，即“社团氛围”部分通过“社团投入”影响“大学生领导力”。

由上表可知，社团投入在社团氛围和大学生领导力之间起部分中介作用，即自变量“社团氛围”对因变量“大学生领导力”的影响不完全通过变量“社团投入”的中介来实现，“社团氛围”对“大学生领导力”还有部分直接效应。中介效应对总效应的贡献率为：M=a × b/c= 0.901 × 0.245/0.888=0.248 6，即贡献率为 24.86%，假设 H12 成立。

结论：社团投入在友好型氛围和大学生领导力之间起到部分中介作用，中介贡献率为 30.95%；社团投入在创新型氛围和大学生领导力之间起到部分中介作用，中介贡献率为 36.41%；社团投入在公平型氛围和大学生领导力之间起到部分中介作用，中介贡献率为 49.64%；社团投入在社团氛围和大学生领导力之间起到部分中介作用，中介贡献率为 24.86%。

本章节通过对社团氛围和大学生领导力关系进行相关性和回归分析发现，友好型氛围与大学生领导力的三个维度自我认知与管理、社会实践与交往、人格魅力的相关系数分别为 0.737、0.849、0.904，友好型氛围与大学生领导力的相关系数为 0.886，相关系数均高于 0.70，说明

友好型氛围与大学生领导力及其三个维度之间的相关关系非常紧密，其中与人格魅力维度关系最为紧密；友好型氛围对自我认知与管理、社会实践与交往、人格魅力和大学生领导力的预测力分别为54.3%、72%、81.7%、78.5%，说明友好型氛围对大学生领导力及其三个维度均有正向影响作用，其中对人格魅力维度的正向影响作用最大。

创新型氛围与大学生领导力三个维度自我认知与管理、社会实践与交往、人格魅力的相关系数分别为0.730、0.835、0.881，创新型氛围与大学生领导力的相关系数为0.870，相关系数均高于0.70，说明创新型氛围与大学生领导力及其三个维度之间的相关关系非常紧密，其中与人格魅力维度关系最为紧密。创新型氛围对自我认知与管理、社会实践与交往、人格魅力和大学生领导力的预测力分别为53.3%、69.7%、77.6%、75.7%，说明创新型氛围对大学生领导力及其三个维度均有正向影响作用，其中对人格魅力维度的正向影响作用最大。

公平型氛围与大学生领导力的三个维度自我认知与管理、社会实践与交往、人格魅力的相关系数分别为0.719、0.804、0.847，公平型氛围与大学生领导力的相关系数为0.870，相关系数均高于0.70，说明公平型氛围与大学生领导力及其三个维度之间的相关关系非常紧密，其中与人格魅力维度关系最为紧密。公平型氛围对自我认知与管理、社会实践与交往、人格魅力、大学生领导力的预测力分别为51.7%、64.7%、71.7%、70.8%，说明公平型氛围对大学生领导力及其三个维度均有正向影响作用，其中对人格魅力维度的正向影响作用最大。

社团氛围与大学生领导力的三个维度自我认知与管理、社会实践与交往、人格魅力的相关系数分别为0.747、0.851、0.900，社团氛围与大学生领导力的相关系数为0.888，相关系数均高于0.70，说明社团氛围与大学生领导力及其三个维度之间的相关关系非常紧密，其中与人格魅力维度关系最为紧密；社团氛围对自我认知与管理、社会实践与交往、人格魅力、大学生领导力的预测力分别为 55.9%、72.4%、81%、78.9%，说明社团氛围对大学生领导力及其三个维度均有正向影响作用，其中对人格魅力维度的正向影响作用最大。

本章节依据社会认知理论，认为自我效能感和社团投入作为个体认知中的重要因素，在环境对个体的行为影响当中发挥着重要作用。通过理论基础、大量的访谈和已有研究，都表明自我效能感和社团投入在环境和个体的行为中发挥着中介作用。本章节根据研究问题，通过层级回归分析的研究方法先后探查大学生自我效能感、社团投入在友好型氛围、创新型氛围、公平型氛围、社团氛围和大学生领导力之间发挥的中介作用。

研究结论表明：自我效能感在友好型氛围、创新型氛围、公平型氛围、社团氛围和大学生领导力之间均起到部分中介作用，中介贡献率分别为 18.2%、20.4%、23.8%、17.6%。其中，自我效能感在公平型氛围和大学生领导力之间所起的中介作用最佳。社团投入在友好型氛围、创新型氛围、公平型氛围、社团氛围和大学生领导力之间均起到部分中介作用，中介贡献率分别为 30.95%、36.41%、49.64%、24.86%。其中，社团投入在公平型氛围和大学生领导力之间所起的中介作用最佳。

第五章

社团氛围对大学生领导力影响的质性分析

承前所述，本书对社团氛围和大学生领导力之间的关系、自我效能感和社团投入在社团氛围和大学生领导力之间的中介关系进行了深度的量化分析，研究发现：不同的社团氛围（友好型、创新型、公平型）对大学生领导力的培养和提升有不同程度的促进作用。为确保研究结论的全面性和准确性，作者在本章选取了田野实地调查过程中 W 市 A 校创新精英社团作为个案进行质性深描，通过访谈、观察、追踪等方式进一步考察社团氛围对大学生领导力的影响。

第一节　个案社团的背景深描及相关主体对大学生领导力的体认

一、走进个案社团

（一）社团简介

A 高校在 X 省 W 市 8 所高校中综合实力排前三名，A 高校的学生社团发展在整个 X 省排在前三，A 高校属于 X 省北部地区一所综合类的专业型高校，该校共有本科生 22 083 人，目前六种类型的社团共有 55 个，其中思想政治类社团 6 个，学术科技类社团 9 个，创新创业类社团 10 个，文化体育类社团 14 个，志愿公益类社团 10 个，自律互助类社团6个。其中，文化体育类、创新创业类和志愿公益类社团相对较多。A高校中较为突出的社团有创新创业类、学术科技类、志愿公益类和文化体育类社团。其中创新创业类社团中，有些社团连续10年参加“挑战杯”全国大学生课外学术科技作品竞赛和“创青春”全国大学生创业大赛，参赛作品都晋级了全国赛，并荣获全国银奖的好成绩。学术科技类社团中，有些社团近三年连续参加了相关专业比赛，并获得全国银奖的好成绩。文化体育类社团中有些社团参加全国比赛，获得全国铜奖。志愿公益类社团中，有些社团已成为X省高校中唯一拥有注册志愿者认证资质的公益组织。自律互助类社团中，有些社团参加了全国心理剧摄影大赛，荣获全国优秀奖。从整体上来说，A高校的学生社团在X省高校的学生社团中属于优质水平。

创新创业类社团中的创新精英社团，是A高校学生社团中较为典型的社团，该社团在A校团委的指导下，是全校创新创业类社团中资质最优、团队最佳、获得荣誉最多的大学生社团。该社团成立于2003年，是A校建立时间最久、持续时间最长的社团。该社团自成立以来，在学校和社会各界的帮助与支持下，共参加全国和省级相关比赛上万次，项目累计入围全国大赛上百项，获得全国银奖12项、全国铜奖26项的好成绩。A校创新精英社团由校团委直接负责，连续18年荣获A校“十佳社团”荣誉称号。目前该社团有成员117人，分别来自19个学院45个专业的大学生。社团目前有1名指导教师，8名专业指导教师，社团的指导教师同时也是专业指导教师；社团有社长一名，副社长9名。社团共有9个创新小组，每个小组都配有一名专业指导教师和一名小组负责人，小组负责人是社团的副社长，社长是A校某学院的研究生，该生在本科学习期间参加大量的创新创业类比赛，荣获很多国家级荣誉，并且是该学院博士研究生导师创新团队中的一员，具有丰富的创新创业经验。该社团现已成为A校创新创业类项目进步的风向标。

（二）社团组织构架

A 高校创新精英社团由“一室三中心”组成，分别是办公室、技术服务中心、项目中心和财务中心，社团架构图见图 5-1。办公室主要进行社团的日常服务、信息收集、信息发布和团建等工作；项目中心主要对 9 个创新小组进行服务，负责项目的服务、组织、孵化及相关设备和材料的购买；技术服务中心主要负责与相关专业指导教师和创业基地进行联系，对创新小组参加比赛的资料进行申报和上传，对相关技术问题提供支持和服务；财务中心主要负责日常报销和后勤保障。一室三中心的成员分别来自 9 个创新小组的人员，一室三中心的负责人是从 9 个创新小组的负责人中按照其特长和兴趣自愿担任。社团在每年纳新的过程中，加入的新成员会根据自身兴趣爱好加入到新的社团中，同时，新成员在加入各自创新小组的同时，还需要根据自身优势到“一室三中心”的某一机构进行实践锻炼，这种锻炼有助于其了解整个社团的运行和发展情况，使其全面发展。

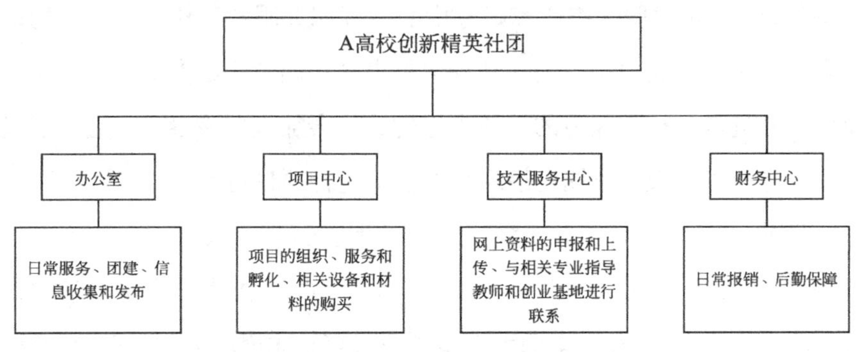

图 5-1　创新精英社团架构图

A 校创新精英社团直接由校团委负责，指导教师是校团委专门负责学生社团的教师，他同时也是 9 个创新小组当中的一名专业指导教师，主要针对美术设计如何与本地优秀传统文化相结合的项目孵化和设计，该指导教师还是某知名创业团队中的一员，对团队的孵化和指导起着重要作用。其他 8 个创新小组的专业指导教师都是在当地该领域中比较突出的专家，大都有自己的创业团队和孵化基地，这些优势都是该社团能够成功取得相应比赛的前提。社团负责人（社长）自身有很强的创业实战经验，是该校创新创业的典范，自身的专业能力、管理能力、服务能力和价值观引领方面都是社团成员学习的榜样，在社团中相当于召集人的角色，社团成员对其非常尊重。9 个创新小组的负责人是社团的副社长，在专业指导教师和社团成员之间发挥着非常关键的上传下达作用，9 个创新小组负责人必须具备专业能力和服务能力。

该社团在组织活动的过程中有一套流程。当有比赛时，相关专业指导教师会将通知转发到社团的微信群里，办公室的相关人员会按照目前创新小组的项目类别将通知转发到创新小组的负责人和社团成员，询问其需要什么服务并尽快反馈给办公室，办公室给予全力支持，因办公室人员也有该小组的成员，会对相关遗漏的事情进行补充；项目中心的相关人员会给相应的创新小组提供场地和项目相关的服务，并购买好相关设备和材料；技术服务中心和财务中心做好相关服务工作。因社团场地有限，社团会将其他小组的活动场地腾出来一间专门给参加比赛的小组使用，并且具备相关能力的其他小组的成员会加入到该参赛小组，积极备战。专业指导教师每周会组织小组成员进行项目讨论。

目前，该社团参加了互联网 + 大学生创新创业大赛、大学生电子商务“创新、创意及创业”挑战赛、“挑战杯”全国大学生课外学术科技作品竞赛、“创青春”全国大学生创业大赛、志愿服务创新创业大赛、“天塞杯”创新创业大赛、“中国创翼”创新创业大赛、青年创新创业大赛、创客中国等创新创业类大赛上千余次。在日常的活动中，除了筹备比赛，还负责校内 SYB 培训、网络创业培训和 A 校启航创业训练营的服务和管理工作，提升社团成员各方面的能力，在负责培训的过程中，各小组的专业指导教师和小组负责人大都担任过相关培训的教师。社团每 2 个星期会举办一次团队建设和阶段性成果展示，每个小组派代表进行发言，确保每个小组成员都能作为代表积极主动发言。

（三）选取缘由

在本章节，本人选取 A 校创新创业类社团中的创新精英社团作为优质个案进行质的深描主要是基于该社团结构组织、氛围营造以及成员之间的良好互动实践。通过对其具体行为事件的挖掘呈现，可以为社团氛围如何影响和促进大学生领导力提供有力参照。通过半结构化访谈和深度访谈，再次佐证了第三章大学生领导力现状中通过量化得出的结论，不同类型的大学生社团、大学生加入社团的时间及每周参加社团活动的时间对大学生领导力的培养和提升都有影响。同时，再次佐证了第四章量化研究结论，进一步说明社团氛围对大学生领导力的直接影响和中介影响。

本书选取该社团作为案例的具体原因如下：一是该社团参加全国创新创业类大赛，获得全国银奖 12 项、全国铜奖 26 项的好成绩，并连续 18 年荣获 A 校“十佳社团”荣誉称号；二是该社团是 X 省创新创业类社团中发展最好的社团，社团成员中包含了硕士研究生、大一至大四年级的本科在读生，该社团具有非常好的传承性；三是该社团曾培养了大量创新创业类优秀人才，带动了该校大学生和该地区创新创业的热潮；四是本人作为某高校社团指导教师，对优秀社团的形成、优秀社团培养人才的内涵和机制及其社团氛围如何对大学生综合素质和能力的提升产生的影响有深刻的体验和实践。

二、社团相关主体对大学生领导力的基本认识

通过对社团指导教师、社团负责人和社团成员进行大学生领导力内容以及参加大学生社团能提升您哪些方面的能力等问题，对 A 校创新精英社团的 3 名指导教师、4 名社团负责人和 18 名社团成员进行访谈，

了解A校创新精英社团相关人员对大学生领导力的认识现状。其中一名社团专业指导教师（CC-T-DL-1）说道：

大学生领导力是一种综合素质和复合能力。首先大学生要学会修身，要陶冶身心、涵养德性、修持身性。只有在学会修身的前提下才能做好学问和创新。我特别注重对大学生创造能力和变革能力的培养，创造能力和变革能力培养的前提是拥有丰富的专业知识。我非常支持大学生的奇思妙想，会引导大学生梳理奇思妙想背后的理论逻辑。还有就是要合理规划自己的时间，要善于观察，要学会与人和环境和谐相处。因此，我认为大学生领导力是要陶冶身心、涵养德性、修持身性，要有扎实的专业功底、创造能力和变革能力，要学会观察、学会与人和环境和谐相处，要学会自我评价和自我管理，只有这样，才能不断将自己培养成社会需要的人。

从指导教师访谈中得知，大学生领导力是一种综合素养和复合能力。这种素养包括陶冶身心、涵养德性、修持身性，还需要具备专业能力、创新能力和变革能力，要学会自我评价和自我管理。这些能力概括起来就是人格魅力、社会实践与交往和自我认知与管理三个方面的内容，尤其是人格魅力方面的内容，如良好的品德、正确的价值观、遵守社会规则、道德底线、坚定的理想信念等是大学生领导力当中最重要的内容。

创新精英社团的负责人（CC-L-DL-1）认为，大学生领导力是一种综合素质和复合能力，他将高尚的品德、正确的价值观和坚定的理想信念放在首位，认为其发挥的作用对他的影响最大，他说道：

大学生领导力是一种综合素质和能力。首先要做一名具有高尚品德的人。同时，要有正确的价值观和坚定的理想信念。作为新时代的青年大学生，要敢于有梦、勇于追梦，勤于圆梦。作为社团负责人，就是为社团做好服务。只有服务能力强，大家齐心协力形成学习和创新共同体，才能迸发出思想的火花，才能使知识与实践相结合，才能在深度的交流和实践中提升能力。我加入社团已经满3年了，我非常喜欢在实践中完善自己，在实践中反思，在反思中成长。我对自己有清晰的认知，同时我的时间管理能力非常强，我也非常幸运被推免为研究生。我从一名社团成员逐渐成长为社团负责人，在这个过程中感触最深的是：如果一个人既有优秀的品质，还有敢于实践的能力，并能时刻反思自己，他就离成功不远了，这也是上一届社团负责人优秀的品格对我的影响。

如上可见，社团负责人对大学生领导力的体认与指导教师相一致，都认为大学生领导力是大学生的综合素质和能力，包括高尚的品德、正确的价值观和坚定的理想信念；服务能力、实践能力、自我反思和自我管理的能力。实践表明，参加社团时间为3年以上的社团成员其大学生领导力处于较高水平，优秀的品格在大学生领导力的培养和提升中发挥着重要作用。

创新精英社团的成员（CC-M-DL-1）认为，大学生领导力是各种素养和能力的总和，但更多的是一种社会实践能力，可以在后天的实践中培养。他说道：

优秀的品德是大学生自我发展的前提，但更多地体现在实践能力方面。我加入社团一年多，发现很多大学生加入社团后，有的留在了社团，有的退出了社团。为此，我专门做了调查，发现留下来的大学生都是乐于将自己的想法变成现实的人，并且每周参加社团活动的时间都在4小时以上，他们在社团活动中乐于付出、乐于请教他人、乐于吃苦、乐于投入自己的时间，虽然会在实践中遇到困难和挫折，但是勇于突破自我，能够根据环境变化大胆做出尝试，经过长时间的相处，有这些特质的大学生慢慢汇聚到一起，大家相互帮助，共同进步；而退出社团的大学生，对社团的活动参与较少，总认为自己做不好，有困难就退缩，渐渐地，他认为自己存在的意义不大，就退出了社团。所以，我认为实践能力在大学生领导力中是最重要的，从实践中锻炼能力、从实践中学习知识、从实践中认知和反思、从实践中成长。

由上可知，社团成员认为大学领导力是各种素养和复合能力的总和。首先要具备优秀的品德，有正确的价值观，这是大学生自我发展、自我提升的前提。最重要的是要具备很强的实践和交往能力，愿意在社团活动中将自身理想变成现实、愿意付出、愿意投入自己的时间和精力，并且每周参加社团活动的时间都在 4 小时以上，在参加社团活动时愿意克服各种困难，善于反思，善于在社团实践中学习和成长。

通过对创新精英社团的指导教师、社团负责人和社团成员进行访谈，大家一致认为大学生领导力是大学生的综合素养和能力，可以通过后天培养获得，目前该社团成员的大学生领导力均处在中高水平。社团指导教师、社团负责人和社团成员都认为，参加社团实践的经历对其优秀品质的培养、价值观的形成和理想信念的树立发挥着重要作用，大部分社团成员在参加学生社团的过程中形成了自身良好的人格魅力。通过对社团相关主体的访谈，再次佐证了参加创新创业类社团的大学生其领导力水平普遍较高，大学生参加创新创业类社团更加有利于大学生领导力的提升。通过访谈可知，目前加入社团时间达 3 年和 3 年以上的社团成员其大学生领导力水平要高于参加时间较短的社团成员；每周参加社团活动时间达 4 小时以上的社团成员其大学生领导力水平较高，大学生领导力当中高尚的品质是实现大学生自我发展、自我提升的前提。

（一）自我认知与管理

自我认知与管理是大学生的一种素养，包括自我认识力、学习力、自我改造力、自我提升力、自我反思力、自我管理能力等。参加社团的大学生善于在活动当中学会自我观察，在活动结束后善于自我评价。在自我观察和评价的过程中对自身行为和心理状态有明晰的认知，能对自身目标、行为进行科学规划和管理，最终实现自我目标和理想的一个过程。其中一名社团专业指导教师（CC-T-RG-1）说道：

大学生领导力就是领导好自己的能力。把大学生自己领导好的前提是对自己要有明确的认知，比如自己的性格是内向还是外向，自己的优势是什么，哪些方面需要提升等，要针对自身提升的方面合理地制定计划，在实现目标的过程中学会管理自己。要学会自我反省，最重要的是要管理好时间，才能合理规划大学生活和今后的人生。目前参加社团的大学生普遍存在缺乏时间自我管理的技能的情况。有些社团成员对时间没有规划，在活动期间不能充分利用好时间，以至于在参加活动时能力没有得到提升的现象。

从访谈中可知，大学生领导力就是领导好自己的能力。也就是说，领导好自己的能力首先要对自身有明晰的认知，对自身的性格、优点和缺点有清楚的认识，使自己在参加社团的过程中不断发挥自身优势，不断补齐自己的短板。目前很多参加社团的大学生普遍缺乏时间管理能力，尤其是在计划制定和大学期间发展规划方面存在严重不足。

创新精英社团的负责人（CC-L-RG-1）认为，自我认知与管理是大学生应该具备的一种认知自我、管理自我、发展自我的素养，他说道：

我认为自我认知与管理，首先要对自己有清晰的认知，如自己的特长是什么等。其次是加入社团后，通过与社团成员相互交流和交往的过程中，学会观察周围的人和事，观察其他人的优点和长处，向他们学习。学会在活动结束后对自己进行客观评价，活动中哪些方面做得好，哪些方面还需要提升，如何提升，要制订详细的计划。最后就是要学会管理好自己。在时间自我管理技能、学习力自我管理技能、社团自我管理技能、潜力开发自我管理技能、健康自我管理技能方面对自己的思想、目标和行为进行管理。就我们社团成员而言，缺乏时间自我管理技能和学习力自我管理技能，尤其是如何合理、高效利用时间，在有效的时间内提高学习和活动质量方面存在很大的提升空间。

由上可知，参加社团大学生的自我认知和管理素养包括很多方面。首先要对自己有清晰的认知，知道自己的优缺点，了解自己的个性和需求。在社团活动中，与其他成员的交流中学会观察，并制订提升自身能力的计划。在时间自我管理技能、学习力自我管理技能、社团自我管理技能、潜力开发自我管理技能和健康自我管理技能方面着重提升自己，制定短期计划和长期计划，针对性地提高参加社团活动的大学生领导力。目前，参加社团的大学生缺乏时间自我管理技能和学习力自我管理技能。具体而言，很多大学生对自己的时间管理非常随意，没有养成制定计划的习惯，没有针对自己的目标设定实现计划，尤其在时间管理方面，很多时间在刷手机和打游戏的过程中流失了，以至于没有时间去实现自身目标。

创新精英社团的成员（CC-M-RG-1）认为，自我认知与管理就是需要对自己有清晰的认识，要管理好自己的目标、思想、行为和时间。她说道：

我加入社团之前，对自己喜欢什么，不喜欢什么非常明确，我是因为喜欢这个社团才加入的，我非常愿意创新，而且学习能力也强，我的偶像是美团网的创始人王兴，他的奋斗是激励我不断前行的动力。我对自己加入社团制定了详细的周计划、月计划和学习计划，并针对自己的短板刻意加入到项目中心，想提高我各方面的能力。我对时间的管理能力非常强，只有珍惜一分一秒，才能看到付出时间带来的成果。我现在大二了，英语四级和计算机等级证书已经拿上了，而且我大一的时候就参加了省级比赛，并且获得了理想的成绩。我认为自己是一个非常自律的人，有时候经常看到周围的同学浪费时间，消磨自己的光阴，我感到很惋惜。所以，作为一名有理想的大学生，一定要学会自我管理，管理好自己的时间和行为，要学会约束自己。

从创新精英社团成员的访谈中可知，大学生的自我认知与管理在大学生的成长成才过程中发挥着重要作用。大学生对自己没有明晰的认知，就不会有为之奋斗的目标，对时间的规划和管理能力就会减弱，对自己的要求也会降低，从而达不到自我发展、自我提升的目标。因此，作为新时代的大学生，要学会自我管理，尤其是对自我理想、时间和行为的管理要加强。

通过对创新精英社团的指导教师、社团负责人和社团成员进行自我认知与管理的访谈得知，自我认知与管理是大学生自我发展和自我提升必须具备的一种素养和能力。大学生的自我发展和自我提升的前提是自我了解。只有对自己有清晰的认知，才能有针对性制定相应的计划去实现自己的理想，针对性地提升自己的素养和能力。目前参加社团的大学生普遍存在缺乏时间自我管理技能，从而使其在参加社团活动的过程中发展和提升自我的成效不大。

（二）社会实践与交往

大学生参加社团是一种社会实践行为，是大学生认识社会、了解世界的一种活动。大学生在学生社团中需要与周围的人相互联系、交流和交往，从而形成自己的一种关系圈。参加社团活动的大学生通过与周围人的交往，在交往中提升大学生各方面的能力，在交往中成长成才。其中一名社团专业指导教师（CC-T-SJ-1）说道：

大学生要与社会接轨，需要良好的沟通和交际能力、学习能力、语言表达能力、文字撰写能力、组织活动的能力、团队合作能力、创新能力、长期发展自己的能力等。这些能力不是靠读书就能获得的，而是要在社团不断实践中与其他人不断交往中才能获得。大学生领导力的核心是社会实践与交往，素养和能力的提升必须经历“从实践中来，到实践中去”的过程，能力的练就源于实践，实践中交往才能不断完善自身素养和能力。但是，目前社团的有些成员还是比较缺乏实践能力，不敢去实践，认为自己目前的能力不足以应对社团活动中遇到的突发状况。因此，能力提升较为缓慢。

从与指导教师的访谈中得知，社会实践与交往是参加社团大学生为了满足自身需要而进行的。参加社团的大学生在社团举办的各类活动中实践，在实践的过程中与周围的人进行交流交往，在交流和交往的过程中取长补短，结交与自己价值观相同的大学生，在社团实践和交往中培养了友爱互助的精神，懂得了如何与人交谈，在交往中培养了忠诚守信、乐于助人、正直善良、关心他人、富有同情心等优秀品质。目前，实践能力是社团成员比较缺乏的。

创新精英社团的负责人（CC-L-SJ-1）认为，社会实践与交往是大学生综合素质和能力核心，他说道：

我鼓励社团成员每人必须组织策划一场活动，在活动中分工合作、相互帮助。在这样的培养模式下，社团成员们敢于实践、乐于实践，他们非常喜欢在社团活动中提升自己、展现自己，综合素养和能力得到了很大提升。并且每个社团成员都具备独立策划和组织活动的能力，从而增强了社团成员的自信心。因此，我认为实践能力在大学生领导力中是最重要的，从实践中锻炼能力、从实践中学习知识、从实践中认知和反思、从实践中成长。目前大学生最缺乏的能力是社会实践与交往的能力。比如我在社团分配任务的过程中，会将每个社团成员的任务交代明确，但是具体实践中，很多社团成员还是不知道该怎么做，遇到问题不及时反馈，不善于去解决，不会寻求帮助，缺乏实际动手能力、独立处理事情的能力和解决问题的能力。

由上可知，参加社团大学生的社团实践和交往在其综合素质和能力提升的过程中发挥着重要作用。社团成员通过参加大量的社团活动来提升自己的素养，在参加活动的过程中，学会了观察人和事，在观察的过程中能意识到自己的短板，从而将周围的优秀的成员作为自己努力的榜样，在不断参加社团活动的过程中积极主动与人交往，在组织策划社团活动的过程中，提升其语言表达能力、组织能力、团队协作能力、解决突发事件的能力、创新能力等，在与社团成员交往的过程中培养自己的优秀品德。但目前社团成员最缺乏的能力是社会实践与交往的能力。

创新精英社团的成员（CC-M-SJ-1）认为，社会实践与交往是大学生综合素质和能力提升最直接的获得方式。他说道：

我加入社团的目的是锻炼自己，多交些志同道合的朋友。我每次参加活动都会制定针对性的目标。刚加入社团时，我很自卑，不善于交际，不会表达自己的想法，所以我加入了办公室，在协调和收集信息的过程中，我学会了与人沟通和交流。刚开始的时候，会遇到很多沟通不畅的问题，我每次就把这些问题记下来，避免下次出现。所以，我在活动分配任务时，会主动要求将联系、协调和收集信息的任务分给我，我在不断的实践中通过 2 个月的实践提高了沟通交流的能力。在这个过程中，也学会了如何识别他人，找到了自己努力的榜样，找到了与自己志同道合的同路人。所以，我认为，社会实践与交往是获得大学生领导力最直接的场域。但是，我周围有些大学生严重缺乏实践能力，他们不乐于实践，能力和素养也一般。

从创新精英社团成员的访谈中可知，大学生加入学生社团是为了实现其成长成才，多交与自己志趣相投的朋友。相关研究表明，我国大学生参加社团的主要动机依次是提高人际交往能力、对社团活动感兴趣、为了增长知识。[①] 大学生加入社团，针对自身短板制定适合自己的能力提升途径，在不断实践和交往中提升自身综合素养。很多社团成员

① 史家英．高校学生社团对大学生社会化的影响调查研究 [D]. 济南：山东师范大学硕士学位论文，2013: 27.

表示，他们目前严重缺乏社会实践能力，这与目前大学生的特点有很大关系。

通过对创新精英社团的指导教师、社团负责人和社团成员进行社会实践与管理的访谈得知，大学生为了满足自身需要而进行实践交往，是大学生综合素质和能力能够不断提升的核心所在。大学生对自我的认知和管理都可以在社会实践和交往中不断地实现和提升，从而有效促使参加社团的大学生更进一步认识自我、管理自我，在此基础上不断发展自我，投入更多的时间和精力来参加社团实践，在社团活动中与其他人交流交往，在交流交往中结交与自己价值观相同的大学生，在社团实践和交往中培养其优秀品质。但是，目前很多大学生普遍缺乏社会实践与交往方面的能力。

（三）人格魅力

人格魅力主要指参加社团的大学生在价值观、承诺、态度、共情能力和道德品质等方面具有吸引其他人的力量，这里的能力主要指知行合一的能力、品德修养、信仰力、亲和力、感召力等。人格魅力是参加社团的大学生能力发展的源泉。大学生社团对于大学生树立正确的人生价值观和社会责任感具有不可替代的作用。其中一名社团专业指导教师（CC-T-RM-1）说道：

我认为大学生要陶冶身心、涵养德性。社团成员在社团活动中与其他人交往，在交往的过程中待人真诚、为人友善，在活动中严格要求自己，具有进取精神；遇到困难，能用积极的心态和坚韧不拔的毅力战胜，不畏惧困难，敢于挑战自己，有德行，使自己成为“人缘型”的人。

由上可知，指导教师认为，参加社团大学生的人格魅力主要体现在具有高尚的品德，要言行合一、待人真诚、为人友善、乐于助人，面对困难永不退缩，敢于挑战自己。也正是因为参加社团的大学生具有良好的品行，才使其在社团的交往中受到周围人的喜爱和崇拜，成为“人缘”非常好的人。社团成员们愿意听他的意见和建议，从而成为社团中不可或缺的一员。

与创新精英社团的负责人（CC-L-RM-1）访谈中得知，良好的品德是社团负责人必须具备的素养。他说道：

我认为社团负责人必须具备优良的品质。社团负责人与社团成员接触最多，他的优秀品质会在社团的日常交往中对社团成员产生很重要的影响。尤其是言行合一、积极乐观、热心助人、面对困难能迎难而上、敢于担当、有作为的社团负责人一定是可以将社团服务好的。

社团负责人认为，优秀的品质是社团负责人必须具备的素养。一个优秀社团的负责人需要具备言行合一、积极乐观、热心助人、面对困难能迎难而上、敢于担当、敢于作为、敢于创新的素养和能力。只有社团负责人具有高尚的品质，才能在日常的交流交往中形成良好的气氛，社团成员才能在良好的社团气氛和活动的实践中潜移默化地受影响，社团成员从而树立了自身努力的榜样，促使社团成员在社团中不断完善自身人格。

在与创新精英社团成员（CC-M-RM-1）访谈中了解到，具备优良的品质可以促使社团成员交到更多的朋友，使其在社团中进行更好的交流交往。她说道：

我们进入社团后，会观察参与社团活动的大学生的言行举止，我非常愿意与具有优秀品质的社团成员交朋友，这样我可以学习她的优点，成为像她一样的人，而且具有优秀品质的社团成员在交流交往中非常顺畅，大家都愿意找她。我们社团大部分具有优秀品质的社团成员不仅学习好，而且各方面都很优秀。

参加学生社团的大学生认为，具备优秀品质的社团成员对周围大学生发挥着极大的影响作用。具有优秀品质的大学生在社团日常的交流交往中非常顺畅，其言行举止对社团成员发挥着榜样力量。

通过对大学生领导力进行相关主体的访谈，社团相关主体均认为大学生领导力是大学生的综合素质和能力，可以通过后天培养获得，创新创业类社团成员的大学生领导力要高于其他类型社团成员的大学生领导力，参加社团时间达 3 年以上的社团成员其大学生领导力水平要高于参加时间较短的社团成员；每周参加社团活动时间达 4 小时以上的社团成员其大学生领导力水平较高，参加学生社团的经历对大学生人格的培养和完善有重要影响。大学生领导力质性研究结论与大学生领导力现状研究结果相吻合。大学生自我认知是大学生的自我发展和自我提升的前提，自我管理是大学生实现目标和理想的过程中必须具备的素养和能力。社会实践与交往是大学生综合素质和能力培养的核心场域，大学生的自我认知与管理和人格魅力维度的素养和能力都可以在社会实践与交往中得到培养和体现。优秀的品质是促使参加社团的大学生实现自身可持续发展的动力，其优秀的品质对大学生的成长成才发挥着重要作用。目前，参加社团的大学生普遍缺乏时间自我管理技能和社会实践与交往方面的技能。

第二节　作为隐形动力机制的社团氛围何以提升大学生领导力

高校大学生在学生社团进行一系列的实践活动中，通过与指导教师、社团负责人和社团成员相互交流、互动和交往中逐渐形成的一种相互关爱、共同合作、相互信任、相互支持、不断创新、公平公正的一种稳定的认知和体验，这种认知和体验会对参加社团大学生的态度和具体行为产生不同程度的影响，是参加社团的大学生与环境和成员之间相互作用的结果。社团氛围是社团与社团成员以及社团成员与指导教师、社团负责人和其他社团成员之间交流与分享的一种结果。

一、互动交往的保障：在友好和信任中实现自我价值和提升效能

从访谈资料中得知，创新精英社团存在浓厚的友好型氛围。社团指导教师、社团负责人和社团成员一致认为，友好型氛围在大学生加入社团的过程中发挥着最具影响力的作用，只有社团成员感受到相互关爱、相互支持和相互信任的氛围，他们才愿意留在社团，在社团实践中不断投入自己的时间和精力，实现自我价值，提升其自我效能感。

在与创新精英社团的指导教师（CC-T-YH-1）访谈中得知，他在指导社团的过程中非常注重友好型氛围的营造。他说道：

我认为一个社团只有充满相互关心、相互支持、相互信任的氛围，才有可能持续发展。作为指导教师，要与社团成员们保持密切联系。我们社团每周召开会议，对相关知识点和遇到的困难进行讨论，集体商议找出解决办法。在讨论中，我会淡化指导教师的身份，将角色转换为旁观者，只在关键时刻给予引导，促使社团成员共同做决定，大家相互关爱、相互帮助和相互信任，一起攻坚克难，找出对策。讨论结束后，大家会聚在一起讨论人生和社团的发展，很多社团成员在社团实践中学习交往，相互成为了好朋友，甚至毕业三四年的学生联系依旧很密切。我主要在专业指导、社团经费、场地及平台搭建等方面做好保障。在这种潜移默化的指导方式影响下，社团成员们渐渐成长为社团的主人。正是社团形成的相互关心、相互帮助、相互信任的氛围，促使社团成员们紧紧团结在一起，为了各自目标不断努力奋斗。在这个过程中，社团成员的目标在此氛围中得以实现，社团成员深切体会到自己价值的实现。因此，社团成员会留在社团中不断提升自己的素养和能力。

社团指导教师在指导社团的过程中，要将相互关心、相互支持、相

互信任的氛围形成浸润在社团的各个方面。社团指导教师在日常工作中最重要的工作是做好服务，重在如何创造条件让社团成员培养自主、自信、自立的品格，在社团实践中成长成才。在日常服务中，要用自身人格魅力影响社团成员，在重要的时间节点关心关爱社团成员，注重社团建设，形成关心关爱、共同成长的共同体，为达成共同愿景的过程中努力实践，在实践的过程中共同前行，在前行中锻炼自己、在克服困难中成长，提升社团成员的综合素质和能力。

在与创新精英社团的负责人（CC-L-YH-1）访谈中发现，该社团的友好型氛围是在不断探索的培养机制中逐渐形成的。他说道：

我们社团的合作意识非常强。社团每次汇报时各小组会轮流进行汇报，每次汇报都是不同的成员。社团实行高年级带低年级、专业好的帮扶专业弱的，让每个社团成员都能在学习和汇报中成长。社团经常参加比赛，我们在比赛中学会了如何分工合作、如何处理自身情绪和各种关系，我认识了很多该领域的专家。遇到困难，大家一起解决，尤其是各小组负责人之间的关系融洽到同自己兄妹一般，我在负责引导和服务各小组负责人的过程中学会了处理各方关系，使各小组之间形成良好的友好合作和竞争关系。在这个过程中，我学会了奉献和坚持、学会了用我自己的言行影响社团成员，我们不仅在社团中收获了友情，还促进了专业的学习，更磨炼了我的意志。我们社团非常注重仪式感。办公室会为社团成员们送上生日蛋糕和祝福。当社团成员取得优异成绩时，办公室会组织全体成员一起举办庆祝活动；当社团成员有困难时，大家一起商量帮助他的办法。正是社团一直以来形成的相互关心、相互帮助、相互信任的氛围，促使社团成员们在社团中实现自身价值。

由上可知，友好型社团氛围是社团能够良好发展和正常运行的基石。社团负责人在友好型氛围的形成方面，需要在社团的日程管理和服务中真正做到“以生为本”。以社团成员的基本需求为出发点，运用不同的活动方式使其感受到在社团中存在的重要性。如在日常的服务和管理过程中，经常召集社团成员采取轮换制进行讨论和汇报，使每个社团成员依次进行汇报。针对每个社团成员情况，对其进行一对一的帮扶，不仅在专业知识方面有进步，在组织社团活动和创新实践能力也要有提升，在生活上要相互帮助，在成长的过程中共同前行，搭建舞台让社团成员发挥自身优势，在成长的过程中逐渐形成相互关心、相互支持、相互信任的氛围。在这种氛围的感知中，找到自身价值，为了实现自身目标而锻炼自己，在锻炼中成长，在锻炼中提升和完善自己。

在与创新精英社团的成员（CC-M-YH-1）访谈中发现，友好型氛围使其变得更加自信，非常浓厚。他说道：

我加入社团主要是为了多交些朋友，同时满足我的兴趣爱好。当我加入到社团后，发现社团的已有成员对我非常友好，纳新 2 天后就进行了团建，社长带领我们做“滚雪球”“抢凳子”“两人三足”等游戏，使我们很快融入到社团中。当天晚上，社长组织开展了欢迎新成员的 Party，大家一起聊天，吃饭，氛围非常融洽，感觉一下子有了归属感，有了可以说话的朋友，有了关心我的人，我现在特别开心和幸福。我加入社团快 1 年了，以前的我不善于表达，但是通过周围社团成员的鼓励和影响，我现在变得很外向，敢于表达自己的意见和建议，我现在越来越自信了，学生成绩也越来越好了。并且参加社团活动非常积极，大家相互关心，相互配合，相互进步。很多高年级的社团成员经常分享他们的学习经历和社团经历，他们对自己理想信念的追逐、对自我价值实现的经历都督促我努力学习，坚定理想、勇于探索、乐于实践，在社团活动中不断提升和发展自己。

在与创新精英社团的成员（CC-M-YH-2）访谈中发现，友好型社团氛围可以提高社团成员的自我效能感，进而提升其综合素质和能力，他说道：

我们社团成员之间相互关心、相互帮助、相互支持、相互信任。小组成员有困难时，大家都一起帮忙，我们是个互助互爱的小团队。我现在既在项目中心，又在创新小组。刚开始我从最简单的物品放置和收纳实验设备和器材开始学起，学习它们的用途和功能。每当创新小组做实验时，我就在旁边观察，认真看实验变化、认真听小组成员讨论。刚开始听不懂，随着不断地被带入和自学相关知识及听专家讲座，渐渐地，我也能解答一些问题，还学会了写简单的编程。在一次实验中，我竟然成功了。这次成功的经验增加了我的自信心，后来我参加了省级比赛并获得荣誉。自此之后，我对自己未来的发展方向和奋斗目标有了清晰的规划，我认识到自己存在的价值和意义，我变得越来越自信，敢于在大型场合表达自己的想法和意见，敢于创新，敢于拼搏，这些经历都成就了现在的我。

社团成员在社团实践中，友好型社团氛围会使其感受到被关心、被尊重、被重视，使其对社团产生归属感，想留在社团满足自身兴趣爱好。在满足自身兴趣爱好的过程中，不断参加社团实践使其对自身的效能和感知越来越强，尤其是受到周围榜样力量的影响和榜样对其进行的言语鼓励时，会促使社团成员增强自我信念，尤其是在社团成员对自我能力产生怀疑时，更容易增强社团成员的自我效能感。自我效能感强的社团成员，便非常愿意在友好型氛围浓厚的社团中进行社团实践，对友好型氛围的营造产生影响并增添活力。自我效能感强的社团成员在社团实践中确立了自己想要成为什么样的人的目标，为了实现该目标，在社团活动中不断实践，在实践中互帮互助，提升其综合素质和能力。

在与创新精英社团成员（CC-M-YH-3）访谈中发现，友好型社团氛围会促使社团成员自主在社团中进行时间和精力的投入，社团投入的增多会直接影响大学生领导力的提升，他说道：

自从我们小组被确定参加全国赛后，我除了上课就是在社团办公室，大家一起为参加比赛各司其职、共同奋斗，遇到难题一起解决，一起面对挑战。每次来社团办公室做创作，感觉自己没做什么，2个小时就过去了，以前觉得时间过得很慢，现在连接电话的时间都没有。我现在变得特别自信、乐观和自律，在参加社团活动的过程中，我的能力得到了非常大的提升，尤其是自我认知与管理能力、交际能力、沟通能力、组织能力、文案策划能力和对客观世界的认知能力都得到了显著提升。所以，我认为将更多的精力和时间投入到社团活动中，就可以在社团活动中有所收获，最重要的是可以提升综合能力，缩小我与他人及社会之间的距离。

友好型氛围可以影响社团成员参加社团活动的状态，可以促使其在参加社团活动的过程中充满激情和活力，自己最快乐的时光在社团活动中度过，无私奉献各自的时间，全身心投入到社团活动中，在社团活动实践中提高其综合素质和能力。社团成员综合素质和能力的提升会促使社团氛围发生改变，尤其会促使社团的友好型氛围更加浓厚，浓厚的社团氛围在一定程度上增加了社团大学生对社团的投入度，使其投入更多的时间和精力到社团实践活动中，社团投入的增加会促使大学生增加社团实践的机会，从而形成螺旋上升的循环模式，不断提升大学生的领导力水平。

通过与创新精英社团的指导教师、负责人和成员访谈发现，该社团是个相互关心、相互帮助、相互支持和相互信任的社团，友好氛围非常浓厚。友好型氛围是大学生留在社团进行自我发展和能力提升的最重要因素。友好型氛围的营造需要社团指导教师、负责人和成员各自发挥作用，通力合作才能营造相互关心、相互帮助、相互支持和相互信任的氛围。友好型氛围对大学生的理想信念、价值观、修身养性以及今后要成为什么样的人发挥着至关重要的作用。因为只有大学生留在了社团，在社团中寻找学习的榜样，在社团活动实践中增强自我信念，不断形成社团学习共同体，在实践中找到自身价值、实现自身价值，才能在社团发展中提升综合素质和能力。因此，友好型社团氛围是大学生领导力培养和提升的基础。

从友好型社团氛围的界定和形成过程中不难发现，友好型社团氛围在一定程度上包括了榜样的相似性、努力的相似性和言语的说服力。在社团新成员加入社团时和其他成员参加社团活动的过程中，友好型氛围是社团成员加入社团的最关键要素。当社团新成员加入社团后，被社团中的其他成员关心、支持、爱护和信任，尤其是当其遇到困难和挫折时，周围的榜样力量和榜样对其进行的言语鼓励使社团新成员增强了自我效能感。自我效能感增强的程度会不断促使参加社团的大学生在社团活动中与周围的人和社会进行互动交往，在互动和交往的过程中营造更加友好的社团氛围，使其在良好的氛围中投入更多的时间和精力，从而实现其能力提升和成长成才的目标。社团成员在友好型氛围的感知下，愿意留在社团实现自身价值。在实现自身价值的过程中，社团成员自然而然要投入大量的时间和精力，以最佳状态参加到社团举办的各类活动中。因此，社团投入在友好型氛围对大学生领导力的影响中发挥的作用不是很明显。

二、投入与生成的动力：在创造与更新中促进自我认知体验

参加社团的大学生在相互关心、相互帮助、相互支持和相互信任的氛围中更能实现自身价值，在不断参加社团实践中逐渐完善自我，进而提升自我效能感。自我效能感的提升是社团大学生自我发展的动力，会增加大学生在社团活动中的时间和精力投入，促使其在社团活动中不断创新活动想法、活动形式、活动内容和活动载体等，在创新中对自我认知进行再加工，在创新想法、创新形式、创新内容和创新载体实施的过程中对自我管理技能及自我认知有了更进一步的体验，进而更好地促使

社团创新氛围的形成。从一定程度上说，创新型社团氛围是高校学生社团不断发展的关键内核。从创新型氛围向度的访谈资料编码显示中可以看出，创新精英社团的指导教师、负责人和成员都认为，社团存在创新型氛围，而且创新型氛围非常浓厚。一定程度上，社团的快速发展需要创新型氛围，也依赖创新型氛围。

在与创新精英社团的指导教师（CC-T-CX-1）访谈中发现，社团的创新型氛围是促进社团快速发展、促使社团成员不断产生创新思想和行为的源泉。正如他所说：

我在指导社团的过程中会同小组成员一起讨论项目实施的可操作性和价值，对有想法和有建议的成员会及时给予帮助和引导。针对小组成员的兴趣和特长会依托相关平台对其进行结合、孵化，引导小组成员积极思考、努力创新。当小组成员有创意想法时，大家会共同讨论其合理性和可操作性，在商议中对想法进行修正和完善，最后将创意想法转变成项目书。在撰写项目书和筹备材料的过程中，主要由项目负责人牵头负责项目的实施。当小组成员的创新想法得到认可和实施后，其他小组成员也会受到影响，他们也在实践中学会了观察和思考，最后将自己的创新想法变成了现实。社团中的很多老成员都经历了从创意想法变成项目的这一过程，这个过程促使社团的创新氛围日渐浓厚。正是因为我的以身作则和率先垂范，小组成员们的创新意识很高，社团的凝聚力越来越强，尤其是实践操作能力方面提升了不少。就我个人而言，我认为社团必须要有创新氛围，尤其是学科技术类社团创新至关重要，因为只有创新，才能促使社团成员在创新的过程中对自我进行再认知，在认知的基础上发展进步，进而实现社团成员自身理想、自我价值的实现。

作为社团指导教师，创新型氛围的形成主要是给予社团成员积极的引导和帮助，逐渐形成“人人皆有想法，想法皆可变成现实”的培养模式。鼓励以现有项目为基础，将现有项目与社团成员所学专业相结合，依托相关专业平台，创造良好的条件将社团成员的创新想法落地，变成一个成熟的项目。在周围创新想法得以实现的社团成员的影响下，促使其他社团成员学会观察、学会思考，在攻克难题的过程中磨炼自身意志，对自我进行再认知，在再认知的基础上投入大量的时间和精力，从而达到提升自身素养和能力的目的。

与创新精英社团的负责人（CC-L-CX-1）访谈中发现，该社团的创新氛围非常浓厚，他说道：

我们社团的专业性较强，在专项学习之余，各项目组会根据自身优势，设计很多电子游戏和实验性游戏，比如弹力球实验、机器人投篮、交通指挥等小程序，方便社团成员在枯燥的时候换换心情。我们小组的成员都很有创新想法，他们会在玩的过程中对现有程序和项目进行修改和完善，对修改后的程序和项目进行实验，最后大部分实验都取得了成功。有时候社团成员们为了测试实验，每天都泡在社团活动室，感觉都痴迷了。我认为我们社团创新氛围好的最重要原因是，大家提出的想法大都能得到指导教师和其他成员们的认可和支持，加上专业指导教师会利用自身资源帮助其想法实现，所以激发了我们的创新行为，促使社团的创新氛围越发浓厚。

作为社团负责人，积极调动社团成员的兴趣特长和自主性，利用项目和自身优势，设计相关实验，敢于支持社团成员的创新想法，在创新想法的实践中激发社团成员的内生动力。在创新想法实践的过程中，对自身性格、特长、优势进行再认识，这一再认识的过程会促使社团成员增强自我信念，进而投入更多的精力、时间和智慧到项目的创新中，在指导教师和其他社团成员支持的基础上，使创新项目得到孵化，在孵化的过程中完善自身短板，积极发挥自身长处，在担任项目负责人的过程中提升各种素质和能力。

通过与创新精英社团的成员（CC-M-CX-1）访谈中发现，社团成员们认为只有营造创新氛围才能不断创造奇迹，创新氛围是促使自己不断发展、不断突破自我的基础和条件，他说道：

我参加社团最大的感受是，每个人必须得有创新思维，只有具备创新思维，才能在社团中凸显自身价值，重新认识潜在的自我。我大一刚加入社团的时候什么都不会，后期跟着小组进行专业学习和培训，认真听每周的讨论会，我感觉自己学到了很多。每当轮到我汇报时，带我的学姐引导我梳理思路，准备材料。在这个过程中，我将自己的想法融入小组的项目中，以清晰的思路进行陈述，汇报得到大家的一致认可。通过此次汇报，我发现自己具备善于思考、勤于实践的能力，具有很强的发散性思维，这是我之前没有发现的优点，可能是因为喜欢，才会投入很多的时间和精力去把项目做好。通过这次成功的实践，我对创新有了新的认知。创新不仅仅是项目成功的创新，也可能是一个点子、可能是一个想法、可能是一个思路。通过这次汇报，我感受到自己的想法被支持的喜悦，感受到我是小组当中不可或缺的一员，这种感受激励着我不断思考、投入和创新，敢于去突破自我，成就自我。

社团成员一致认为，要具备创新思维，敢于创新。敢于创新的前提是受到了自身兴趣爱好的驱使，兴趣爱好是社团成员不断创新的内生动力。要想满足兴趣爱好，就要学习与创新小组项目相关的专业知识，通过不断实践满足自身兴趣爱好，在满足的过程中投入足够的时间和精力，当投入的时间和精力达到一定程度后，创新想法就会变成项目进行孵化。在创新观点、创新想法、创新内容和创新思路等在实践的过程中，专业指导教师和社团成员的大力支持和认可发挥着非常重要的作用。这种支持和认可是社团成员创新的核心动力。社团成员在不断创新中对自我进行再认知，激励社团成员不断思考，敢于突破自我、成就自我。

在与创新精英社团成员（CC-M-CX-2）访谈中发现，友好型社团氛围对参加社团大学生的自我效能感有直接影响，从而促使社团成员积极参加并组织社团活动，在参加和组织社团活动的过程中提升其大学生领导力。他说道：

我们社团友好氛围和创新氛围都非常浓厚，所以社团成员参加活动的积极性非常高，社团成员的创新意识非常强，并能在实践中实现自身想法。我刚加入社团的时候，对自己是否能留在社团有过怀疑，当我加入社团一周后，通过团建和师哥师姐们对我的关心和帮助，使我感觉到自己存在的意义和价值。尤其是在参加小组举办的讨论会中，我同小组成员一起探讨学术、探讨人生，在专业素养、人际交往、组织宣传等方面有了很大的进步。后来通过我与大家聊天发现，其实师哥师姐刚来社团的时候与我面临的情形是一样的，都经历了与我相同的心路历程。在不断积累中，我变得非常积极。有一次，社团负责人召集大家自领任务，我鼓起勇气领了一项，事实证明，我确实能把工作做好，虽然在完成工作期间碰到了许多难题，但我都积极解决了。自此以后，我的创新能力逐渐得到提升，同时也激发了我们小组其他成员的创新意识。

在与社团成员访谈中发现，创新型氛围的营造需要建立在友好型氛围的基础之上。友好型氛围和创新型氛围对社团成员的自我效能感有直接影响。自我效能感的提升进而影响大学生领导力的提升。在友好型氛围的影响下，社团成员感受到被关心、被支持、被信任、被需要、被尊重，促使社团成员对社团产生信任感和归属感，进而在友好型氛围的感知下对自己进行再认知，开启创新思维。一旦社团成员的创新思维得到支持，并成功将创新思维付诸实践，社团成员的自我效能感就会倍增。尤其在社团成员遇到困难和挫折时，社团榜样人物的言语鼓励和说服对其发挥着重要作用，会极大增强社团成员对自己完成一项具体事务的信心，从而使其提升综合素质和能力。

通过与社团指导教师、负责人和成员访谈发现，创新观点、创新想法、创新内容和创新思路能够得到大家的认可、支持和鼓励的氛围是社团大学生领导力培养和提升的核心动力。创新型氛围的营造需要社团指导教师、社团负责人和社团成员各自发挥功用，从不同角度满足社团成员的需求，激发社团成员的潜意识和能动性。在此基础上，社团成员会在创新的过程中增加时间、精力和智慧的投入，在实践的过程中增强自我信念和成功经验，从而促使社团成员重新认识自我，进而投入到后面的创新实践中。创新型氛围对社团成员实现自身理想、归属感，培养严于律己、以身正人的优秀品质的锤炼发挥着核心作用，是社团成员敢于突破自我的核心要素和关键。因为只有社团充满了创新型氛围，大学生才愿意在社团中贡献自身智慧，才能在创新中不断实践自身想法，在想法变成现实的过程中积累成功经验，成为社团大学生创新实践成功并不断突破自我的典范，从真正意义上带动社团的可持续发展。在创新型社团氛围中，自我效能感和社团投入在社团氛围和大学生领导力之间发挥的作用不是很大。可以说，创新型氛围是大学生领导力培养和提升的核心动力。

三、稳定的基石：以公平规则增强社团成员实践中的自我管理

社团的创新型氛围促使参加社团的大学生增加其时间、精力和智慧的投入，使其将创新想法、创新形式、创新内容和创新载体得以在社团活动中实现，从而促使其对自我进行再认知。参加社团的大学生在自我再认知的基础上，会对社团管理和发展提出相应需求，要求营造公平公正的社团氛围并建立规范的社团管理体制机制。在规范的体制机制和公平公正的氛围中，参加社团的大学生更喜欢在社团活动中进行实践和提升能力，在社团活动实践的过程中做好自我管理，尤其是提升对自己目标规划和时间规划的能力，这是社团自身发展和社团大学生发展的稳定基石。

在公平型氛围向度的访谈资料编码显示，创新精英社团的指导教师、社团负责人和社团成员都认为，社团的公平型氛围相对浓厚，公平型氛围会随着大学生的身心特点、比赛特征及社会变化不断营造和完善。

在与创新精英社团的指导教师（CC-T-GP-1）访谈中得知，社团的公平型氛围相对浓厚，他说道：

我们社团的公平氛围相对浓厚。从理论指导、实践平台及信息获取都是公开透明的，任务分工都是依据社团成员自主自愿进行的。在评先评优过程中，以获奖项目的级别和贡献率的多少作为评奖依据，评奖评优公平公正、公开透明。当然也有不服输的社团成员，他们都暗暗使劲，争取下次能取得更好的成绩。正是因为社团的这种公平公正氛围，所以社团留住了很多志趣相投并为之努力且有真才实干的大学生。大家都是在为实现自身理想而努力奋斗，并且在奋斗的过程中，有指导教师和团队共同出谋划策，督促自己一起努力前行，在前进的过程中，已经形成了一个良好的学习共同体，这个学习共同体在可持续发展中发挥了重要作用。因此，社团成员们非常认可社团的发展模式。我指导社团的相关制度是在国家制定的学生社团制度的基础上进行修订和完善的，因地制宜地让制度落地，从而进行人性化管理，所以大家对社团管理制度非常认可。公平的社团氛围鼓舞社团成员的士气，促使大学生们坚定信念，并能为之努力奋斗，社团的发展才能得到保障。

作为社团指导教师，社团的培养模式从理论指导、实践平台到信息获取都需公正透明，任务分工需依据社团成员的自主自愿原则。社团的管理制度都是由社团成员共同商讨进行修订和完善的，评奖评优有据可依，减少人为因素，大家做决策时都是共同商议，不存在偏袒任何人的情况。因此，社团的公平公正氛围使社团成员都感受到自己被公平对待，自己的付出有相应的收获，这种良好的发展模式为社团留住人才做好保障，促使社团成员在社团中满足自身兴趣、实现自身价值。

作者与创新精英社团的负责人（CC-L-GP-1）访谈中发现，他认为公平氛围是社团良好运转的保障。因为只有在公平公正的社团氛围中，社团成员才会长久留住，进而支撑社团的核心理念不断传承和发展。他说道：

我们社团从指导教师配备、活动资金、活动场地及活动资源等方面都很完善，尤其是管理制度和办法都是由社团成员共同讨论并修订完成的，并且管理制度和办法会随着相关政策和社会变化进行细化和修订，如果发现管理制度和办法有问题，大家可以一起讨论商量解决对策。作为社团负责人，我在日常的服务管理中不会偏袒任何一个小组和任何一个人，因为办公室详细记录了每个人的业绩和贡献率。因此，在评奖评优的过程中，没有出现过不公平现象，因为大家都是凭借自己的成绩、参加活动的次数和所获奖项来作为评选依据的。对于新加入的社团成员，都是凭自身意愿加入“一室三中心”和“创新小组”的，不存在谁干得多谁干得少的现象。我认为，社团发展的前提是，只有做到管理制度、指导和资源各方面都公平公正，社团才能不断往好的方向发展。

作为一名社团负责人，要及时根据相关政策、社团成员特点和需求、社会变化及时修订和完善相关管理制度和办法，在社团的日常管理中，对待新成员和老成员都一样，遇到问题大家一起商量解决，不独断专行。在评奖评优的过程中，有详细的评选办法和相关记录作为参考，确保评选过程和结果公平公正。在这样的社团氛围中，社团成员感受到自身在社团中发挥的价值，会投入更多的精力和时间自我管理，将自身的时间和技能运用到极致。

通过与创新精英社团的成员（CC-M-GP-1）访谈得知，社团的公平氛围很浓厚，他说道：

社团指导教师和专业指导教师对社团成员的指导是面向全体社团

成员的，课题小组的项目指导、参赛消息的获取及评奖评优都是公开透明的。大家的目的很明确，就是为了多学知识、多参加比赛、多提升自己的综合能力。指导教师和社团负责人不会看不起我们新加入的社团成员，因为社团的发展理念就是：人人皆可成才。所以，我们社团的公平氛围特别好。我认为，只有大家相互关心，具有创新意识，共同努力，公平氛围好，大家自然而然就把所有的精力都放在创新项目当中了，我们特别希望自己能在比赛中取得相应的成果，能获得荣誉。社团的公平氛围对我的影响更深的是，一定要做一个有目标、有理想的人，为了实现目标和理想吃点苦不算什么，重要的是要知行统一，才能走得长远。

作为一名社团成员，要积极努力做好自己，在社团中努力成就自己，多学习、多实践，在参加社团活动中通过自身付出和努力证明自己的价值，价值实现的过程中学会自我管理，提高管理技能，进而提升自身的综合素质和能力。

在与创新精英社团成员（CC-M-GP-2）访谈中发现，自我效能感和社团投入在公平氛围和大学生领导力之间发挥着调节作用，社团公平氛围越好，参加社团大学生的自我效能感就越高，这会促使社团成员将更多的时间和精力投入到社团活动中，从而促使社团成员积极参加并组织社团活动，进而在这个过程中提升其大学生领导力。他说道：

我们社团的公平氛围很好，因为每份付出都会有回报，我感觉每做一件事情都会有不同的收获，我做的每件事都是对各种能力的提升，而且社团对我们成员的每一次进步都会举办相应仪式进行表彰。这种形式促使我不断投入自己的时间和精力，在一次次的投入中增加了我的自信程度和成就感，公平型的社团氛围是我不断参加社团活动的保障。在这种保障的支撑下，我找到了自己的价值，这种价值促使我不断学会自我管理，尤其是意志力方面和自信心方面有了很大的提升，增强了各种自我管理技能。

作为一名社团成员，公平公正的社团氛围促使社团成员不断在社团实践中进行时间和精力的投入，使社团成员在不断实践中增强自我效能，在不断投入时间和精力的过程中，自我效能感会越强，进而影响大学生综合素质和能力的提升。

通过与创新精英社团的指导教师、社团负责人和社团成员访谈发现，健全的制度、规范的管理、指导老师的积极指导、实践机会的提供、信息获取的平台、活动任务的分配、评奖评优等方面的公平公正是大学生社团有秩序发展的重要保障。公平型氛围对于社团大学生价值观的形成、能够坚持自身理想、能知行合一、能传递精神和价值观方面发挥着重要的影响作用，这是社团大学生领导力培养和提升的重要保障。因为只有大学生社团充满了公平公正氛围，才能使社团大学生感受到社团中每个人都是同等重要的，都是被大家尊重的，都有各自的价值。在社团中没有好与不好的差别，不会遇到不公平的对待，大家都在不同程度地发挥着自身优势，都是社团发展中不可或缺的一员，这样大学生才愿意继续留在社团。因此，公平型氛围是大学生领导力培养和提升的保障。

综上，通过对社团指导教师、社团负责人和社团成员进行社团氛围和大学生领导力之间的关系访谈发现，大家均认为良好的社团氛围对大学生领导力有非常重要的影响，不管是友好型氛围、创新型氛围还是公平型氛围，都会对大学生的人格魅力产生重大影响，尤其在价值观的形成、理想信念的实现、人生目标的追求等方面。其中友好型氛围对大学生领导力的影响作用最大，其次是创新型氛围，最后是公平型氛围。具体来讲，友好型氛围是大学生领导力培养和提升的基础，是大学生实现自我价值的基础和首要条件，尤其对于刚加入社团的大学生而言，当他们感受到社团成员之间是一种充满关爱、相互帮助、相互信任的状态之后，就会被这种氛围所感染和吸引，从而坚定了加入该社团的信念。加入社团后的大学生要想实现自己的理想，就要去创新，只有当他们的创新想法得到社团指导教师和其他社团成员的支持，才能在不断创新实践中突破自我。在这个过程中，有一部分人实现了自身理想，会愿意继续留在社团，还有小部分人没有找到自身价值，会选择退出社团，这样一来，留在社团的大学生都是真正愿意在社团实现自己价值的人。在这个阶段，社团完善的制度、公开透明的选拔和评奖评优就显得尤为重要，因为公平型社团氛围是社团可持续发展的保障。

首先，从社团氛围对大学生领导力影响的质性研究结果可知，友好型氛围是大学生领导力提升和社团发展的基石。质言之，只有社团具备相互关心、相互帮助、相互支持、相互信任的氛围，大学生才愿意加入并留在社团，在参加社团实践中找到自身定位并实现自身价值，在社团发展中提升其综合素质和能力。其次，社团成员在发展自我的过程中要不断创新。在社团成员不断完善自我认知与管理、不断提升社会实践与交往能力、不断树立正确的价值观和坚定理想信念的过程中，其对自身的发展有了更深层次的了解和认知，在自我再认知的促使下，社团成员想要突破自我、不断发展自我，这时创新型社团氛围就会被社团和社团成员所需要，进而不断形成创新型氛围。换言之，创新型氛围是大学生领导力培养和提升的核心动力。当一个社团同时具备了友好型氛围和创新型氛围时，说明这个社团已经在往好的方向发展了。在此基础上，优秀的社团成员就会不断完善社团管理制度、培养机制等内容，使一切公开透明，进而形成公平公正的氛围。因此，友好型社团氛围对大学生领导力的影响程度最高，其次是创新型氛围和公平型氛围。同时，质性研究结论再次印证了本书研究对于社团氛围维度划分的合理性和科学性。

从第四章社团氛围与大学生领导力关系的相关系数可知，社团氛围与大学生领导力人格魅力维度的相关性最高，相关系数是 0.900；其次是社会实践与交往；最后是自我认知与管理。友好型社团氛围与大学生领导力的相关程度最高，相关系数为 0.886；其次是创新型氛围；最后是公平型氛围。在自我效能感和社团投入的中介研究中，自我效能感和社团投入在社团氛围和大学生领导力之间均起部分中介作用，中介效应的总贡献率分别为 17.6% 和 24.86%。也就是说，社团氛围对大学生领导力的影响不完全通过自我效能感和社团投入的中介来实现，社团氛围对大学生领导力还有部分直接效应，尤其是在友好型社团氛围中，自我效能感和社团投入的中介作用发挥极其不明显。由此可以看出，质性研究结果与量化研究结果是相一致的，同时补充了量化研究结论背后的缘由，质性研究中的案例阐释了在友好型社团氛围和创新型社团氛围下，自我效能感和社团投入在社团氛围和大学生领导力之间发挥中介作用不明显的原因。质性研究是对量化研究的补充，是对量化研究的印证。

第六章

指向良好社团氛围的大学生领导力提升策略

承前所述，具备良好多样化氛围的大学生社团可为大学生领导力等综合素质及能力提升提供重要场域。但作为高校管理体系中的一个民主自治性的社团组织，大学生社团氛围的创建与完善会受到多方面的影响。通过前几章节作者对社团氛围和大学生领导力之间的关系和中介关系进行定量和定性研究结果分析得知，不同程度和类型的社团氛围对大学生领导力的生成与提升产生着各具差异的影响关联，尤其对优质社团个案的挖掘更加印证了社团氛围在大学生领导力生成关键阶段发挥的重要作用。因此，在本章，作者从高校社团管理体系构建、社团指导教师协助、社团负责人引领以及社团成员自身能动作用四个维度提出适用于以社团氛围构建推动大学生领导力提升的相关策略路径。

第一节　高校以公平规范的社团管理体系促进大学生综合素质提升

大学生社团是提升大学生综合素质和能力的实践场域，是高校贯彻落实立德树人和促进大学生全面发展的重要载体。以大学生社团为载体实现立德树人的教育任务，高校需要将大学生社团的定位确立为“提升大学生综合素质和能力”，制定科学的管理模式和规范的管理体系，进一步优化社团氛围公平公正。社会认知理论认为，个体的行为会受到环境和个体认知的影响。也即是说，大学生综合素质和能力的提升需要高校营造良好的氛围，而营造良好氛围的关键是确立大学生社团的核心价值定位。

一、确立社团发展总目标和层级目标

“促进人的发展、提升学习者的综合能力”已成为现代教育理论的基本共识。大学生社团作为高校教育中以促进大学生发展为目的的一种教育方式，它以大学生参与社团活动实践的方式来提升其综合能力、锻炼其思维、塑造其价值观，从而促进大学生更好地成长成才。因此，高校需要明确大学生社团的价值定位是“提升大学生的综合素质和能力”。一方面要明确大学生社团在大学生成长教育中的定位和理念。大学生社团是开展社会主义核心价值观教育的优秀途径，[①]它对于大学生树立正确的人生价值观和社会责任感以及社会实践能力的发展具有不可替代的重要作用。面对大学生日益多变的需求，高校应主动打破以往的“以学业成绩”为中心、不以“学生的需求”为中心的限制，应积极与社会相关机构、理论研究院、科研院所、创业基地、教育机构、社会服务机构、企业单位等地建立联合培养计划，为参加学生社团的大学生提供与社会接触的机会，为顺利实现大学生的社会化和大学生就业奠定基础。

另一方面要确立大学生社团发展的层级目标。具体而言，对于刚成立的社团，要明确社团发展目标和方向、制定完善的社团章程，社团指导教师要具备指导资格和能力，社团负责人要具备带领社团发展的专业知识技能和能力，社团要有固定的活动场地和经费支持等，一旦这些外部条件都得到满足，就会激发大学生参与社团活动的动机。只有外部硬件设施和人员配置同时具备，才能为社团初期形成良好的友好型氛围

① 石中英．社团活动与社会主义核心价值观教育[J]. 中国教育学刊，2014(6): 22-25.

打下坚实基础，引导大学生自主参加社团，加强对知识和技能等多种综合素质和能力的培养。对于成立 1 年以上的社团，已经逐步形成了自身的管理体系和运行模式，在不断摸索和实践中积攒了一些成功经验，但社团的发展是否围绕社团核心目标、是否具有友好型与创新型氛围、是否形成了独具特色的社团文化显得尤为重要。因此，高校要围绕社团目标拓宽社团实践平台，支持和引导参加社团的大学生在参与社会岗位中历练和感悟，将自身优势与社会需求相结合，在实践中强化内心认同，以“勤学、修德、明辨、笃实、爱国、励志、求真、理性”为目标，在社会实践中增强社会责任感和使命感，做新时代的领航人。对于成立 2 年以上的社团，要积极构建社团的创新思维、形成公平公正的社团氛围、构建社团文化的传承模式来增强社团的价值引领功能，尤其是对社团人员的培养体系、社团的管理模式和体制机制要不断规范，进而在友好创新的基础上营造良好的公平公正氛围。

高校要积极打造“精品社团”的培养和传承模式，将社团与中华优秀传统文化、大学生思想引领、大学生专业学习、大学生创新创业、大学生社会化发展、大学生奉献社会、大学生就业等有效结合，积极搭建各类优秀社团技能培训、文艺讲座、成功经验交流会和分享会的平台，促使不同层次的社团进行互相交流和学习，在交流中合作，促使大学生在人文与科学、知识与道德、智慧与情感等方面得到全面发展。对于优秀的“十佳社团”，要积极构建学生社团的价值引领体系，增强社团成员的价值观教育。换言之，在设计各类社团活动前，要对社团活动进行策划，尤其是针对文体类社团，要加深相关社团活动的价值内涵引领，以社团目标和社团文化为出发点，运用大学生喜闻乐见的方式方法分层分类进行。在社团活动实施中，树立社团的价值目标，围绕目标设定月活动计划、季度活动计划和年活动计划，在特定时节开展有教育意义的活动，在活动中凝聚大学生的价值共识，在活动中不断深化主流思想和先进文化的传播，使大学生在参加学生社团活动中不断培育和践行社会主义核心价值观，成为一名合格的建设者和接班人。

二、建构“社团自治性”体系，完善社团发展的体制机制

大学生社团的特性之一是自治性。高校相关职能部门要赋予社团更多的自治和发展空间，这样才能有效推动社团在高校中发挥自身功用，才能促使参加社团活动的大学生在活动实践中提升自身的综合素质和能力。一方面，需构建有效实现社团组织性的环境。高校相关职能部门需放权给各类型社团，在社团指导教师配备、社团活动场地、活动资金及社会性组织与实践平台方面给予社团大力支持，在不违背学校相关规定的情况下，举办与各类社团目标相一致的活动，将权力下放到各类型社团中，将发展目标设立为“一切为了大学生的成长成才”，使各类型社团指导教师和社团负责人能主动积极地举办各类社团活动，创建友爱、创新、公平的社团氛围，完善社团各类服务和管理体制机制，营造一个积极健康向上、充满友爱公平的高校校园文化氛围，使指导教师有所获、有责任、有担当，树立为党育才、为国育人的目标，促使社团大学生树立“争做新时代优秀青年”的人生理想。

另一方面，构建特有的社团监督机制，完善社团管理机制，尤其是激励机制。提升学生社团成员的大学生领导力，除了高校相关职能部门放权外，还要对学生社团进行有效监督。以高校团委社团管理部为核心，建立学生社团监督管理委员会，充分发挥指导教师和学生及其利益相关者的作用，减少举办活动层层审批的过程，行使社团指导教师对社团集中负责的监督权，使社团指导教师科学发挥在社团发展中的影响作用。同时，革新社团评价制度。高校学生社团是一个以满足学生兴趣爱好为主要目的的学生团体，其评价标准不适合采用其他行政组织的绩效评价指标，应采用多方评价相混合的方法，从指导教师、社团负责人、同一

社团的大学生和第二课堂成绩单进行综合评价。高校学生社团服务和管理的体制机制要以“提升大学生综合素质和能力”为根本，将“第二课堂成绩单”制度与社团活动参与情况和指导教师、社团其他成员的评价相结合，形成科学的“可记录、可评价、可测量、可呈现”的规范系统，营造社团公平公正氛围，为参加社团的大学生进行评奖评优并做好科学统计。这种规范管理系统可以客观对参加社团的大学生的学习能力、实践过程和其他能力进行评价。

对指导教师的评价应围绕以下方面展开：社团教师是否能够通过自身对社团目标、社团成员需求及社团能力提升等真实情境，促使社团成员与社会、组织、专业人士和社团成员进行良好的协作和沟通；是否能够创造良好的氛围来帮助参加社团的大学生进行专业学习和实践能力提升，社团目标、活动形式、活动内容、活动载体、活动意义等是否有利于大学生的学习和实践；是否及时对参加社团的大学生的学习和协作进行合理的组织和安排；是否利用多元化媒体和资源来满足社团成员有效获得相关重要信息；在社团大学生遇到困难时是否及时有效地帮助和引导大学生及时获取资源并解决问题等。

三、建立“情境 + 实践”的培训体系，提升社团成员的自我效能感

社团大学生综合素质和能力的提升需要通过参加各类社团活动才能得以实现。一方面，要完善社团培训体系，推进社团科学建设和发展。质言之，学生社团的培训体系一定要紧密结合大学生的实际需求，以满足大学生的兴趣爱好为前提。因此，高校需针对不同类型的社团构建“情境 + 实践”的培养培训模式。具体而言，情境是指学习好相关的专业理论。在培训内容上，针对社团指导教师和负责人需增加对相关政策的解读，社团在高校校园文化、铸牢中华民族共同体意识及第二课堂中发挥

的作用解析、价值引领和组织领导等内容，要针对性学习如何组织策划社团活动等方面的课程；针对社团成员需增加对社团章程、社团专业知识、社团活动的策划等内容，尤其是文案撰写、社团活动流程审批及与活动相关技能提升等课程。社团指导教师、社团负责人和社团成员在理论学习的基础和前提下，促使理论在社团活动实践中得到良好运用，在社团活动实践中激发社团成员的成就动机，使其在社团实践中不断探索，在探索中不断学习理论知识，在实际的情境中去更好地实践。由此循环反复，就能形成一个良好发展的培养和培训模式，使情境和实践相互促进，有效融合。

另一方面，高校要从顶层设计好社团负责人和社团成员的培养模式。这种模式可以帮助社团负责人和社团成员获得替代性经验，以此提升社团负责人和社团成员的自我效能感。在培养模式上，可以采用案例教学与活动培训相结合的模式，针对不同阶段社团成员开展不同类型社团的培训。具体来说，针对刚加入社团的大学生，可以采用以实际需求为导向的案例教学模式，在观察和参与中明确社团活动的形成过程。对于加入半年以上的社团成员，可采用活动培训师模式，积极引导，培养其组织社团活动的能力，并针对性地训练其解决困难的能力，在克服困难的过程中增强社团负责人和社团成员的自我信念。在“做中学”的培养模式可以使社团负责人和社团成员认识到学生社团在高校教育中的地位和发挥的作用，可以使社团负责人和社团成员加深公平型氛围对大学生领导力影响的重要性的认识。社团活动培养模式是目前社团负责人和社团成员比较赞同的一种模式，该模式可针对不同类型的社团，选出各类型社团中典型的社团活动进行展示，在展示的过程中邀请参加培训的社团成员参加到实践活动中，以激发社团成员的参与感和积极性，在参与的过程中答疑解惑，使社团成员明晰应具备和提升哪些方面的能力。当所有的社团在专业知识、硬件设施、组织支持、资源获取等方面达到高水平时，各社团负责人和社团成员的自我效能感就会得到明显提升。

四、营造良好育人氛围，树立正确价值导向

大学生的全面发展需要创造与之相应的氛围和环境。大学生的高级认知能力是在社会文化实践活动中逐步发展起来的，人生来便嵌入在一定的社会文化环境中并受到环境的影响。在这些因素的影响下，大学生通过与他人的社会交往活动逐渐生成新的行为系统。高校学生社团作为第二课堂的重要载体，在促进青年大学生人格培养和发展中发挥着重要作用。一方面，高校学生社团的发展需要高校提供相应的有形环境。具体而言，就是要为各类社团提供发展的基本条件，如活动场地、配套设置、指导教师待遇、社团开展活动支持和宽松环境等。因此，要构建良好的社团育人氛围，高校需提供相应的育人环境。只有社团发展的最基本需求得到满足，社团才有条件和能力进行向内和向外发展，才能有效发挥第二课堂是第一课堂有效补充的实际作用。构建良好的社团氛围不仅可以激发社团成员参加社团活动的积极性，更能培养社团大学生优秀的品质，磨炼大学生的意志，增强大学生的集体凝聚力。良好的社团育人氛围需要在高校领导层的带领下，依靠全体师生共同努力，协同发展创新，才能逐步形成公平公正的氛围，引导参加社团的大学生树立正确的价值观。

另一方面，高校需提供相应的无形环境。大学生社团文化在高校校园文化中发挥着自身独特优势，各类学生社团的核心文化在社团大学生的学习和实践中影响其思想品德、思考问题的方式、生活方式和价值观的形成。高校的使命担当是为党育人、为国育才，要充分发挥思政教育作用，将价值观教育不仅仅落实到课堂上，更要在校园文化，尤其是社团文化中营造良好的育人氛围，要注重发挥大学生价值塑造的育人导向，要引导大学生在参加社团活动时将提升其能力、培养其社会使命感

和责任感等核心价值观作为重要内容。高校在活动育人顶层设计中要将价值观教育放在首位，对如何在学生社团中做好大学生价值观教育要有明晰的规划和具体的实施方案，要重视大学生社团在活动育人和实践育人中发挥的重要作用。

第二节　指导教师积极协助营造学生自主发展的民主友好社团氛围

社团指导教师作为高校学生社团的顶层设计师，在社团的形成、培养、管理和可持续发展方面发挥着至关重要的作用。

一、帮助社团确立以“学生为中心”的实践准则

社团指导教师要根据社团目标和参加社团大学生的实际需求和社团已有发展水平，充分了解参加社团大学生原有的知识经验，立足于当下发展实际，以参加社团大学生为中心，为其提供各种学习资源，以更好地实现参加社团大学生最近发展区的搭建。一方面，社团指导教师首先要在指导社团大学生时，积极调动和发展大学生学习和实践的主观能动性。要把参加社团活动大学生的学习和实践看作是独特的认知方式，并对活动内容、活动形式、活动载体进行筛选，赋予其独特的建构过程，在建构的过程中支持其大胆创新。其次，引导大学生在社团活动中向社会组织、相关专业人士和其他社团成员主动学习并寻求帮助与合作，在最大程度上调动大学生参加社团活动的积极性，同时创设一系列条件促使大学生在参加社团活动中学会反思，学会将原有的旧知识转变成新知识，注重知识的生成过程和转化。在这个过程中，指导教师要发挥其促进者或辅助者的作用，让参加社团的大学生主动学习新知识，主动在实践中认识自己和世界。在不违反学校规定和道德规范的前提下，积极鼓

励其提出的创新举措，营造社团大学生们相互关心关爱、相互支持和相互信任的氛围，使参加社团的大学生在构建新知识和提升能力的过程中，找到“自我做主”的感觉。

另一方面，指导教师要将关注点聚焦在参加社团活动的大学生身上。在专业指导过程中，运用同伴协作、问题提出和参与式学习等方式激发参加社团大学生主动学习和思考。在同伴协作学习方式中，参加社团的大学生来自不同学院、不同年级和不同的专业，他们已有知识的贮备也不同。这种情形有利于不同专业的大学生们相互交流、相互学习和相互协作，促使他们学会在同伴协作中互帮互助，社团指导教师要在指导中做好氛围的营造和专业的指导。在社团举办活动时，大家根据自身和活动需求，各自认领活动任务清单可有效增进社团成员之间的交流交往，提升社团成员之间的分工协作能力。尤其是遇到困难时，社团成员们共同商议找出对策，提升其处理问题和突发事件的能力。在提出问题的学习方式中，可围绕 2~3 个核心问题引导社团成员集思广益，发散创新，促使社团成员相互之间主动答疑解惑，将主动权真正交给参加活动的大学生们，使他们学会如何提问、如何思考、如何解答，培养和提升其交流交往、观察事物和逻辑思维能力。在这个过程中，社团指导教师的角色是旁听者，对相关问题进行引导，引导社团成员及时发现问题、理顺思路并学会处理问题。在参与式学习方式中，大学生可以积极参与活动的策划、组织、实施和总结，将自己视为社团的负责人开展相应的社团活动，指导教师给予及时的支持、引导和帮助。这种学习方式可以调动大学生主动参与社团活动的策划、组织和实施的积极性和主动性。在主动参与的过程中，学会与他人沟通、交流、协作，在交流和协作中促进知识的吸收和转化，进而提升其能力和素养。在这种参与式学习中，激发了社团大学生的学习兴趣和成长动机，引导社团大学生主动运用已有知识去解决学习和活动中遇到的问题，在互动、互助和协作中去主动发现新知识、新方法，从而促使其转变被动的观念为能动观念，进而营造民主友好型社团氛围。

二、协助开展“关爱 + 平台”的发展模式

指导教师在社团发展和大学生领导力提升方面发挥着重要作用。就社团本身而言，形成和确立良好的社团发展模式尤为重要。一方面，指导教师要引导社团负责人和社团成员形成相互关心、相互帮助、相互信任的社团氛围。社团成员基于共同的兴趣爱好，在共同协商社团目标、发展方向、活动资源等过程中，形成一种合作机制。[①] 尤其是针对刚加入社团的大学生，指导教师要引导社团负责人和社团成员形成相互关心、相互帮助的氛围，对加入学生社团的新成员关心关爱，在日常生活、学习和社团活动中给予更多关注，使其快速适应新环境，适应社团生活。这种关心关爱模式促使社团新成员愿意留在社团中发展，逐渐对社团产生归属感，继而产生愿意留在社团投入自己的时间和精力的想法。对新成员实施“传帮带”的培养形式，根据新成员的兴趣点和不足，针对性地配备“师父”对其专业知识、活动经验和能力提升进行帮助和传授，带动社团新成员尽快适应大学生活和社团环境，并确立自身发展目标。社团新成员在努力实现其自身目标的过程中，社团指导教师需及时对遇到困难的社团新成员给予引导和帮助，使其顺利走出过渡期，进而增强自身能做好事情的信念，使其真正成为社团中的一员。因此，社团指导教师要根据社团成员的需求和想法，通过多方位、多渠道创新社团管理模式、社团活动形式、社团活动内容和活动载体，拓展社团发展平台，才能使社团新成员真正留在社团，满足其需求，提升其能力和素养。

另一方面，要积极搭建大学生提升能力、实现自身价值的平台。具

① 杨梅，周正柱．基于组织发展的高校学生社团研究 [J]. 当代青年研究，2018(05): 123-128.

体而言，针对六种不同类型的社团，指导教师要熟知各类型社团特性，针对社团类型和发展目标构建适宜的实践平台。针对政治理论类社团，重点要将理论知识运用于实践，要有大思政的发展理念，将社团学习内容与学生的专业知识、学习生活、校园文化、时事政治等相结合，从身边的人和事着手，将理论学习运用到实践中，做到入脑入心；针对学术科技类社团，要将目标、社团理论知识与相关比赛相结合，拓展学习内容、拓宽实践范围，将社会优质资源引入社团，以赛为导，以赛为契机，促使社团成员在参加相关比赛中增长知识和能力；针对创新创业类社团，要拓宽创新创业实践平台，将创新创业拓展到校外，联系相关行业的顶尖人才为社团成员开展培训。培训围绕如何策划项目、如何孵化项目、如何推动项目落地等内容，并争取机会让社团成员参与孵化项目和运行项目的创新创业过程，为培养大学生创新创业意识打好基础；针对文体艺术类社团，需邀请本地区本行业顶尖级专家为大学生进行授课和培训，在专业知识教学进行到一定阶段时，要拓展平台，安排社团成员们到相关舞台上进行实践，用实践检验学习成果，使社团成员在实践中获得满足感，进而根据实践情况进行下一步计划；针对志愿服务类社团，要创新志愿服务理念，创新和拓展服务的形式和平台，要将大学生社会化能力的提升融入日常志愿服务活动中，要拓展固定的社会实践基地，使大学生在志愿服务中成就自己、提升自己；针对自律互助类社团，要善于引导参加社团活动的大学生在已有知识和经验的基础上，结合自身认知能力，将课堂中和生活中所学置于真实的活动情境中，促使参加社团活动的大学生主动帮助别人并进行自助，学会与他人一起解决问题，在解决问题的过程中提升自身能力。

三、制定适宜的“考核机制”，增强社团成员间的交流互信

科学的评价会激励参加社团的大学生将更多的精力和时间投入到社

团活动中。社团指导教师要构建全面且操作性强的评价体系，内容应围绕社团成员的学习和实践动机、学习和实践能力、认知程度等相关内容展开。一方面，大学生在开展社团活动前期，需要学习与社团相关的专业知识，才能有效应对在社团日常活动中遇到的困难和问题，才能从容面对突发事件。因此，指导教师要健全和完善社团的考核指标。举办学生活动的场次是其中一个内容，重点在于活动带给社团成员的思考和启示，还要看社团成员是否掌握了足够的与社团有关的专业知识、是否具备独立组织活动的能力、举办的活动是否具有引领新时代青年的意义，对参加社团活动大学生的价值观培养是否有促进作用等。社团指导教师要引导社团负责人和社团成员相互建立良好的沟通氛围，进而增进社团成员间的相互了解和信任，在社团中营造相互鼓励、相互学习、相互进步、相互信任的氛围。尤其是当社团新成员加入社团后，要让他们感受到被关爱、被需要、被认可。在开展社团活动时要引导社团负责人和社团已有成员不断向新成员展示社团发展模式，促使社团新成员在实践中体认社团的核心文化，培养新成员对社团的归属感，增强社团成员之间交流和交往，形成相互信任的氛围。

另一方面，社团考核的重点是社团成员的能力提升和社会主义核心价值观的培养。社团指导教师要根据不同类型的社团完善和修订社团考核办法，运用能力量表和活动实践清单相结合的考核方式，将大学生的能力考核作为核心内容对社团成员进行考核。具体而言，在能力量表的基础上针对各类型社团设置不同的实践考核标准，如何从策划活动、组织活动、实施活动、总结活动等每个过程对参加社团活动的大学生进行能力考核，将能力提升贯穿社团活动的每个过程，促使参加社团活动的大学生针对性地提升自身能力。同时，要引导参加社团的大学生培养良好的素养，并对素养进行针对性考核。参加社团活动对大学生影响最深刻的要数其综合素养的提升和社会主义核心价值观的培养，大学生社会责任感、学习力、交往能力、创新能力、自信能力、核心竞争力等能力的培养过程就是引导参加社团的大学生将“小我”融入“大我”中，在实践活动中磨炼意志、丰富社会阅历，使大学生们心中有真情、有信仰、有方向。[①]社团指导教师需要引导社团成员们在交流互信的基础上，留在社团发展自己，在发展中不断完善适宜的评价机制，激励参加社团的大学生不断提升自身综合素质和能力。

四、发挥“社团育人顶层设计师”的角色使命，积极组建“学习型社团”

大学生社团自身是一个学习共同体，参加社团的大学生在社团实现自身愿景，在社团日常和社团学习活动中相互关心、相互合作、共同学习和进步。因此，社团指导教师要引导社团成为真正意义上的学习共同体，将自身定位成“社团育人顶层设计师”。一方面，已有研究表明，学习共同体不仅可以激发学生主动学习的动机，使其积极投入到学习活动中，还可以将知识与实践有效结合，在实践中提升能力，从而促进知识用于能力的掌握。[②]具体而言，社团指导教师要构建学习型社团，固定社团学习的地点和时间，制定社团学习内容，围绕相关主题分小组形式进行讨论交流，激发社团大学生的主观能动性，使各小组成员之间、小组与小组之间逐渐形成稳定、持续的交流和互动氛围，在各小组不断讨论和交流中，进行思想碰撞，将创新想法和理念进行分享，对不同意见和建议进行讨论，激发社团大学生学会思考、学会反思，培养和提升大学生的批判性思维，提高社团的组织凝聚力。这种交互式讨论模式，

---

① 刘三宝，李恺．以社会主义核心价值观培育大学生领导力 [J]. 中国高等教育，2021(Z1): 45-46.

② 余淑珍，安德罗索夫・阿列克谢，张宝辉．学习共同体对学习效果的影响——基于 35 项实验和准实验研究的元分析 [J]. 开放教育研究，2021, 27(05): 81-90.

可以使参加社团的大学生相互了解、相互学习、相互促进，学会对不同观点进行分辨，学会从同伴的思维中借鉴学习。社团指导教师要给予社团成员更多的引导、鼓励和支持，增强社团成员对学习型社团的归属感。当社团日趋成熟后，需给予社团成员更多的协作交流和探究机会，鼓励社团成员维持创新学习的动态平衡，提升认知的连续性。

另一方面，发挥社团指导教师“社团育人顶层设计师”的角色作用。社团指导教师是参加社团大学生学习和实践的合作者和促进者，是社团氛围和环境创造的组织者和设计者，是调解大学生和教育环境相互作用的最佳人选。社团指导教师要善于学习优秀学生社团的管理经验，并结合自身优势，使优秀的管理经验在不断实践中形成自身优秀的管理经验，从而不断检验和完善管理理论，形成可复制的社团管理经验供大家学习和借鉴。社团指导教师要主动学习与社团相关的专业知识和方针政策，还要学习与社团成员成长需求相关的教育学、心理学和管理学等学科知识，拓宽社团成员社会实践平台，提升自身素质和修养，使自己成为一名最佳领路者和上层设计师的指导教师，成为社团真正的领路人。与此同时，要根据不同类型的社团，细化大学生领导力培养方案，将大学生领导力教育融会贯通于第一课堂和第二课堂中，借鉴国外优秀管理经验，结合高校实际，培养社会需要的人才。社团指导教师要带领社团负责人和社团成员一起学习社团专业知识，定期举办社团活动策划、活动展示和活动成功经验分享会，不断向社团注入互相学习、互相交流、互相信任、共同进步和发展的活力，促使社团不断完善和发展。诚如前述，只有学生社团指导教师发挥“活动社团育人顶层设计师”的角色功用，社团才能紧紧围绕其目标可持续化发展，优秀社团的核心文化才能得到更好的传承，在此过程中，社团成员不仅能在社团中既学到知识、提升能力，还能引导其树立正确的价值观，促使社团全面贯彻党的教育方针，充分发挥其育人功能，最终达到培养社团大学生全面发展的目标。

第三节 社团负责人引领“共同愿景”下的激励评价创新型氛围

一、招募“感兴趣的社团人”，建构共同愿景

在大学生社团纳新的过程中，社团负责人要招募社团新成员。在招募新成员的过程中，应招募“对社团感兴趣”的大学生。一方面，社团负责人要招募对社团感兴趣的大学生。大一新生入校后，各社团开始着手招募新成员。在新成员面试的过程中，社团负责人要严把面试入口关，因为很多大学生加入社团的初衷是“想看看这个社团是怎样干的，主要是图个新鲜”，这就导致很多大学生在加入社团两个月后就退出了社团。因此，社团负责人要在面试过程中，将“是否对社团所做的事情感兴趣，是否愿意认识与自己志趣相投的人，是否愿意学习自己感兴趣的知识和技能，是否想提升自己的综合素质和能力”等指标作为招募和选拔条件，将兴趣作为大学生加入社团最重要的依据，在感兴趣的基础上培养参加社团大学生们的专业技能、素养和能力。优化面试流程，面试采用头脑风暴、茶话会、做小游戏、讲故事、展示自己的小发明分享会等方式进行招募。不同类型的社团需采用不同的面试方式，进而提升面试效率和公平性，使面试的大学生对社团留下良好印象，让他们感受到自己被尊重、被重视。

另一方面，社团招募新成员后，社团负责人需要构建社团成员的共同愿景。社团负责人需围绕社团发展目标和社团成员需求构建社团共同愿景。社团的共同愿景应是所有社团成员共同创立并富有吸引力的，是社团发展目标和社团成员发展目标高度契合的短期、长期目标。共同愿景的目标制定要将社团发展目标和社团成员目标有效结合，社团负责人要依据社团成员需求，极大限度地调动社团成员的主观能动性，使社团

成员在参加社团活动中有参与感和主体感，不断培养“我的事情我做主”的意识，在不断满足自身兴趣和爱好的过程中，逐渐使社团成员建立自信心，为能加入学生社团感到自豪，最终在社团实践中实现自我价值。社团整体发展目标的制定要以社会主义核心价值观为引领，社团成员在参与目标制定的过程中，社团负责人要积极引导社团成员的价值观与社团的价值观相一致。因为当社团成员的目标与社团的发展目标相一致时，才能促使社团成员们在社团实践活动中产生内生性动力，才会主动将时间和精力投入实现目标当中。在实现目标的过程中，社团成员不断提升自己，在提升自我的过程中不断创新，在创新实现的过程中增强自我效能感和社团投入，从而提升社团成员的综合素质和能力。

二、采用适宜的“激励机制”，激发社团成员在挑战中创新

在管理和服务社团的过程中，社团负责人不仅要明晰社团的发展目标和社团成员的需求，还要促使社团成员持续保持较高的自我效能感和社团投入。一方面，社团负责人需要制定独特的激励机制，督促社团成员敢于接受富有挑战性的活动任务，在激励和挑战中不断创新，不断战胜自我、展示自我和成就自我。激励机制除了加分奖励、颁发证书奖励等方式外，还可以增强日常学习和活动中公开表扬、发表扬贴士、礼物奖励、仪式奖励等方式，同时对社团成员组织活动中所用物品和相关费用及时报销，还可以为社团成员过生日并赠送祝福贺卡等，这些奖励方法都可以激励社团成员更好地在社团中创新和提升自身能力。大学生加入社团的目的大都是实现自我价值。在实现自我价值的过程中，对于其创新想法的支持和鼓励是对社团成员最有效的激励方式，尤其是当创新想法得以实现时，其自我价值会不断提升，自我效能感和社团投入会随之增强。因此，社团负责人要根据不同类型社团制定行之有效的激励机制，使社团成员在社团实践中感受到被需要、被认可、被鼓励，从而营

造更好的创新氛围，让社团成员深刻感受到自身价值。这种自我价值的实现会促使社团成员增加对社团的投入，会激发其创新意识和再认知，进而促使其在社团的学习和实践中更快更好地提升自身的综合能力。

另一方面，社团负责人需建构富有挑战性的社团活动任务。当社团成员加入社团一段时间后，学习相关专业知识的需求已经得到满足，此时社团负责人要组织社团成员一起修订社团的短期目标和长期目标。具体而言，对于加入一年以上的社团成员，要重点培养专业知识和实践如何有效结合，拓宽实践平台，使其在实践中不断创新。社团成员只有不断挑战自己，才能使其在挑战中加深对自我的认知，激发其创新理念，促进其产生创新行为。也就是说，对于加入社团满一年以上的社团成员，需提供合适的实践岗位，在具体的工作岗位实践和锻炼，在实践中将所学与社会所需紧密联系，在实践中锻炼自身能力，在实践中产生创新观念和想法，从而获得成就感。社团负责人要根据社团成员需求制定合理的工作任务，循序渐进地增加工作任务的难度和挑战性。同时，社团负责人要合理分配活动任务，可采用“认领制”将社团活动任务交给每个实践岗位的社团成员，使社团成员在策划、组织、实施社团任务的过程中“挑大梁”，使自己成为社团活动的负责人，并在负责具体的社团活动中创新活动形式和内容，激发社团成员的责任意识、担当意识和创新意识。有创新想法的社团成员需要在完成高难度的工作任务中不断提升和展现自己，通过挑战具有难度的活动任务成就自己，在成就的过程中得到大家的认可，在完成社团活动任务的过程中激发其创新潜质，继而将自己培养成为社团的优质接班人。从社团发展的角度看，制定具有创新和挑战的社团任务，可以增强社团的核心竞争力，可以为社团的发展贮备更多人才，可以传承和创新社团的核心文化，营造良好的社团创新氛围。

三、完善社团“评价机制”，促使社团成员在实践中创新

在服务社团发展的过程中，社团负责人需在学校和指导教师制定的评价机制的基础上，根据社团发展目标和社团成员的实际需求，不断修订和完善社团的评价机制，进而促使社团成员在实践中不断创新。一方面，建立科学的评价机制。社团负责人要时刻关注社团和社团成员的发展情况，尤其要关注社团成员的需求和日常表现。因此，评价指标要针对具体的评价主体来设置，如对于加入社团时间不同的社团成员应采取不同的评价标准，不同类型社团也应采用不同的评价标准，同时建构完善的评价反馈机制。当每学期的评价结果公布后，应第一时间将结果公布到社团，同时做好相关解释工作。对于评价优秀的社团成员，需制定更具难度的工作任务和目标；对于评价合格的社团成员，要以评价优秀的标准制定其任务和目标；对于考核不合格的社团成员，需建立其与评价优秀的社团成员之间教育帮扶机制，帮助其找到差距并提出改进措施。在评价的过程中，可以采用加分制度。如社团成员如果积极参加社团举办的各类活动，并在活动中勇于创新，可以给参加社团活动的社团成员加相应的学分，并积极引导社团成员策划和组织社团活动，在组织社团活动中敢于创新、善于创新，不断促使社团活动正规化。

另一方面，在合理的评价机制上，社团负责人要引导社团成员之间建立良好的实践创新氛围。良好的实践创新模式可以激励社团成员在社团活动中积极思考、勇于创新。尤其是当社团成员的创新想法得以实现时，就会不断投入时间和精力参加更多的社团活动，从而在实践中思考、在实践中成长。尤其是当评价机制非常完善的情况下，社团成员非常乐于在社团实践中创新，继而实现发展自我、成就自我的目标。社团负责人对社团“评价机制”的修订和完善，要征求社团所有成员的建议和意见，以“实践中创新”为思路，引导社团成员发挥其聪明才智，在创新

社团活动载体、社团活动形式、社团活动内容等方面积极思考，对于创新点和想法及时投入到实践中，评价创新效果，分享创新成功经验，对效果和经验分享非常好的社团成员进行表彰，进而激励社团成员在社团实践中增强创新理念。

四、注重社团“仪式感”，促使社团成员在实现自我价值中不断创新

仪式感能为学生带来更大成长值。[①] 高校学生社团需要注重营造社团的“仪式感”，使社团成员懂得创造自身价值，在创造自身价值的过程中不断创新想法和观点，继而实现自我价值。一方面，社团负责人要引导社团成员增强自我信念。尤其是对于加入社团半年以上的成员，社团负责人要积极营造关爱和创新的社团氛围，增强社团成员对社团的归属感，增强其愿意在社团继续提升自我的信念，使其被社团接纳，顺利融入社团中，感受到社团其他成员的关爱，进而在社团中满足其需求，建立可以实现自我价值的信念。社团负责人要引导社团成员共同营造社团的人文氛围，对社团成员的生日进行集体庆祝，对社团成员取得的进步进行表彰和奖励，对社团成员遇到的困难及时给予帮助，使社团成员感受到社团对他们的重视，使社团成员从心理上认可自己，认可社团，并能在良好氛围中实现自我价值。而实现自我价值最有效的方法是其创新想法的实现。因此，社团营造良好的“仪式感”是激发社团成员不断创新的源动力，这种“仪式感”使社团成员产生了留在社团的想法，对社团的发展和自身的发展有所期待，想更进一步在社团中满足其需求、提升其能力，最终实现其自我价值。

另一方面，在人文关怀的基础上加强创新典型的树立和培养。在修

① 张玉成．仪式感的教育价值不容小视 [J]. 人民教育，2021(Z2): 29.

订和完善社团激励机制的基础上，多给予社团成员浓厚的人文关怀。具体而言，当社团成员的创新想法得到大家支持和赞同时，社团需举办小组欢庆仪式，对有创新想法的社团成员进行表扬，同时发放些小礼品和奖状。对于创新想法得到大家支持并将创新想法在社团活动中得以实践的社团成员，要举办社团的表彰仪式，激励这些典型，梳理并形成一系列将创新想法变成现实的典型社团成员，营造社团不断创新的氛围，促使更多的社团成员乐于创新、敢于创新。同时，将创新想法得以实践的社团成员根据其取得的相关成绩进行创新明星排名，设立一级、二级、三级创新明星排行榜。换言之，一级创新明星是获得国家级创新比赛的社团成员；二级创新明星是获得省级创新比赛的社团成员；三级创新明星是获得校级创新比赛的社团成员，并将优秀的创新明星在全校范围内进行分享和展示。这种分享和展示可以有效带动和影响其他社团成员在学习和实践中学会创新，一旦创新想法得以实现，会在极大程度上提升社团成员的自我效能感，进而对社团创新投入更多的时间和精力，在不断的实践积累中提升自身素质和能力，最终很好地实现了创新留人机制，在很大程度上组断了社团成员的流失。

第四节　社团成员确立“自我与社团”全面可持续发展的实践观

一、明确自我与社团全面发展、共同提升的实践信念

高校学生社团的任务是培养大学生的社会责任感、创新精神和实践能力，提升大学生的综合素质，促进大学生成长成才。[①]一方面，大学生是社团活动的主体，其在社团活动中发挥着主体性价值。大学生参加

① 中共教育部党组，共青团中央．高校学生社团建设管理办法 [Z]. 2020-01-22.

社团是为了满足自身兴趣爱好，满足自身兴趣爱好的前提是投入足够的时间和精力。提请注意的是，对于参加社团的大学生而言，短期的时间投入和精力的付出对于社团大学生综合素质和能力的提升效果不显著，需进行长期的时间投入和精力的付出才能有所收获。在不断的付出和投入的过程中，磨炼了社团大学生坚韧不拔的毅力，培养了其敢为人先、乐于奉献的优秀品德；在克服困难的过程中炼就了乐观、积极向上的心态。在不断投入的过程中，收获了知识和友谊，更多的是确定了自身发展目标，并为实现目标不断补齐自身短板，提升其综合素质和能力。也就是说，参加社团的大学生要将自己全身心投入到社团发展中，将自身发展目标和社团发展目标协调到高度一致，激发自身的能动性和创造力，从而使自己成为社团的发展主体。实际上，一名社团新成员转变成一名优秀的大学生的过程就是不断满足自我需求的过程。这个过程需要通过参加一系列的社团活动来实现。因此，参加学生社团的大学生必须树立主体意识，调动其积极性和主观能动性，在实现自我理想和价值的过程中不断参与社团活动实践，在各类社团活动中发挥其特长、补齐其短板，使社团成员在自我价值实现的过程中提升其素质和能力。

另一方面，参加社团的大学生要有意识地参与社团的学习和实践。只有大学生真正将自身融入社团发展中，才能学会与社团其他成员交流，才能在社团的学习和实践中发挥自身优势，学会有意识地处理人际关系，进而得到全面发展。概言之，社团大学生实现全面发展的实践路径就是参加社团的学习和实践。大学生在未加入社团时，对自身能力的发展有规划和思考，并寻求相应的实践平台来提升其能力和素养。因此，当大学生加入学生社团后，在参加、组织社团活动的过程中，培养处理问题的能力、组织策划活动的能力、沟通交流的能力、反思不足的能力等，在学习和实践中学会认识自我、管理自我，在总结中反思，在反思中成长。这种总结和反思会运用到下一次社团实践活动中，在活动中根据自身情况有针对性地提升能力，从而不断完善自身价值观，确定自身发展方向。诚如马克思所说，人的能力发展是社会互动的结果，是在一定组织和系统中得以体现的，人的全面发展是人的能力的全面发展。具体而言，针对学生社团新成员，要善于学习和总结与社团相关的知识，反思社团实践的相关经验，在学习和实践中多观察，尤其要对成功的经验进行归纳和总结，在此基础上强化自身自信心。同时，要学会向榜样学习，观察其他同辈做人做事的步骤和方法，跟同辈多交流成功背后的逻辑，以优秀的社团大学生为榜样，以此来不断激励和鞭策自己。尤其是遇到困难和问题时，要多听取同辈榜样、指导教师或权威人士的建议和意见，多与其沟通交流，从而拓宽眼界、积累经验，激励自己不断成长为一名优秀的社团人。

二、以自我反思性理解为契机，促进社团结构不断优化

大学生作为学生社团主体，在参与和组织社团活动的过程中，逐渐成长为学生社团的管理者。以综合素质和能力提升为价值定位的高校学生社团需要参加社团的大学生从认知与行为两个层面进行改善。一方面，参加社团的大学生要不断提升对社团活动的理性认知。对于刚加入社团的大学生，要注重友好型氛围的营造，要建立“传帮带”的培养模式，同时加强对社团专业知识的学习，在学习的过程中确保每周参加社团活动，努力调整自身目标与社团目标相一致。大学生通过社团学习，不断实践建构新知识，在社团实践中与社团其他成员、指导教师进行沟通交流，促使自我快速融入组织，以赢得社团其他成员和指导教师的信任。针对加入一学期的社团成员，要提升其综合能力和素养。如在实践中培养其交际能力、合作能力、组织能力等。针对加入一年以上的社团成员，要对自身有明晰的认知，要做合理的提升能力的规划和计划，学会并养成将自身定位转变为活动负责人，重点培养领导能力、协调能力

和解决突发事件的能力，不断提高关注重大政治问题的能力、思考和分析的能力，促使自身全面发展。这种针对性强的发展自我的模式会持续促使社团的培养模式不断优化，在实践和发展中完善社团培养和管理的体制机制。

另一方面，参加社团的大学生要培养批判思维能力。参加社团的大学生在积极主动参与社团活动的过程中，与指导教师、社团成员、社会组织和其他人员进行交流交往，在交流交往中将已有知识和经验与新知识和新经验进行组合和重构，进而不断完善自我认知、不断增强自我管理，不断促使社团管理进一步优化，结构更加合理。参加社团的大学生要主动与社团成员、社团负责人、社团指导教师进行交流，在以小组为单位的学习实践中，懂得如何与小组成员进行协作，同时加强自主学习的能力。大学生在参加社团活动时，需要投入一定的时间和精力到社团活动中，才能获得相应素养和能力提升。如果社团大学生能充分投入时间和精力到社团活动中，不仅能够帮助提高其学习成绩，还能够促进大学生全面发展。参加社团的大学生根据自己兴趣爱好加入社团，在学习和实践的过程中不断结合社团发展目标，根据社团核心文化和相关资源制定相应的学习方法，促使其在学习和实践中提高反思性理解，在潜移默化当中促使社团不断优化。

三、强化“我的事情我做主”的意识，发挥能动自我作用

大学生因满足自身兴趣爱好需求加入学生社团，在参加社团的学习和实践中发挥主观能动性，会促进其能力的提升。参加社团的大学生在主动参加社团的学习和实践的过程中，会激活大学生的主体意识，促使其主动学习、主动提升自身能力。大学生参加社团的过程就是满足其自身兴趣和爱好的过程。因此，社团大学生要主动探究新知识，针对性地参加社团活动，在参与的过程中主动学习，主动获取知识、主动提升能

力。一方面，大学生是社团的直接管理者、参与者和组织者，也是最大的受益者。大学生加入社团后，要全面了解社团发展目标，了解社团发展模式和社团核心文化和理念及社团的相关规章制度是否能满足自身需求，是否与自身目标相一致。如果相一致，如何处理好专业学习与兴趣爱好学习之间的关系，要制定合理的规划，从而将自己调整到最佳状态，在面对社团学习和实践中遇到的相关问题主动思考，主动探索、主动参与，并认为自己能行，自己可以胜任。

另一方面，在认为自己能行的基础上，将想法落实到行动上。要将社团学习的相关知识运用到实践中，主动积极参加社团举办的各类活动，在小组讨论中发挥主人翁意识，将自身的优秀才智充分发挥，在与小组成员进行积极讨论过程中不断完善自身认识，在积极实践的过程中不断认识和完善自己。善于运用周围的资源，学会合理安排专业学习和社团学习的时间，善于运用科学的方法获取知识，在学习和实践的过程中勇于探索、善于发展并掌握新知识，在新知识实践的过程中提升自身能力。这个过程很好地体现了参加社团的大学生“我的事情我做主”的过程。大学生只有将自己看作是社团的重要成员，才会主动参加社团实践，在实践中实现自己价值，在实现自我价值的过程中，会主动探索、主动求职、主动与优秀的人交流，以此来建构自己的知识体系，最终达到“学会学习”，学会“我的事情我做主”。

结 语

高校学生社团作为大学生第二课堂的主要组成部分，是对第一课堂的有效补充。本书结合组织行为学、教育学、心理学的相关理论和研究范式，结合访谈对大学生领导力问卷进行修订，运用量化和质性相结合的方法揭示了参加社团的大学生领导力现状。社团氛围作为影响大学生领导力的关键因素，探究和归纳了社团氛围对大学生领导力影响的直接关系和间接关系。同时结合典型的个案社团，对学生社团相关主体进行访谈，论证社团氛围和大学生领导力之间的关系。典型个案研究是对问卷调查研究结果的佐证和补充，两者有效结合可获得较为全面的研究发现，并基于良好的社团氛围建构大学生领导力提升策略，对相关研究结论进行反思，最后分析本书局限和未来的研究展望。

一、研究发现及创新点

1. 研究结论

本书通过大学生领导力、社团氛围、自我效能感和社团投入进行文献梳理，围绕 4 个关键词进行概念界定，参照社会认知理论、领导力理论和青年社会性发展理论等资源，提出本书的研究假设。在研究工具的选取方面，社团氛围、自我效能感和社团投入的调查问卷借鉴已经大量使用且具有较高信效度的量表，大学生领导力问卷在借鉴国内学者研发的具有较高信效度的调查工具的基础上，结合社团指导教师、社团负责人和社团成员的访谈，对已有大学生领导力问卷进行修订，进而探究参加社团大学生领导力的发展现状、社团氛围对大学生领导力影响的直接和间接关系。在第五章中，选择典型的个案社团对大学生领导力现状、社团氛围对大学生领导力的直接和间接影响进行质性分析，进一步佐证和完善量化研究结论。在量化和质性研究结论的基础上，提出了基于良好社团氛围的大学生领导力提升策略。本书研究主要结论体现在以下几个方面。

第一，X省11所高校参加学生社团的大学生领导力的整体水平处于中等偏上。其中人格魅力维度的水平最高，其次是自我认知与管理和社会实践与交往。在差异分析中，男生的大学生领导力要高于女生；参加艺术类社团的大学生的领导力要高于理工科类和文科类的社团大学生；居住在大城市的社团大学生的领导力要高于中等城市、小城镇、农村和其他的社团大学生；参加创新创业类社团的大学生的领导力要高于其他类型社团的大学生；参加社团年限达3年以上的大学生领导力要高于其他年限的社团大学生；每周参加社团活动达4小时以上的大学生的领导力要高于其他参加社团活动时间的社团大学生。

第二，社团氛围对大学生领导力有正向影响作用。社团氛围及其三个维度与大学生领导力及其三个维度之间的相关系数均高于0.70。在社团氛围的三个维度当中，友好型氛围与大学生领导力的相关度最高，其次是创新型氛围，最后是公平型氛围。在社团氛围的三个维度和大学生领导力的三个维度中，相关系数最高的要数友好型氛围与人格魅力，相关系数为0.904，这说明社团的友好型氛围对参加社团大学生的人格培养发挥着重要作用。社团氛围与大学生领导力之间的相关系数紧随其后，为0.888，说明社团氛围与大学生领导力之间的相关关系非常紧密，其中社团氛围与人格魅力维度的关系最为紧密，说明社团氛围对大学生领导力有正向影响作用。

第三，参加社团大学生的自我效能感和社团投入在社团氛围和大学生领导力之间均发挥着部分中介作用。自我效能感在友好型氛围、创新型氛围、公平型氛围及社团氛围和大学生领导力之间均起到部分中介作用，中介贡献率分别为 18.2%、20.4%、23.8%、17.6%。其中，自我效能感在公平型氛围和大学生领导力之间起到部分中介作用最佳，但自我效能感在友好型氛围中对大学生领导力的中介作用发挥不明显，因为在友好型社团氛围中，参加社团的大学生的自我效能感可以直接作用于大学生领导力的提升。学习投入在友好型氛围、创新型氛围、公平型氛围及社团氛围和大学生领导力之间均起到部分中介作用，中介贡献率分别为 30.95%、36.41%、49.64%、24.86%。其中，学习投入在公平型氛围和大学生领导力之间起的部分中介作用最佳。

第四，社团氛围影响大学生领导力的质性研究。通过质性研究，进一步揭示高校学生社团氛围如何对大学生领导力产生影响。具体来讲，首先运用半结构化访谈和深度访谈，选取 A 高校创新精英社团的指导教师、社团负责人和社团成员作为访谈对象，将访谈资料转换成文本，并对文本资料进行多人互校编码。其次，在资料数据处理的基础上分析揭示社团氛围对大学生领导力产生作用的具体情况及其作用机理。研究结果表明：其一，大学生领导力是大学生的综合素质和能力，可以通过后天培养获得。创新创业类社团成员的大学生领导力要高于其他类型社团成员的大学生领导力，大学生加入社团的时间和参与社团活动的时长对其领导力水平具有显著影响，这种影响的结果与量化分析结论相互吻合。其二，大学生社团普遍存在友好型、创新型和公平型氛围，尤其是友好型氛围和创新型氛围更为突出。三种社团氛围都对大学生的人格魅力产生非常大的影响，其中友好型氛围影响最大，其次是创新型氛围，最后是公平型氛围。其三，在参加社团的大学生的自我效能感和社团投入方面，友好型和创新型氛围可以直接影响参加社团大学生的自我效能感和社团投入，其中介作用发挥不明显。其四，良好的社团氛围对大学生领导力有正向影响作用，参加社团的大学生的自我效能感和社团投入在社团氛围和大学生领导力之间发挥着部分中介作用，在公平型氛围中发挥的中介作用最为显著，在友好型氛围中发挥的中介作用最不明显。

第五，基于良好社团氛围的大学生领导力提升策略。在实证研究基础上，本书分别从高校、社团指导教师、社团负责人和参加社团的大学生四个层面进一步探讨了如何基于良好社团氛围提升大学生领导力的实践策略。本书认为，高校以公平规范的社团管理体系促进大学生综合素质提升；社团指导教师积极协助营造大学生自主发展的民主友好社团氛围；社团负责人引领“共同愿景”下的激励评价创新型氛围；社团成员确立“自我与社团”全面可持续发展的实践观。通过以上四个层面的层层递进，可有效保障参加学生社团的大学生的领导力得到有效提升。

2. 创新点

第一，依据组织行为学、教育学和心理学相关理论，运用社会认知理论、领导力理论、和青年社会性发展理论，将大学生社团视为影响大学生领导力的重要载体，从社团氛围的角度探讨其对大学生领导力的直接影响和中介影响。本书主要依据社会认知理论构建社团氛围影响大学生领导力的直接影响和中介影响的研究假设，在揭示大学生领导力现状的基础上，对相关研究假设进行论证，同时结合质性研究结论，提出基于良好社团氛围下的大学生领导力提升策略，为学者们研究大学生领导力提供理论参考。

第二，明晰了大学生领导力的影响因素。本书依据社会认知理论，梳理了对大学生领导力产生影响的环境因素和认知因素。本书从环境因素中的社团氛围入手，讨论不同的社团氛围对大学生领导力的影响，并运用量化研究方法分析不同类型的社团氛围对大学生领导力各维度的影响，以及大学生的认知因素中，自我效能感和学习投入在社团氛围与大学生领导力之间的中介关系。在此基础上，综合文献和质性研究，来探寻社团氛围对大学生领导力的影响机制，完善量化研究的相关结论。

第三，揭示了大学生领导力现状。本书参照具有较高信效度的中国大学生领导力量表，结合X省11所高校的社团相关主体的访谈内容，修订大学生领导力量表。并通过量化和质性相结合的研究方法，从性别、年级、社团干部经历、专业、家庭所在地、社团类型、加入社团年限、每周参加社团活动时间等8个方面，全面系统地描述了参加社团大学生的领导力的现状。

第四，提出了大学生领导力提升的策略。在量化研究结合质性研究的基础上，提出了基于社团氛围的大学生领导力提升策略。主要包括四个方面：其一，高校要确立以“提升综合素质和能力”为核心的社团定位；其二，社团指导教师要完善以“大学生为中心”的社团发展模式；其三，社团负责人要实现以“共同的愿景”为目标的发展方向；其四，社团成员要树立“全面发展”的实践信念。

二、研究局限和展望

1. 研究局限

尽管本书采用了科学的研究方法，但还存在一些不足和局限，主要表现在以下几个方面。

第一，在问卷调查中，社团氛围采用组织氛围量表，组织氛围量表在企业和医院运用较多，在高校学生组织中的运用并不多见。因此，运用组织氛围量表对高校学生社团氛围进行测量，存在一定的主观偏误。

第二，在问卷调查实施的时间方面，为了收集X省11所高校参加社团大学生的相关信息，作者分别于2021年5月、6月利用问卷星进行问卷发放和回收，对于6月份回收的问卷，很多大一的学生刚加入社团不久，对社团氛围的感受不是很具体，所收集的数据存在不太客观的现象。

第三，研究样本主要来自X省，需要进一步扩大试测范围。本书主要对位于X省6个地州的11所高校的5 000多名参加社团的大学生进行目的性抽样，修订了大学生领导力问卷，但该问卷是否能够普遍适用于全国参加社团的大学生领导力的测量，尚需进一步检验。

第四，在教育实践中，影响大学生领导力的因素是多元的，本书研究的社团氛围因素，虽然其包括了外部社团环境和内部社团环境，并采用层级多元回归分析，但在教育实践大背景中显得不是很充分。尤其是基于社会认识理论构建的社团氛围影响大学生领导力的直接关系和间接关系模型，尝试推测和解释社团氛围对大学生领导力影响，虽然从理论上对相关内容进行推演和论证，但仍然存在一定程度的局限。

第五，本书主要研究良好的社团氛围对大学生领导力的影响，对于不良的社团氛围对大学生领导力的影响尚需进一步研究。

2. 研究展望

在未来研究中，需要从以下几个方面进行深入研究。

第一，研究对象有待进一步探索。本书只是针对参加社团的大学生进行大学生领导力的研究。在未来的研究中，可以对其他大学生进行领导力的探索。例如，可在一个省选择参加不同学生组织的大学生，或选择其他省参加社团的大学生进行研究，利用多层线性模型等统计方式，进一步检验社团氛围对大学生领导力的影响。

第二，影响因素有待进一步挖掘。影响大学生领导力的因素是多元的，大学生领导力的培养和提升不仅受到社团氛围、参加社团大学生的自我效能感和社团投入的影响，还受到高校办学理念和层次等外部环境的影响，如高校领导层面对社团的重视程度、大学生整体水平和素质等的影响。影响大学生领导力的因素是多元的，由于研究精力和能力的制约，本书只讨论了自我效能感和社团投入作为社团氛围对大学生领导力中介影响。大学生作为一个多样化的群体，其领导力的提升受到环境和自身能力的影响。因此，在未来的研究中需要在影响因素方面进行进一步挖掘。

第三，质性研究的优质个案有待进一步拓展。可考虑对不同类型的高校进行多类社团优质个案研究，尤其在社团氛围如何影响大学生领导力内在机理的阐释上需要更加细微的质性描述，形成量化研究和质性研究相互印证的研究结论，可为高校教育实践提供更有价值的研究结论。

附　　录

附录 1　访谈提纲

一、指导教师访谈提纲

1. 作为社团指导教师，您认为社团在学校处于什么样的地位，学校的支持力度如何，具体表现在哪些方面？

2. 您认为您指导的社团氛围如何？您认为什么样的氛围更有利于大学生的发展，具体表现在哪些方面？

3. 您认为什么是大学生领导力？大学生参与学生社团对于提升其大学生领导力的哪些方面有帮助，为什么？

4. 您认为大学生参与社团有哪些突出问题？这些问题该如何解决？

5. 您指导的社团活动方式是什么？您认为一个好的社团应该是什么样的？如何通过社团来提升大学生的综合素质和能力？

6. 您认为如何通过营造良好的社团氛围来提升大学生领导力？您对指导社团今后的发展有何建议？

二、社团负责人访谈提纲

1. 您是何时加入社团的？何时担任社团干部，具体负责哪一方面的工作，当时是因为什么原因留在了社团？您具备的哪些优势让您成为了社团负责人？您认为社团负责人应该具备什么样的能力？

2. 您从社团成员成长为社团干部，您觉得您最大的收获是什么？您认为在服务社团的过程中，最重要的是什么？

3. 您所在社团的氛围如何？您认为在社团中什么样的氛围更有利于

社团发展、更有利于参加社团的大学生留在社团发展自己？

4. 您认为一个好的社团应该是什么样的？您认为什么是大学生领导力？大学生领导力应该包括哪些方面？

5. 您认为参加大学生社团对大学生领导力的培养有帮助吗？您认为在哪个方面帮助最大？请举例说明。

6. 您认为以什么样的目的参加社团活动可以提升大学生领导力？

7. 您认为目前社团在大学生领导力培养和提升方面有什么问题或困境？为什么？能否提出相应的对策或建议？

8. 您在社团中获得的成功经验会促使您继续留在社团吗？会增加您的自信吗？会促使您在学业上更加进步，更愿意去克服困难吗？会让您产生越来越想参加社团活动的想法吗？

三、社团成员访谈提纲

1. 您是何时加入社团的，当初加入社团的动机和想法是什么？

2. 您所在社团的共同目标和发展追求是什么，您在加入社团前，对该社团了解多少？

3. 您加入社团后，参加过哪些社团活动？组织策划过相关活动吗？取得过哪些成绩成果？您觉得参加这些活动给您带来哪些方面的提升？

4. 请问对您留下印象最深的活动是什么？对您的哪些方面产生了影响？

5. 请问您所在社团的氛围如何？您认为是什么样的氛围把您留在了社团？或者说是什么原因让您留在了社团？

6. 您认为什么是大学生领导力？大学生领导力应该包括哪些方面？参加大学生社团对大学生领导力的培养有帮助吗？您认为在哪个方面帮助最大？请举例说明。

7. 您认为以什么样的目的参加社团活动可以提升大学生领导力？

8. 您认为目前社团在大学生领导力培养和提升方面有什么问题或困

境？为什么？能否提出相应的对策或建议？

9. 您在社团中获得的成功经验会促使您继续留在社团吗？会增加您的自信吗？会促使您在学业上更加进步，更愿意去克服困难吗？会让您产生越来越想参加社团活动的想法吗？

附录2　量表与问卷

一、大学生领导力预测试量表（以下各项与实际情况符合程度，并在最能代表意见的数字上打"√"）

序号	问　题	完全不符合	比较不符合	不符合	比较符合	完全符合
1	善于自我观察与自我评价	1	2	3	4	5
2	能清楚认识自己与他人、自己与环境的关系	1	2	3	4	5
3	面对问题时，能够分析利弊、因果关系	1	2	3	4	5
4	面对新事物时，能运用以往的知识与经验去分析	1	2	3	4	5
5	能在同伴身上获取经验与教训	1	2	3	4	5
6	遇到失败时，能寻找原因，总结经验	1	2	3	4	5
7	受不良情绪困扰时，能通过有效途径进行自我约束与调控	1	2	3	4	5
8	当压力袭来时，容易产生焦虑、急躁、恐惧、苦闷等消极情绪	1	2	3	4	5
9	面对选择时，能作出理性判断与果断抉择	1	2	3	4	5
10	能根据情景变化，选择不同的决策	1	2	3	4	5
11	能为团体与组织的发展提出明晰的蓝图	1	2	3	4	5
12	会帮助并激励周围人去设立目标	1	2	3	4	5
13	有一定的预见能力	1	2	3	4	5
14	对发展计划缺乏方向性和全局性的规划	1	2	3	4	5
15	具有把想法变为行动的能力	1	2	3	4	5
16	具有完成预设目标的操作能力	1	2	3	4	5
17	具有与团队和组织目标及定位相一致的专业能力	1	2	3	4	5
18	能通过不断实践提高自身可持续发展的能力	1	2	3	4	5
19	能根据具体需求，撰写好相关策划文案	1	2	3	4	5

续表

序号	问　题	完全不符合	比较不符合	不符合	比较符合	完全符合
20	能通过实践，提高自身对客观世界的认知能力	1	2	3	4	5
21	有主动服务他人的意识及服务他人的能力	1	2	3	4	5
22	能准确领悟国家大政方针	1	2	3	4	5
23	与人交流时，懂得倾听，能清楚表达想法	1	2	3	4	5
24	与人交谈时，会表现出自信、主动、耐心	1	2	3	4	5
25	在生活中，善于平衡人与人的关系、各种利益间的关系	1	2	3	4	5
26	在团队中遇到冲突时，能有技巧地进行处理	1	2	3	4	5
27	与周围人相处融洽，能真诚地待人接物	1	2	3	4	5
28	积极主动和老师、同学建立联系	1	2	3	4	5
29	能设身处地地体验别人的处境，并产生情感共鸣	1	2	3	4	5
30	理解他人的需求，并尝试去给予关怀	1	2	3	4	5
31	能敏锐地察觉变化，并抓住契机，适应变化	1	2	3	4	5
32	在突发事件中，能沉着冷静地采取应对措施	1	2	3	4	5
33	自己的思想、行为会影响到周围人	1	2	3	4	5
34	为人处事时具有很强的说服力	1	2	3	4	5
35	具有主动打破陈规陋习的魄力	1	2	3	4	5
36	能根据环境的变化，大胆作出尝试性变通	1	2	3	4	5
37	对事物保持好奇心，并思考其发展的新动向	1	2	3	4	5
38	处理问题时，能从多方面去探索性地寻找解决方案	1	2	3	4	5
39	能做到严于律己、知行统一、以身正人	1	2	3	4	5

续表

序号	问　题	完全不符合	比较不符合	不符合	比较符合	完全符合
40	能按照社会道德规范来行事	1	2	3	4	5
41	在人际交往中，举止大方、谈吐自然	1	2	3	4	5
42	与人相处时，给人以亲切、舒适的感觉	1	2	3	4	5
43	内心有一股强大的信念，信念力量能激励自己与他人	1	2	3	4	5
44	有坚定的理想，并能为之努力奋斗	1	2	3	4	5
45	在团队中能起到凝聚力量，鼓舞士气的作用	1	2	3	4	5
46	提出的意见能得到大多数人的支持	1	2	3	4	5

二、大学生领导力水平现状调查问卷

亲爱的同学：您好！

本项调查是想了解大学生社团氛围对您的领导力是否有影响的相关情况，问卷采用匿名的方式填写，答案没有对错之分，请根据您的实际情况估计一个答案，每题只选一个。

（一）基本信息

1. 您的性别：□男　□女

2. 您的民族：□汉族　□维吾尔族　□哈萨克族　□回族　□其他

3. 您所在年级：□一年级　□二年级　□三年级　□四年级　□五年级

4. 您的专业类别：□文科类（文、史、哲、法、经济、教育）
   □理工科类（理、工、农、医）□艺术类

5. 您住家所在地：□农村　□小城（镇）□中等城市　□大城市
   □其他

6. 您就读高校名称：________________________

7. 您就读高校在新疆的地理位置：□南疆　□北疆

（二）个人及家庭情况

1. 您父亲的职业：□干部　□个体工商者　□城镇下岗职工
□农民　□其他

2. 您母亲的职业：□干部　□个体工商者　□城镇下岗职工
□农民　□其他

3. 您家庭的月收入：□ 2000 元以下　□ 2001~3000 元　□ 3001~4000 元
□ 4001~5000 元　□ 5000 元以上

4. 您是否在高校担任社团干部：□有　□没有

5. 担任社团干部的岗位：□社长与副社长　□部长与副部长
□一般社员

6. 您参加社团名称：________________________________

7. 您参与社团的时间：□半年　□半年 ~1 年　□ 1~1.5 年　□ 1.5~2 年
□ 2 年以上 □ 3 年以上

8. 您平均每周参加社团的时间大约为：□ 1 小时以内　□ 1~2 小时
□ 2~3 小时　□ 3~4 小时
□ 4 小时以上

9. 您在上大学之前，有无参加社团：□有　□无

10. 您的学业成绩：□中下水平　□中等水平　□中上水平

三、大学生领导力量表（以下各项与实际情况符合程度，并在最能代表意见的数字上打“√”）

序号	问　　题	完全不符合	比较不符合	不符合	比较符合	完全符合
1	善于自我观察与自我评价	1	2	3	4	5
2	能清楚认识自己与他人、自己与环境的关系	1	2	3	4	5
3	面对问题时，能够分析利弊、因果关系	1	2	3	4	5

续表

序号	问题	完全不符合	比较不符合	不符合	比较符合	完全符合
4	面对新事物时，能运用以往的知识与经验去分析	1	2	3	4	5
5	具有与团队和组织目标及定位相一致的专业能力	1	2	3	4	5
6	能通过实践，提高自身对客观世界的认知能力	1	2	3	4	5
7	在团队中遇到冲突时，能有技巧地进行处理	1	2	3	4	5
8	在突发事件中，能沉着冷静地采取应对措施	1	2	3	4	5
9	自己的思想、行为会影响到周围人	1	2	3	4	5
10	具有主动打破陈规陋习的魄力	1	2	3	4	5
11	能根据环境的变化，大胆作出尝试性变通	1	2	3	4	5
12	能做到严于律己、知行统一、以身正人	1	2	3	4	5
13	能按照社会道德规范来行事	1	2	3	4	5
14	内心有一股强大的信念，信念力量能激励自己与他人	1	2	3	4	5
15	有坚定的理想，并能为之努力奋斗	1	2	3	4	5
16	在团队中能起到凝聚力量，鼓舞士气的作用	1	2	3	4	5
17	提出的意见能得到大多数人的支持	1	2	3	4	5

四、社团氛围量表（以下各项与实际情况符合程度，并在最能代表意见的数字上打“√”）

序号	问题	完全不符合	比较不符合	不符合	比较符合	完全符合
18	社团成员之间保持着紧密的联系	1	2	3	4	5
19	社团成员坦诚相待，易于认同对方提出的好的观点和想法	1	2	3	4	5

续表

序号	问　题	完全不符合	比较不符合	不符合	比较符合	完全符合
20	社团成员有着良好的团队合作意识	1	2	3	4	5
21	社团成员相互有着很好的交流，一起工作感觉愉快	1	2	3	4	5
22	社团成员之间的关系非常融洽	1	2	3	4	5
23	社团负责人鼓励提出新的想法和不同观点	1	2	3	4	5
24	社团重视创新行为，即使面临着更大的不确定性	1	2	3	4	5
25	社团鼓励大家寻找新的方法来完成任务	1	2	3	4	5
26	社团拥有而且愿意利用相关资源来推动和实施创新思维	1	2	3	4	5
27	社团负责人尊重不同的意见和建议	1	2	3	4	5
28	社团负责人是一个很好的创新典范	1	2	3	4	5
29	社团的分配制度具有规范性，能够代表多数人的意愿	1	2	3	4	5
30	社团成员可以相信社团负责人的评价标准是公平求实的	1	2	3	4	5
31	社团负责人分配给我的工作指标是合理的	1	2	3	4	5
32	社团负责人做决策时并没有偏袒任何人	1	2	3	4	5
33	社团成员的付出和回报比较相称	1	2	3	4	5

五、社团成员学习投入量表（以下各项与实际情况符合程度，并在最能代表意见的数字上打“√”）

序号	问　题	完全不符合	比较不符合	不符合	比较符合	完全符合
34	早晨一起床，我就乐意去参加社团活动	1	2	3	4	5
35	参加社团活动时，我感到精力充沛	1	2	3	4	5

续表

序号	问　　题	完全不符合	比较不符合	不符合	比较符合	完全符合
36	即使参加的社团活动不顺利，我也毫不气馁，能够坚持不懈	1	2	3	4	5
37	我能持续参加社团活动很长时间，中间不需休息	1	2	3	4	5
38	参加社团活动时即使精神疲劳，我也能很快恢复	1	2	3	4	5
39	参加社团活动时，我浑身有力且干劲十足	1	2	3	4	5
40	我发现参加社团活动富有挑战性	1	2	3	4	5
41	参加社团活动激发我的灵感	1	2	3	4	5
42	我对参加社团活动充满热情	1	2	3	4	5
43	我因我参加的社团活动而感到自豪	1	2	3	4	5
44	我清楚参加社团活动的目的和意义	1	2	3	4	5
45	参加社团活动时，我忘了周围的一切	1	2	3	4	5
46	参加社团活动时，我感到时间过得很快	1	2	3	4	5
47	参加社团活动时，我心里只想着社团活动	1	2	3	4	5
48	我难以放下当下参加的社团活动	1	2	3	4	5
49	我沉浸在社团活动中	1	2	3	4	5
50	全身心投入社团活动时，我感到很快乐	1	2	3	4	5

六、社团成员自我效能感量表（以下各项与实际情况符合程度，并在最能代表意见的数字上打“√”）

序号	问　　题	完全不正确	有点正确	多数正确	完全正确
51	如果我尽力去做，一定能够解决在社团中遇到问题	1	2	3	4
52	即使别人反对我的意见和想法，我仍有办法获取我想要的	1	2	3	4

续表

序号	问　　题	完全不正确	有点正确	多数正确	完全正确
53	对我来说，参加社团是坚持理想和达成目标的，是轻而易举的	1	2	3	4
54	我能自信有效地应付在社团中任何突如其来的事情	1	2	3	4
55	以我的能力能应付在社团计划中意料之外的情况	1	2	3	4
56	在社团中，如果我付出必要的努力，一定能解决大多数的难题	1	2	3	4
57	我能冷静地面对社团中遇到的困难，因为我具备自己处理问题的能力	1	2	3	4
58	面对一个社团活动中的难题时，我通常能找到好几个解决方法	1	2	3	4
59	在社团中遇到麻烦的时候，我通常能想到一些应付的方法	1	2	3	4
60	无论什么事在我身上发生，我都能应付自如	1	2	3	4

最后真心感谢您辛勤答题，祝您工作顺利，万事如意！

后　记

本书在我的博士学位论文的基础上修改而成。从事高校学生社团工作近10年，对高校学生社团热爱刻到了骨子里。对我而言，能将高校学生社团作为学术生活的研究领域，选择社团氛围对大学生领导力的影响作为研究论题，源于对实际工作的思考，源于我的恩师蔡文伯教授的启示。恩师教诲如春风，师生情谊似海深。首先感谢我的恩施蔡文伯教授，有幸成为他的学生，使我从艺术类方向跨到教育类方向，让我的教育学知识更加丰厚。是恩师鼓励的话语支撑我走过那些要紧的人生关头，是恩师的加油打气鼓舞我走过那些重要的人生时刻，也是恩师的从不计较、悉心指导和热切期望使我快速成长，变得成熟。恩师始终教导我，要学会学习，可鄙人孜孜努力，仍愚钝不浅，直至今日才渐渐理解恩师的良苦用心。每遇瓶颈期，恩师都会鼓励支持，教导我相信自己；每到糊涂时，恩师也会严厉批评，让我改正错误。尤其在选题的过程中，是恩师的指点迷津，一路相扶，施以援手，让我秉承着对学术的严谨之心，对自身的肯定之心确定选题，砥砺前行。恩师严谨的治学态度，细致的人文关怀令我感慨、感怀，衷心祝愿恩师桃李满园，健康平安。

亦师亦友亦亲人，至诚至善致您们。感谢丁钢教授、王鉴教授给予我的精心指导，感谢两位教授语重心长的教导和鼓励。您们严谨的学术态度、和蔼风趣的人格魅力使我坚信自己有能力完成此书。感谢赵建梅教授，您那铿锵有力、掷地有声的话语给了我学习的力量和勇气。感谢关丙胜教授，您严密的逻辑思维深深折服了我。感谢毛菊教授以宽广的学识带给我一个个研究灵感。感谢杨挺教授敏锐的思维给我的启发。感谢多强教授给予我智慧的启迪。感谢王媛副教授循序渐进的指导给我诸多启发。感谢冯江英教授、孙钰华教授、李尽辉教授、罗江华教授、王建虎副教授、贾永萍副教授、李广鑫老师、刘亚娟老师、江骏老师一直以来对我的关心和帮助，老师们厚实的学术令我获益匪浅，这也是我前行的导向和目标。更要感谢我生命中的贵人——程良宏教授和孟小燕老师夫妇。一定是特别的缘分，让我们在此时此地相遇，他们夫妇像哥哥嫂嫂一样待我亲如兄妹，在生活和学习中给予我莫大的支持和帮助。犹记寒暑假在办公室一边写论文，一边带孩子的场景，被压力和压抑裹挟得如同蚕蛹，是程良宏教授和孟小燕老师夫妇暖心的帮助、热心的相邀，让我和孩子们能够品尝到如家般的美味佳肴。他们夫妇对我生活和学习上的帮助与关怀太多太多，恕我无法细数，但情谊已然放进内心。

相知相伴闯难关，相惜相携助梦圆。特别感谢好友李顺雨副教授。在量化研究的撰写中，真诚热情地为我提供技术指导，不厌其烦地指导我如何撰写好量化内容。感谢我的同学兼好友——黄晓茜、陈伟、吴敏、党洁、师妹张燕、师妹李容荣，是你们的善解人意成就我博士生涯最温馨的回忆，好友黄晓茜为我的论文设计出谋划策，在准备自身论文的同时为我的论文撰写提供了很多思路。感谢好友陈伟、吴敏、党洁一路上的陪伴，一起“烤红薯”的情景至今难忘。感谢师妹张燕和李蓉荣帮助我梳理论文，并提出宝贵的意见和建议。两位师妹都曾在我的学术道路上给予我无私的帮助，作为师姐的我，也真诚地祝愿师妹们一切顺利、如愿。

千里之行积跬步，万里之船成罗盘。感谢我的领导和同事。四年的读博时光，是领导的支持，使我能在工作之余完成学业，同时兼顾好两个孩子的成长；感谢同事在工作上对我的帮助，能体谅我作为两个孩子妈妈的不易，配合我高效圆满地完成工作任务；感谢母校新疆师范大学，赠与了我一份学术成长，赠与了我一份坚毅，赠与了我一段美好的读博时光。衷心感谢清华大学出版社的大力支持，本书的出版还得到了新疆维吾尔自治区普通高校人文社会科学重点研究基地“新疆高等教育发展研究中心”的资助。感谢程佳敏、张卫丽、翟彦瑞对本书进行整理和校对，感谢陪我一起度过的很多周末。在此向对本书出版提供帮助的所有同仁们表示衷心的感谢！

灿灿萱草已生花，昭昭爱意念芳华。还要带着些许愧疚感谢我的家人，感谢他们为了实现我的梦想在背后默默付出。感谢我的父母，本该安享晚年却总是操心我能不能平衡好学习与生活，不顾年高劳累帮我照顾两个女儿；感谢我的爱人，在忙于自身繁重工作的同时，毅然肩负起料理家庭所有事务的重任，经常挤出仅有的休假时间给予我支撑，四年中虽然我们相守在一起的时间并不多，但相爱的心情却从未减少半分，鼓励和支持的话语也从未间断；感谢我的两位女儿，能够理解妈妈的忙碌和无声的爱，你们的每一分懂事和独立让我既感到欣慰又觉得心疼，女儿们在我读博期间的陪伴是我坚持到底的动力所在。

无悔青春书壮志，万千书海始扬帆。更要感谢自己，感谢永不放弃的自己，感谢积极面对困难和挫折的自己，感谢那个不断攀登的自己！虽然一路走来荆棘遍布，但我却从未丧失对生活和未来的信心。今后，我会将读博的毅力和治学的精神付诸工作和学习中，不忘初心，敢闯敢拼敢于乘风破浪；博学笃行，善思善学善于为人师表。